博士论文出版项目

汉语学习者口语流利度研究

Research on Oral Fluency of CSL Learners

王希竹 著

中国社会科学出版社

图书在版编目（CIP）数据

汉语学习者口语流利度研究 / 王希竹著 . —北京：中国社会科学出版社，2023.6
ISBN 978 – 7 – 5227 – 1878 – 1

Ⅰ.①汉… Ⅱ.①王… Ⅲ.①汉语—口语—对外汉语教学—教学研究 Ⅳ.①H195.3

中国国家版本馆 CIP 数据核字（2023）第 076404 号

出 版 人	赵剑英
责任编辑	孔继萍
责任校对	季　静
责任印制	郝美娜

出　　版		中国社会科学出版社
社　　址		北京鼓楼西大街甲 158 号
邮　　编		100720
网　　址		http://www.csspw.cn
发 行 部		010 – 84083685
门 市 部		010 – 84029450
经　　销		新华书店及其他书店
印　　刷		北京君升印刷有限公司
装　　订		廊坊市广阳区广增装订厂
版　　次		2023 年 6 月第 1 版
印　　次		2023 年 6 月第 1 次印刷
开　　本		710×1000　1/16
印　　张		16.25
插　　页		2
字　　数		225 千字
定　　价		98.00 元

凡购买中国社会科学出版社图书，如有质量问题请与本社营销中心联系调换
电话：010 – 84083683
版权所有　侵权必究

出 版 说 明

为进一步加大对哲学社会科学领域青年人才扶持力度，促进优秀青年学者更快更好成长，国家社科基金 2019 年起设立博士论文出版项目，重点资助学术基础扎实、具有创新意识和发展潜力的青年学者。每年评选一次。2021 年经组织申报、专家评审、社会公示，评选出第三批博士论文项目。按照"统一标识、统一封面、统一版式、统一标准"的总体要求，现予出版，以飨读者。

全国哲学社会科学工作办公室

2022 年

摘　　要

　　流利度是衡量第二语言（二语）学习者口语表达能力最重要的指标之一。在日常交流过程中，听者往往以口语表达的流利程度作为衡量标准，判断表达者第二语言的实际应用能力。然而，目前关于汉语学习者口语流利度的研究仍相对零散，各研究之间不具有连贯性，缺少对于同一组语料的系统性研究。相较于口语表达的复杂度和准确度，流利度更容易受到外界因素的干扰。近年来，虽然有学者开始关注情感因素，特别是焦虑情绪对口语流利度的影响，但现有研究仍处于起步阶段，研究方法单一，涉及内容有限。

　　本书从口语表达的非流利产出现象（非流利现象）、流利度的量化测评以及语言焦虑和口语流利度的相关性三方面入手，设计实验，对高级阶段汉语学习者口语流利度进行系统性考察与分析，期望可以对汉语学习者口语表达的相关研究领域有所突破。具体内容和观点如下：

　　第一，本书基于 Levelt 提出的言语产生模型、自我监控理论以及 Tobias 提出的"三阶段"模型，从真实语料出发，探究出现口语非流利现象的产生原因。研究证实，自我监控行为是导致汉语学习者口语非流利现象出现的主要原因。而焦虑情绪可以穿梭在言语产生过程中的每个阶段，影响各机制的正常运作，从而造成口语表达的不流利。与此同时，大量非流利现象的出现，也会增加学习者的焦虑程度。

　　第二，本书从自我监控行为的角度，提出了更加适用于汉语学习者口语表达研究的非流利现象分类体系，并对各类型非流利现象的内在机制、功能、出现频次、分布状况以及不同现象之间的交互关系等进行了多维度的考察与分析。研究证实，非流利现象具有延缓口语产出时间、缓解表达过程中的时间压力及心理压力、提示听者、维持话轮等作用。而不恰当的停顿是影响汉语学习者口语流利度最主要的因素。

第三，本书在前人研究的基础上，结合非流利现象研究结果，选取 7 项指标对汉语学习者口语流利度进行量化测评。并通过信度和效标效度检验证实，本次实验所选取的 7 项口语流利度测量指标可以作为口语流利度客观化评分的依据。

第四，本书通过探讨语言焦虑与口语流利度的相关性，证实语言焦虑会对汉语学习者口语流利度造成较大影响，但并不都是负面影响。适当的特定情境焦虑对口语流利度具有促进作用，而高度焦虑或过度放松，都可能对口语流利度产生负面影响。

关键词：汉语学习者；口语流利度；非流利现象；流利度量化测评；特定情境焦虑

Abstract

The fluency, complexity and accuracy in oral expression work as three main indicators to measure the comprehensive oral expression ability among second language learners. During our daily communication, listeners often adopt oral fluency as the measure to judge the actual second language application capabilities of speakers. However, the current researches on oral expression fluency among Chinese second language (CSL) learners are still relatively scattered. No consistency exists among researches and there is a lack of systematic research on the same corpus. Compared to complexity and accuracy, the fluency in oral expression is more susceptible to external factors. In recent years, some scholars have begun to pay attention to the influence from affective factors, especially the influence from anxiety on oral expression fluency. Nevertheless, the current researches are still in their infancy with single research methods and limited contents.

From the perspective of the oral expression non-fluency, the quantitative measuring and scoring of fluency, and the correlation between L2 speaking anxiety and oral expression fluency, experiments were designed herein to systematically investigate and analyze the oral expression fluency among advanced CSL learners. It is expected that this book can make a breakthrough in the research field concerning oral expression of CSL learners. The specific contents and views are as follows:

First of all, based on the speech production model by Levelt, the self-monitoring theory, and the theory of "three stages" by Tobias, this book explored the causes of oral non-fluency from the perspective of real corpora. According to the research, self-monitoring behaviors serve as the main cause for oral expression non-fluency among CSL learners. Anxiety can go through each stage of oral Chinese production and compromise the normal operation of each mechanism, thus resulting in non-fluency in oral expression. Meanwhile, the emergence of non-fluency in large amount will also exacerbate the anxiety in learners.

Second, from the perspective of self-monitoring behaviors, this book proposed a non-fluency categorization system more applicable to the research on oral expression of CSL learners. This book examined and analyzed the internal mechanism, function, occurrence frequency, and distribution status of various types of non-fluency as well as the interaction among different phenomena. According to the research, non-fluency can delay the oral production, relieve the time pressure and psychological pressure during the process of expression, prompt the listener, maintain the speech turn, etc. Inappropriate pause is the most important factor compromising the fluency of CSL learners.

Third, seven indicators were selected herein to quantitatively measure and score the oral expression fluency of CSL learners based on previous researches and in view of the research findings concerning non-fluency. According to the reliability and validity test, the seven oral fluency indicators selected in this experiment can serve as the basis for objective scoring of oral fluency.

Fourthly, through the discussion on the correlation between L2 speaking anxiety and oral expression fluency, this book confirmed that L2 speaking anxiety can pose great influences on the oral expression fluency of CSL learners. However, not all of those influences are negative. Appropriate situation specific anxiety can facilitate oral expression fluency while the excessive anxiety and relaxation can both have negative impacts on oral expression fluency.

Keywords: CSL learners; oral fluency; non-fluency; quantitative measuring and scoring of fluency; situation specific anxiety

目 录

绪 论 ……………………………………………………（1）
    第一节 研究缘起 ………………………………………（1）
    第二节 研究意义 ………………………………………（3）
    第三节 理论背景 ………………………………………（4）
    第四节 总体研究设计 …………………………………（11）

第一章 相关文献回顾 …………………………………（16）
    第一节 第二语言口语流利度 …………………………（16）
    第二节 第二语言口语非流利现象 ……………………（22）
    第三节 焦虑情绪与第二语言习得 ……………………（26）
    第四节 本章小结 ………………………………………（32）

第二章 口语非流利现象的产生原因及分类体系 ……（34）
    第一节 研究设计 ………………………………………（35）
    第二节 口语非流利现象的产生原因 …………………（37）
    第三节 口语非流利现象的分类体系 …………………（46）
    第四节 本章小结 ………………………………………（49）

第三章 内隐型监控行为导致的非流利现象 …………（51）
    第一节 非流利停顿 ……………………………………（51）
    第二节 非流利重复 ……………………………………（84）

第三节　非流利拖腔 …………………………………………（92）
　　第四节　非流利语流中断 ……………………………………（97）
　　第五节　本章小结 ……………………………………………（99）

第四章　外显型监控行为导致的非流利现象 ………………（101）
　　第一节　口语表达自我修正的界定 …………………………（101）
　　第二节　口语表达自我修正的分类 …………………………（102）
　　第三节　汉语学习者口语表达自我修正的启动方式 ………（111）
　　第四节　不同任务中的非流利自我修正现象 ………………（116）
　　第五节　本章小结 ……………………………………………（117）

第五章　口语流利度量化测评 ………………………………（119）
　　第一节　口语流利度量化测评各项指标的界定 ……………（119）
　　第二节　实验数据处理 ………………………………………（123）
　　第三节　信度检验 ……………………………………………（126）
　　第四节　效标效度检验 ………………………………………（131）
　　第五节　口语流利度量化测评个案分析 ……………………（135）
　　第六节　本章小结 ……………………………………………（140）

第六章　口语课堂焦虑情况调查及原因分析 ………………（142）
　　第一节　研究设计 ……………………………………………（143）
　　第二节　实验结果与分析 ……………………………………（145）
　　第三节　高级阶段汉语学习者口语焦虑的影响因素 ………（159）
　　第四节　本章小结 ……………………………………………（161）

第七章　课堂焦虑与口语流利度的相关性 …………………（164）
　　第一节　口语课堂焦虑与口语流利度测评分数的相关性 …（164）
　　第二节　口语课堂焦虑与口语非流利现象的相关性分析 …（172）
　　第三节　本章小结 ……………………………………………（186）

第八章　特定情境焦虑对口语流利度的影响 ……………（188）
  第一节　研究设计 ………………………………………（189）
  第二节　实验数据统计 …………………………………（190）
  第三节　实验结果分析 …………………………………（195）
  第四节　本章小结 ………………………………………（204）

结　语 ……………………………………………………（206）

参考文献 …………………………………………………（216）

索　引 ……………………………………………………（230）

后　记 ……………………………………………………（235）

Content

Introduction .... (1)
   Section 1   Research Origin .... (1)
   Section 2   Research Significance .... (3)
   Section 3   Theoretical Background .... (4)
   Section 4   Overall Research Design .... (11)

Chapter 1   Review of Related Literature .... (16)
   Section 1   Oral Fluency of L2 .... (16)
   Section 2   Oral Non-fluency Phenomenon of L2 .... (22)
   Section 3   Anxiety and L2 Acquisition .... (26)
   Section 4   Chapter Summary .... (32)

Chapter 2   The Causes and Classification System of Non-fluency Phenomenon .... (34)
   Section 1   Research Design .... (35)
   Section 2   Causes of Non-fluency Phenomenon .... (37)
   Section 3   Classification System of Non-fluency Phenomenon .... (46)
   Section 5   Chapter Summary .... (49)

Chapter 3　Non-fluency Phenomenon Due to Implicit Self-monitoring Behavior ……………………… (51)
　Section 1　Non-fluency Pauses ……………………………… (51)
　Section 2　Non-fluency Repetition ………………………… (84)
　Section 3　Non-fluency Drawling …………………………… (92)
　Section 4　Non-fluency Discontinuing the Flow ………… (97)
　Section 5　Chapter Summary ………………………………… (99)

Chapter 4　Non-fluency Phenomenon Due to Explicit Self-monitoring Behavior ……………………… (101)
　Section 1　Definition of Self-repair in Oral Expression ……… (101)
　Section 2　Classification of Self-repair in Oral Expression …… (102)
　Section 3　Initiating Ways of CSL Learners' Oral Self-repair ………………………………………… (111)
　Section 4　Frequency of Non-fluency Self-repair Phenomenon in Different Task Types ……………………… (116)
　Section 5　Chapter Summary ………………………………… (117)

Chapter 5　Oral Fluency Quantitative Assessment ………… (119)
　Section 1　Definition of Various Indicators in the Fluency Quantitative Assessment ……………………… (119)
　Section 2　Experimental Data Processing ………………… (123)
　Section 3　Reliability Test …………………………………… (126)
　Section 4　Criteria Validity Test …………………………… (131)
　Section 5　Case Analysis of Fluency Quantitative Assessment ………………………………………… (135)
　Section 6　Chapter Summary ………………………………… (140)

Chapter 6 Investigation and Cause Analysis of Anxiety in Oral Classroom ………………………………… (142)
- Section 1 Research Design ………………………………… (143)
- Section 2 Experimental Results and Analysis ……………… (145)
- Section 3 Influencing Factors of Oral Anxiety of CSL Learners in Advanced Stages ………………………………… (159)
- Section 4 Chapter Summary ………………………………… (161)

Chapter 7 The Correlation Between Classroom Anxiety and Oral Fluency ………………………………… (164)
- Section 1 Correlation between Oral Classroom Anxiety and Fluency Test Scores ………………………………… (164)
- Section 2 Correlation Analysis of Oral Classroom Anxiety and Non-fluency Phenomenon ……………………… (172)
- Section 3 Chapter Summary ………………………………… (186)

Chapter 8 The Influence of Situation Specific Anxiety on Oral Fluency ………………………………… (188)
- Section 1 Research Design ………………………………… (189)
- Section 2 Statistics of Experimental Data ………………… (190)
- Section 3 Analysis of Experimental Results ……………… (195)
- Section 4 Chapter Summary ………………………………… (204)

Conclusion ………………………………… (206)

Bibliography ………………………………… (216)

Index ………………………………… (230)

Postscript ………………………………… (235)

表 目 录

表 0—1　语料标注符号说明 …………………………………（13）
表 0—2　被试访谈内容转写示例 ……………………………（14）
表 1—1　第二语言口语流利度量化测评指标汇总 …………（19）
表 2—1　口语测试任务 ………………………………………（36）
表 2—2　口语非流利现象的产生原因 ………………………（38）
表 2—3　口语非流利现象分类体系 …………………………（47）
表 2—4　非流利现象分类统计 ………………………………（48）
表 3—1　非流利停顿现象分类统计 …………………………（53）
表 3—2　不同时长非流利停顿分类统计 ……………………（55）
表 3—3　非流利填充标记分类统计 …………………………（61）
表 3—4　无意义的音节填充分类统计 ………………………（62）
表 3—5　有意义的词或话语成分填充分类统计 ……………（65）
表 3—6　功能性短句填充现象分类统计 ……………………（68）
表 3—7　其他填充成分分类统计 ……………………………（71）
表 3—8　非流利停顿现象分布统计 …………………………（74）
表 3—9　不同任务中非流利停顿现象统计 …………………（80）
表 3—10　不同任务中非流利填充现象统计 ………………（82）
表 3—11　非流利重复现象分类统计 ………………………（85）
表 3—12　前瞻性重复及回顾性重复现象统计 ……………（88）
表 3—13　不同任务中非流利重复现象统计 ………………（92）
表 3—14　非流利拖腔现象分布统计 ………………………（94）

表 3—15　不同任务中非流利拖腔现象统计 ·················· （96）
表 4—1　Levelt（1983）自我修正分类体系 ················· （103）
表 4—2　Kormos（1999）自我修正分类体系 ················ （104）
表 4—3　非流利自我修正现象分类统计 ···················· （105）
表 4—4　恰当插入修正分类统计 ·························· （107）
表 4—5　不同任务中非流利自我修正现象统计 ·············· （116）
表 5—1　口语流利度量化测量指标 ························ （123）
表 5—2　被试口语流利度原始分数 ························ （125）
表 5—3　被试口语流利度导出分数 ························ （126）
表 5—4　内部一致性信度检验 ···························· （127）
表 5—5　被试口语流利度情况 ···························· （128）
表 5—6　两类流利度指标得分及总分的相关性 ·············· （128）
表 5—7　各单项指标间的相关性 ·························· （129）
表 5—8　专家 A 给出成绩与客观量化成绩的相关性 ·········· （132）
表 5—9　专家 B 给出成绩与客观量化成绩的相关性 ·········· （133）
表 5—10　专家 C 给出成绩与客观量化成绩的相关性 ········· （133）
表 5—11　被试口语流利度客观化测评总分 ················· （136）
表 5—12　典型样本在各项口语流利度指标上的原始
　　　　　分数 ··· （136）
表 5—13　3 名被试口语非流利拖腔及停顿现象出现频次
　　　　　统计 ··· （137）
表 6—1　《汉语口语课堂焦虑量表》内部一致性信度 ········ （146）
表 6—2　高级阶段汉语学习者口语课堂焦虑值情况 ·········· （147）
表 6—3　汉语学习者课堂焦虑度对比 ······················ （147）
表 6—4　不同性别被试焦虑值分布情况 ···················· （148）
表 6—5　口语课堂焦虑量表中各题项平均分及排序 ·········· （149）
表 6—6　口语课堂焦虑类型分布及平均分排名 ·············· （150）
表 7—1　被试口语流利度原始分数（重新编码） ············ （165）
表 7—2　被试口语流利度导出分数（重新编码） ············ （165）

表号	标题	页码
表 7—3	被试口语流利度两类指标及总分导出分数（重新编码）	(166)
表 7—4	两类流利度指标及总分与口语课堂焦虑度的相关性	(168)
表 7—5	7 项流利度指标及总分与口语课堂焦虑度的相关性	(168)
表 7—6	被试口语非流利现象出现频次统计	(173)
表 7—7	非流利现象出现频次与口语课堂焦虑度的相关性	(174)
表 7—8	3 组被试非流利现象出现频次统计	(174)
表 7—9	被试各类型非流利停顿现象出现频次	(176)
表 7—10	非流利现象出现频次与口语课堂焦虑度的相关性	(177)
表 7—11	3 组被试非流利停顿现象出现频次分类统计	(177)
表 7—12	3 组被试非流利停顿现象不同时长出现频次统计	(178)
表 7—13	3 组被试非流利停顿现象不同时长出现频次分类统计	(179)
表 8—1	3 种特定情境下被试口语流利度情况（横向对比）	(191)
表 8—2	座位情境下被试口语流利度情况（纵向对比）	(192)
表 8—3	讲台情境下被试口语流利度情况（纵向对比）	(193)
表 8—4	期末考试情境下被试口语流利度情况（纵向对比）	(193)
表 8—5	3 种特定情境下被试焦虑值与口语流利度相关性情况	(194)

表 8—6　被试 S3 在 3 种特定情境中的流利度量化指标
　　　　得分 ……………………………………………（198）
表 8—7　被试 S8 在 3 种特定情境中的流利度量化指标
　　　　得分 ……………………………………………（201）
表 8—8　被试 S1 在 3 种特定情境中的流利度量化指标
　　　　得分 ……………………………………………（203）

图 目 录

图 0—1　Levelt 言语产出模型 ………………………………（6）
图 3—1　不同时长非流利停顿现象占比统计 ………………（55）
图 3—2　不同时长非流利停顿分类频次 ……………………（56）
图 3—3　不同任务中非流利停顿现象在各时长出现频次 ……（81）
图 3—4　不同任务中非流利停顿现象分布特征 ……………（83）
图 5—1　典型样本在各项口语流利度指标上的原始
　　　　　分数对比 …………………………………………（137）

绪　　论

第一节　研究缘起

在从事汉语作为第二语言口语教学工作期间以及与汉语学习者的日常交流过程中，笔者常常会遇到以下几种现象。

第一，有些学习者在口语表达过程中，虽然遣词造句准确率高、语速快，却因为说话结结巴巴，语句支离破碎，导致听者需要在言语理解的过程中，过滤掉大量无意义的内容，因此而感到疲惫，如：

例1：然后这样…但是…/e/ = …/e/有的时候我们一定要/e/（咳嗽）［一定要］严格的一个教出还有一个/e/⊥教训学生。

例2：…/e/ = 就是想（清嗓子）⊥我想/e/［想］/e/做一个事情，可是我努力再努力也有的时候不会成功的，所以是就是［就是］天就这样安排，⊥我觉得是天就这样安排了，⊥这样想。

例1中，总样本数为37个音节，在剔除对言语理解无用的成分、重复现象以及自我修正现象后，学习者想要表达的内容是"但，有的时候我们一定要严格的教训学生"，仅剩下18个音节，不足样本总数的1/2。由于其口语表达过程中出现了过多的填充停顿、重复、自我修正等非流利现象，给听者在言语理解过程中造成了较大的负担。

例2中，总样本数为59个音节，在剔除对言语理解无用的成分、重复现象以及自我修正现象后，学习者想要表达的内容是"我想做一个事情,可是我努力再努力也有的时候不会成功的,所以我觉得是天就这样安排了"。仅剩下的 38 个音节占总样本数的 64%。在与表达者的交流中,笔者了解到,由于其在说话前并没有考虑好这句话用汉语如何表达,因此一直在修正自己的表达内容,虽然最后不碍于我们理解他想表达的意思,但是过程十分艰难。

第二,有些学习者在口语表达中,并没有出现太多的填充停顿、重复以及自我修正现象,语言表述也相对准确,但是由于出现过多长时间的停顿,使听者在交流过程中为了获取表达信息而始终高度集中注意力,这一过程同样会给听者带来了不好的听觉感受,如:

例 3:/e/…(0.76)我觉得…(1.31)有点严格的老师…(0.41)能=突出…(0.41)学生的…(1.12)能力。…(0.77)因为…(2.16)生活当中,…/e/(1.04)学生旁边…(0.45)很多…(0.5)玩的…(0.39)东西啊,…(0.55)地方啊。…/eng/…(3.28)所以…(0.43)学生们…(0.3)集中不容易,…(1.75)所以应该需要…(0.61)这样的严格的老师。…(0.99)有=严格的老师的话,…(0.77)学生们…/e/(1.51)能集中学习。…说完了。(2.5)

在例 3 中,样本时间总量为 40 秒,但是其中总停顿时长约为 22.01 秒,是样本时间总量的 55%。也就是说,在这段口语表达中,表达者将一大半的时间都浪费在了停顿上。

这些状况往往发生在学习汉语多年的高水平学习者身上,他们有些人汉语读写能力非常强,但是在口语表达过程中,学习者没有充分的时间来反复思考和组织语言,由于过度追求自己口语表达的准确度与复杂度,或是缺乏练习而造成了口语表达内容磕磕绊绊;而另一些学习者则认为语速快就是口语能力强的表现,为了追求过快的语速,在口语表达过程中产生了大量的非流利现象,甚至他们中有些人并没有发现自己在口语流利度方面存在问题。尤其是在紧张焦虑的环境下,这种表达不流利的状况尤其明显。

那么,汉语学习者口语非流利现象的具体类型有哪些?相互之间是否存在关联？非流利现象产生的原因是什么？语言焦虑是否会对高级阶段汉语学习者口语表达的流利程度造成影响？特定情境焦虑对于汉语学习者口语表达的流利程度起到促进作用还是阻碍作用？高焦虑群体和低焦虑群体在不同情境中的口语流利度变化是否存在规律？诸如此类，这些问题都是非常值得探讨的问题。

第二节　研究意义

一　理论意义

第一，本书基于 Levelt 提出的言语产生理论模型、自我监控理论以及 Tobias 提出的"三阶段"模型，以学习者口语表达过程中的心理机制为出发点，对高级阶段汉语学习者口语非流利现象的产生原因进行分析，探讨口语表达过程中焦虑情绪与各言语产生机制之间的互动关系，为探索汉语学习者口语表达的深层机制开辟了新的思路。

第二，本书从概念界定、分类、出现频次、分布特征、功能以及各类型非流利现象的互动关系等方面对各类非流利现象进行了系统的分析，在单一研究的基础上寻找其共性，填补了现有研究的空缺。并尝试从时间区间的角度对口语非流利停顿现象进行分类，探讨不同时长停顿现象的功能及特点，为非流利停顿现象的研究提供了新的视角，期望可以对汉语作为第二语言口语表达的研究领域有所突破。

第三，虽然近年来国内外越来越多的研究开始关注情感因素对第二语言口语学习的影响，特别是语言焦虑的问题被众多研究者所重视，然而在汉语作为第二语言习得（汉语二语习得）的研究领域中，语言焦虑的研究仍处于起步阶段，研究方法单一，涉及内容有限。本书从真实语料出发，系统研究汉语学习者焦虑情绪与口语流利度的相关性，拓展了二语口语流利度与口语焦虑的研究深度。

二 实践意义

第一，本书对汉语学习者口语非流利现象的产生原因及功能进行探索，有利于帮助汉语教师在教学过程中选取更加具有针对性的教学方法及训练方案，排除汉语学习者口语表达过程中的各项困难，有效降低学习者在表达过程中出现非流利现象的出现频次，切实提高汉语学习者口语流利度，提高口语课堂教学质量。

第二，本书通过对比分析不同情境下口语流利度与课堂焦虑的相关性，探究特定情境焦虑对汉语学习者口语流利度的影响，进而尝试提出针对汉语学习者口语表达情境焦虑的干预策略，缓解焦虑情绪对口语学习所造成的消极影响，为营造可以有效提升口语实用能力的课堂环境提供参考性意见。

第三，本书将为汉语作为第二语言教学研究领域的其他研究者提供更加详尽的研究方法、分析方法以及基础数据，以便于相关研究可以更深入、细致地进行。

第四，本书所提供的汉语作为第二语言口语流利度量化测评的方法，将为制定可信度较高的普适性口语流利度评分标准提供依据。

第三节　理论背景

一　言语产生模型

在语言学的研究领域中，Levelt 作为自然言语研究学派的代表人物，对于口语表达的自我监控研究做出了巨大的贡献。Levelt（1989）[①] 以理想化的母语使用者为假设对象，提出了一种言语产生（speech production）模型，主要包括三个组成模块：概念形成机制

[①] Levelt, W. J. M., *Speaking: From Intention to Articulation*, Cambridge: MIT Press, 1989, pp. 72 – 74.

（conceptualizer）、形式合成机制（formulator）以及发音机制（articulator）。同时，该模型还包括监控、话语理解系统以及听辨三个构成要素。他们在言语产生过程中起辅助作用。另外，在该模型中Levelt将实现交际目的需要用到的知识划分为两类：陈述性知识和程序性知识。陈述性知识（见图0—1中圆形区域）解释了"是什么"的问题，包括词汇、话语模式、场景和百科知识等；程序性知识（见图0—1中方形区域）解释了"怎么做"的问题，它是流利表达等依靠熟练程度行为的基础。De Bot（1992）认为该模型经过微调后，可以应用在第二语言口语表达的研究领域中。

从模型图（见图0—1）中容易看出，每一个模块都具有双重属性，他们既是前一个机制的输出项也是下一个机制的输入项。具体来说，表达者之所以会产出话语，是因为他想通过说话来表达某种交际意图。首先，表达者借助概念形成机制（conceptualizer）的运转，根据自己想要表达的意图来产生信息。同时，表达者通过对上文提到的陈述性知识和程序性知识的提取，对信息进行编码，最后输出话语前信息（preverbal message）。

然后输出的话语前信息作为输入项进入形式合成机制（formulator），由形式合成机制生成语音计划（内部言语）。话语前信息进入形式合成机制之后，先激活语法编码器，表达者在内心的词目（lemma）中选择能够表达交际意图的词汇后，通过语法编码形成语法表层结构；然后激活音位编码器，表达者在词形库（lexical form）中提取所选词汇的语音；二者相结合输出内部言语。

之后输出的内部言语作为输入项进入发音机制（articulator），再输出为外部言语。但是由于形式合成机制与发音机制并不是无缝衔接的，也就是说内部言语的生成有一定的概率会先于发音，因此内部言语会先储存在"发音缓冲器"中，发音机制再从"发音缓冲器"中提取连续的内部言语，然后调动言语肌肉系统执行语音计划，形成外部语言（overt speech）。

此外，Levelt在言语产生模型中还提到了话语理解系统，通过对

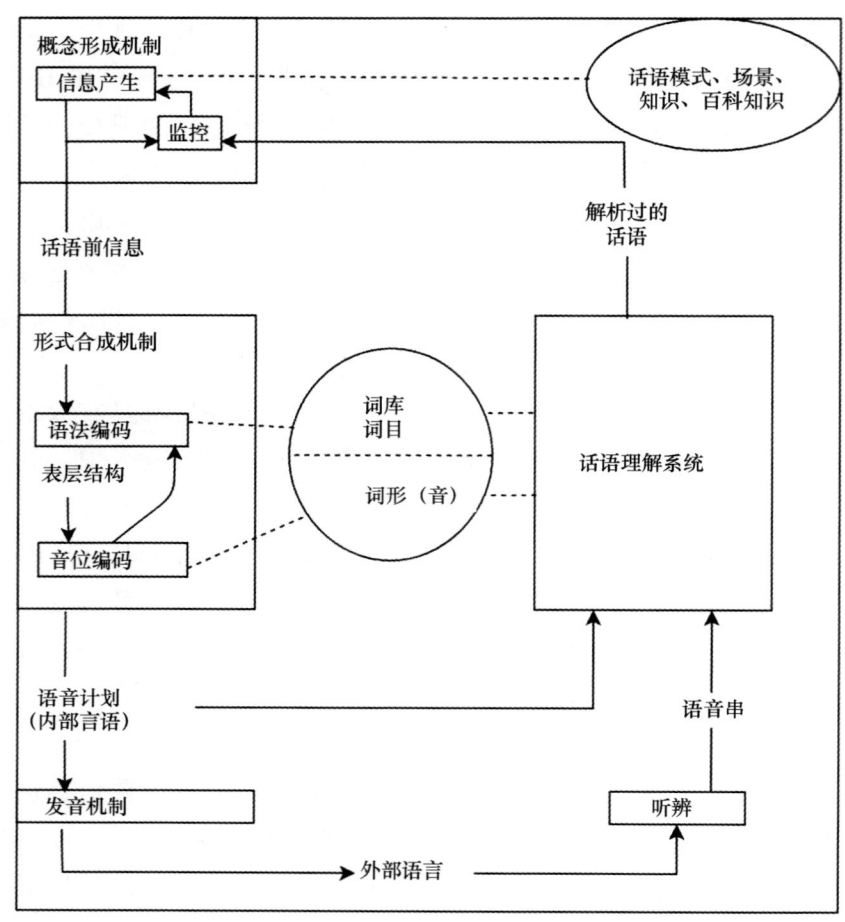

图0—1 Levelt 言语产出模型

自己的内部言语和外部语言的解析,达到对概念形成机制进行监控的作用。这个组成部分的详细情况将在后文中进行阐述。

二 自我监控理论

自我监控理论发端于19世纪六七十年代,Snyder(1974)提出了"自我监控"这一概念,用以解释表情管理和自我呈现的个体差异。自我呈现也称为印象管理，是指人们把控和管理自己的外在形象，以期给别人留下美好印象的过程。自我监控理论认为由于自我监控存在个体化差异，因此个体管理表情和印象也存在差异。也就是说，自我监控是指"个体对自身的心理与行为的主动掌握，调整自己的动机与行为，以达到所预定的模式或目标的自我实现过程"。其中包括自检和自查、主动纠偏和及时反馈信息等六个维度。从认知心理学的角度，Flavell 和 Wellman（1977）将自我监控行为界定为一种元认知角度的高度觉醒状态，其实质就是人对自己认知活动的自我意识、自我评价和自我调控。20 世纪六七十年代，受人本主义心理学及认知心理学的影响，产生了自我监控学习理论。自我监控学习理论的研究以美国教育改革为背景，迅速的发展了起来。自我监控学习理论强调在学习过程中，以学生作为主体，对自己的学习行为进行有意识的监控，从而使自己的学习水平得到提高。

　　Rubin（1975）与 Naiman（1975）最早提出了监控学习策略。Krashen（1979）[1] 对于监控策略的研究使监控策略成为第二语言习得研究领域中的重要研究内容。大量的研究表明，二语学习者在二语习得过程中，必然会经历中介语阶段。这一阶段中的"石化现象"所带来的语言表达错误在二语习得过程中是无法避免的。监控行为可以有效减少这一过程中出现的语言表达错误。这种监控策略指的是，二语学习者在二语习得过程中对自己或他人的语言表现行为进行监控，也就是对自己或他人的语音、词汇及语法方面的错误进行更正。Bialystok（1978）在 Krashen（1979）研究的基础上，将监控策略定义为二语学习者根据已掌握语言规则，审度和矫正语言的行为。本书所研究的自我监控策略，指的是二语学习者在使用第二语言进行口语表达的过程中，运用已学语言知识对自己言语表现行为进行监察和纠错的方法。

---

[1] Krashen, S., "A Response to McLaughlin, 'The Monitor Model: Some Methodological Considerations'", *Language Learning*, Vol. 29, No. 1, 1979, pp. 151–167.

在 Levelt（1989）的自我监控理论中，表达者的自我监控可以在整个言语产生过程的各个阶段运行，例如在话语前信息的形成阶段对言语计划的监控；在话语理解系统中，对内部言语和外部言语的监控。其中表达者对自己外部言语的监控是可以借由听辨和言语理解系统来完成的。表达者听到自己说的话时，将激活听辨系统，也就是能通过话语理解功能，识别自己的语音转换成有意义的话语，来判断自己所说的话是否正确的表达了自己实际的交际意图，从而实现对口语表达内容进行自我监控。此外，Levelt 认为自我监控行为具有外显型和内隐型两种表征。内隐型监控是表达者的心理活动，就是指在发声之前察觉到自己可能表达错误并进行修正，以保证听话人能够理解和领悟自己的真实意图。外显型监控是指表达者在发现自己在概念形成阶段和形式合成阶段的错误后，停止该信息的产出或者修正已经产出的信息。Levelt 对言语自我监控的界定得到了许多学者（Postma & Kolk, 1993; Postma & Noordanus, 1996; Postma, 2000）的支持，并且在随后的诸多实证研究中得到证实。

另外需要说明的是，在 Danks（1977）提出的感官反馈模型中，已执行的命令所做出的感官反馈优先于言语产出命令，并且制约着言语产出命令的激活。而 Levelt（1989）则认为，在表达过程中，对言语的加工过程和对言语的监控过程是同时存在于人类大脑中，共同发挥作用的。无论是言语计划还是言语计划的执行都不能完全借助来自监控系统的反馈。这个观点也得到了后来学者们的普遍认同。显然这两种观点不尽相同，而我们认为 Levelt 的解读更具有科学性。诚然，感官的反馈确实会影响言语计划和执行过程，只不过这种影响是间断的、不连续的调控。

还有的学者基于 Levelt 的观点，又对言语监控理论做了补充和完善。Neilson 等人（2006）认为，虽然表达者能够监控自己整个表达过程的绝大部分，例如内容、语法、语音、语调等等，但是人类大脑的处理能力有限，不可能持续不断地对所有表达情况保持较高的注意力。因此表达者对不同部分的注意力分配是不同的，而且是动态的。显然这会对监控的成功率造成影响。

　　由此可见，言语自我监控并不是万能钥匙，它仅能在一定程度上对错误的表达进行监视和调控。因此，在实际的言语交际过程中，仍然会出现表达者本身没有发现的言语失误。通常这种情况下如果听话人能够察觉到失误，他会打断表达者的言语输出，并且引导后者修正已经产生的言语失误。

三　Tobias 的"三阶段"模型

　　Horwitz 等人（1986）指出，语言焦虑更微妙的影响，不能仅仅通过显性语言来证明。Eysenck（1979）也指出，大多数关于语言焦虑的研究都只关注表现的质量，而忽略了其他领域的影响，对语言焦虑更全面的分析应包括具体的任务表现以及表现之前的认知活动。Tobias（1977[①]，1986[②]）所提出的"三阶段"模型对这一问题提供了解决方法。

　　虽然语言学习是一个持续的过程，但是 Tobias 的"三阶段"（Three stages）模型从输入、加工以及输出这三个阶段描述了焦虑对语言学习的影响。Tobias（1986）指出，这三个阶段在某种程度上是任意定义的，因为很难在它们之间做出明显的区分，例如明确一个阶段的停止或下一个阶段的开始。但是这一模式可以用来研究语言焦虑影响的根源。他认为第二语言学习是一种认知行为，高焦虑的学习者更容易出现负向的自我认知，导致情绪低落，从而影响注意力，影响语言信息的接收和处理；而低焦虑的学习者由于不受到更多情绪上的干扰，则更容易集中注意力进行语言学习。

---

　　① Tobias, S., "A Model for Research on the Effect of Anxiety on Instruction", in J. Sieber, H. F. O'Neil, Jr. & S. Tobias, eds., *Anxiety, Learning and Instruction Hillsdale*, NJ: Lawrence Erlbaum., 1977, pp. 223–240.

　　② Tobias, S., "Anxiety and Cognitive Processing of Instruction", in R. Schwarzer, eds., *Self-related Cognitions in Anxiety and Motivation*, Hillsdale, NJ: Lawrence Erlbaum, 1986, pp. 35–53.

输入焦虑（input stage）的程度取决于二语学习者面对外部刺激的专注能力和编码能力，在这个阶段经历焦虑会降低语言输入的有效性，以至于对后续各阶段产生影响（Tobias，1977）。MacIntyre 和 Gardner（1994）指出，在第二语言学习过程中，如果语速过快或书面材料句式复杂，就可能遇到障碍，焦虑的学生可能会更频繁地重复句子，或者需要重读几遍文本来弥补缺失的输入。加工焦虑（processing stage）是指学习者在对上一阶段输入信息进行认知加工时所经历的焦虑情绪，是其他人不可见的内部处理过程，延迟产出是这一阶段的主要表现。当遇到需要更多依赖记忆力去处理的信息，或是理解起来复杂困难的内容时，加工焦虑会降低认知加工的时间，从而影响学习者的学习或沟通效率（Tobias，1986）。输出焦虑（output stage）是指二语学习者在输出信息过程中的焦虑情绪。"输出阶段的表现是通过测试分数、语言产出和自由表达的质量来衡量的"（MacIntyre & Gardner，1994）①，而在这一阶段出现焦虑情绪，会让原本熟悉的内容无法顺利输出。

Tobias（1986）指出，模型中的三个阶段是互相依存的关系，每一阶段的成功都取决于上一阶段是否顺利进行。由此可见，焦虑情绪在一定程度上阻碍了二语学习者的说写及交流能力。而事实上，高焦虑的学习者不仅在所有阶段都更容易受到情绪干扰，而且这种干扰很可能是不断积累的。也就是说出现输入焦虑，可能会给加工过程带来负担，从而产生加工焦虑，使加工效率迅速降低，这就可能会进一步提高输出阶段的焦虑水平，对口语或书面表达水平造成影响。

因此，根据 Levelt 的言语产生模型、自我监控理论以及 Tobias 的"三阶段"模型，我们可以推断，二语学习者的口语表达过程由

---

① MacIntyre, P. D. & Gardner R. C., "The Subtle Effects of Language Anxiety on Cognitive Processing in the Second Language", *Language Learning*, Vol. 44, 1994, pp. 283 – 305.

"概念形成机制""形式合成机制""发声机制"以及"自我监察机制"四部分构成,"自我监察机制"始终贯穿于其他三个机制的运作过程中,用来监控可能出现的错误或修正已经发生的错误。而由于不同原因所产生的焦虑情绪则可能出现在言语产生的每个机制中,对口语表达的顺利进行造成阻碍,本研究将通过实验与调查尝试证实这一观点。

第四节 总体研究设计

一 被试

被试者来自某高校来华留学研究生汉语预科班,共 20 人,其中男生 11 人,女生 9 人,年龄在 25—37 岁之间,分别来自蒙古国 8 人、朝鲜 3 人、贝宁 3 人、韩国 2 人、俄罗斯 1 人、印度尼西亚 1 人、尼日利亚 1 人和刚果(布)1 人,共 8 个国家。在参与本项研究前,他们在本国已有 2—4 年汉语学习基础,在华共同学习汉语时间为 1 年,均已通过 HSK 5 级。

二 研究设计概述

本书拟从两大部分对高级阶段汉语学习者的口语流利度进行研究。第一部分,从多维度入手,系统考察与分析汉语学习者的口语非流利现象,并选取合适的测量指标对汉语学习者口语流利度进行量化测评;第二部分,对比分析高级阶段汉语学习者课堂焦虑情绪与口语流利度之间的互动关系,探讨特定情境焦虑对汉语学习者口语流利度的影响。共计三个实验,具体实验方法将在后文中详细说明。

实验一:高级阶段汉语学习者口语流利度调查。

目前关于汉语学习者口语流利度的研究成果相对零散,各研究之间不具有连贯性,未形成体系,缺少对于同一组语料进行多维度的调查研究。本实验选择回答问题、话题讨论以及看图描述三种任务形式，设置口语测试，录制语料，并在测试结束后针对口语非流利现象出现时的心理状态对被试进行回顾性访谈。通过对口语测试和回顾性访谈语料的转写和标注，在第二章里，结合理论模型，对回顾性访谈语料进行分类讨论，探寻汉语学习者口语非流利现象的产生原因，以及口语表达过程中焦虑情绪与各言语产生机制之间的互动关系。在此基础上，从自我监控的角度，对汉语作为第二语言口语非流利现象进行重新分类。在第三章和第四章里，对口语测试语料中的各类型口语非流利现象的概念界定、分类、出现频次、分布特征、功能以及各类型非流利现象的互动关系等方面进行系统性分析。在第五章里，结合口语非流利现象的分析结果，选择合适的测量指标，对被试口语流利度进行量化测评。具体研究方法将于第二章详细说明。

实验二：高级阶段汉语学习者口语课堂焦虑情况调查。

汉语学习者的课堂情绪受到课堂环境、教学方式与师生关系等多方面因素的影响，在以往的研究中，主要通过调查问卷的方式对于汉语学习者汉语课堂焦虑或考试焦虑状况进行调查，访谈提纲设计粗略，鲜有对访谈内容进行深入分析，忽视学习者的实际感受。本实验通过《基本信息调查表》《汉语口语课堂焦虑量表》对被试进行问卷调查，并在分析调查结果的基础上，从课堂表现、口语课堂、口语表达以及调节方法四个方面设计访谈提纲，对被试课堂焦虑情况的实际感受进行个人访谈。在第六章里，将问卷调查结果和个人访谈语料相结合，对被试口语课堂的焦虑状态进行考察与分析。

现有研究大多只讨论了课堂焦虑情绪对二语学习者口语流利度的影响，未涉及口语非流利现象与焦虑情绪之间的交互影响。在第七章里，笔者将结合"实验一"和"实验二"的调查结果，对比分析被试焦虑度得分与口语流利度得分之间的相关性，以及口语非流利现象与焦虑情绪之间的交互影响。具体研究方法将于第六章详细说明。

实验三：特定情境焦虑对口语流利度的影响。

近年来，在汉语二语习得研究领域中，开始有学者关注特定情境焦虑对汉语学习者口语流利度的影响，目前已有研究主要通过问卷调查与口语测试相结合的方式，证实课堂学习焦虑对汉语学习者口语流利度有负面影响，但是测试语料的采集情境并非来自口语课堂，无法真实反映汉语学习者在口语课堂中的实际表现，且所考察的特定情境仅限于汉语课堂，并未涉及更加细致的口语表达情境。本实验分别采集口语课堂（讲台、座位）以及口语期末考试等情境下被试的口语表达语料，并在所有口语表达结束后进行回顾性访谈，了解被试在不同情境下完成口语任务时的心理感受。在转写和分析语料后，对被试特定情境下口语流利度进行量化测评，结合回顾性访谈记录以及"实验二"中的问卷调查结果，对比分析不同情境下汉语学习者焦虑情绪与口语流利度的相关性。具体研究方法将于第八章详细说明。

三 语料处理

（一）录音语料转写

对被试的录音资料进行转写是本研究的重点，只有准确无误的转写与标注才能支持研究的顺利进行，具体标注规则见表0—1。

表0—1　　　　　　　　语料标注符号说明

语料转写符号	意义	示例
T	测试人员话语	T：飞了很久。
S	被试话语	S：很聪明。
… （表示时长的数字）	0.3秒及以上的非流利无声停顿	长春比我们国家的人口…（0.65）很多了。

续表

语料转写符号	意义	示例
＿＿＿＿ （表示时长的数字）	带有填充标记的非流利停顿	有的时候我们一定要/e/（咳嗽）（0.67）[一定要] 严格地一个 教出 还有一个/e/（1.03）教训学生。
［ ］	非流利重复现象	所以他们［他们］不喜欢。
＝	非流利拖腔现象	嗯＝…（8.72）这个是弊。
< stop >	非流利语流中断现象	可是它的，他很 < stop >。
⊥	非流利自我修正现象	我们是⊥最重要是我们［我们］学生。
(@@)	笑声	照顾自己的孩子，照顾奶奶和爷爷，照顾奶奶的奶奶，(@@)。
(咳嗽)	清嗓子的声音	而一个(咳嗽)穷人却可能心情舒畅。
(××)	发音不清楚或未听清的话语成分	它看到…< B >（1.07）（××）。
< >	非流利现象的类型、功能等	…（0.68）< A2 > 所以它慢慢…/e/ < F1 >（1.47）< F >［慢慢］< B > < R2B > 就会喝。

（二）访谈语料收集

在访谈时，测试人员在表格中记录被试出现非流利现象的时间点，并记录好被试描述的心理活动。被试访谈语料收集示例见表0—2。

表 0—2　　　　　　　　被试访谈内容转写示例

序号	非流利现象发生位置	被试自述心理活动
1	给老师…（0.8）［给［给］老师］说，然后我说读完了。	没有想好应该用"给老师"还是"对老师"。
2	我去一个呃＝数学的比赛。	没有想好数学怎么说。

续表

序号	非流利现象发生位置	被试自述心理活动
3	但是我很想…（0.64）［很想］呃回去学习。	本来打算在这里说的话突然忘记了。
4	…呃=（1.08）上［上］［上］［上］课的时候，我［我］［我］跟⊥我认真学习，每天［每天］好好学习，但是他也不［不］［不］理我。	前面"上上上课"是知道表达，怎么发音，但是突然无法顺利发音，后面的重复修正等一系列现象因为前面说错了所以变得很紧张。"不不不理我"是没想好应该用"不理"还是"孤立"。

第一章

相关文献回顾

第一节 第二语言口语流利度

本节主要回顾了国内外关于口语流利度的界定、测量指标以及汉语作为第二语言的口语流利度研究概况。

一 口语流利度的界定

流利度是衡量第二语言交际能力发展和熟练程度最有利的指标之一（Tavakoli et al., 2020）。通过对现有研究成果加以归纳不难发现，学界就口语流利度这一概念的内涵并未形成统一的认识，不同学者根据自身的研究需求，从不同角度对二语流利度进行了界定。

国外关于口语流利度的研究中，Brumfit（1984）、Sajavaara（1987）、Lennon（1990）、Schmidt（1992）以及 Segalowitz（2010）的研究具有一定的代表性。

Brumfit（1984）认为，无论语言学习者对于第二语言的理解是否达到了母语的水平，流利度都是到目前为止学习者对于第二语言最有效的习得。Sajavaara（1987）提出，第二语言流利度应涵盖两个方面的内容，即语言的可接受性与流畅连贯性。所谓流利度实际上属于言语交际方面的可接受性，或言之"交际匹配"，作为言语一定要满足言语共同体的预期,并且可以代表能够被接受的、不受拘束的言语行为。Meisel（1987）对于 Sajavaara 的论点表示认可,并提出第二语言口语流利度一定要基于"可接受的交际"这一条件。Lennon（1990,2000）认为第二语言口语流利度可以从狭义和广义两个方面解释,其中狭义的流利度指的是学习者使用第二语言时就像使用母语一样流畅,可以通过主观印象来评判,也可以通过语速、停顿、重复、自我纠正等指标来衡量;而广义的流利度指的是第二语言的熟练程度,是能够将思想快速、流畅、准确、高效地转化成语言的能力。Schmidt（1992）在对于二语口语流利度的语言心理机制研究进行回顾时指出,所谓流利度实际上就是实际的语言加工流程。他并未把流利度看成客观语言知识,反而视其为"自动化的程序技能"。Segalowitz（2010）将流利度划分为感知流利度（perceived fluency）、认知流利度（cognitive fluency）以及话语流利度（utterance fluency）。"其中认知流利度指的是口语表达时所涉及的认知机制的运作效率;话语流利度指的是可以观察到的口语表达的速度、流畅性和准确度;感知流利度指的是听者对表达者是否能顺利进行言语计划和口语产出的主观印象"（胡伟杰、王建勤,2017）[1]。

我国学者张文忠（1999）在综合各家观点的基础上,把口语表达能力和听辨能力联系到一起,对流利度进行了解释,认为流利度是"使用一种可被接收的第二语言变体,流畅、连贯地表达思想的能力,其流畅性、连贯性和可接受性应为听者所感受到"[2],得到了学界的普遍认可。郭修敏（2007）将流利度定义为"以正确的语言知识为基础,高效快速地运作语言的能力。其表现为,能够在言语交际中流畅、从容地表达思想,并使言语听辩者认可其流畅连贯性

---

[1] 胡伟杰、王建勤：《第二语言口语认知流利性对口语能力的预测作用》，《世界汉语教学》2017 年第 1 期，第 105—115 页。

[2] 张文忠：《国外第二语言口语流利性研究现状》，《外语教学与研究》1999 年第 2 期，第 41—48 页。

和可接受性"①。陈默（2012）认为"流利度作为一种语言技能，主要依赖于自动化，体现了学习者对第二语言知识的控制能力，控制能力越强，流利度越高"②。以此为基础，张春花和陈默（2016）把流利度定义为"以正常语速产出言语并且没有中断的言语能力，是表达者在进行某项言语任务时，在停顿、犹豫以及重构方面的表现"③。

可以看到，以上学者从不同的角度出发，对流利度的内涵加以解释，这无疑是对语言流利度这一概念的丰富。综上所述，本书认为二语口语流利度指的是以恰当的语速，轻松、顺畅以及连贯的生成第二语言的能力，以及口语表达过程中表现出停顿、重复、自我修正等现象的程度。并在此基础上，根据 Segalowitz（2010）的分类方式，从感知流利度和话语流利度两个方面对汉语学习者口语表达流利度进行研究。

二 口语流利度的测量

（一）第二语言口语流利度的量化研究

在对这二语口语流利度的量化测评方面，很多学者都试图去建立一个具有较高信度的、能够从不同的维度测量学习者口语流利度的指标体系。其中，时间指标属于被众多学者大量认可的一种指标。时间性指标最初由 Goldman – Eisler 等人（1968）在 20 世纪 60 年代发展起来的，"最初用于分析母语产出的心理过程，主要用于分析停顿的作用"（张文忠，1999）④，后来由 Dechert & Raupach（1980a）

---

① 郭修敏：《汉语作为第二语言的口语流利性量化测评》，《湘潭师范学院学报（社会科学版）》2007 年第 4 期，第 91—94 页。

② 陈默：《美国留学生汉语口语产出的流利性研究》，《语言教学与研究》2012 年第 2 期，第 17—24 页。

③ 张春花、陈默：《韩语母语者汉语口语流利度研究》，《汉语应用语言学研究》2016 年第 1 期，第 135—143 页。

④ 张文忠：《第二语言口语流利性发展的理论模式》，《现代外语》1999 年第 2 期，第 202—217 页。

和 Towell（1987）等一些研究者将这一指标引入到二语习得的研究中。Leeson（1975）① 提出了口语流利度测量的一系列指标，包括清晰度、停顿、错误计数句子变位等。但在其中"使用句法的能力"指标难以量化，无法进行类比，以致不能做更深入地分析。他们认为对语言任务的驾驭能力也可以作为衡量表达者口语流利度的指标，并根据表达者的不同表现，提出了"非流利标记（Dysfluency Markers）"这一概念。

Grosjean & Dechamp（1972）和 Raupach（1980）对时间性指标中不同变量的影响程度进行了区分，同时也对单一变量及复合变量作了界定。除此之外，他们还提出了第三个维度：主要复合时间变量与主要时间单变量。这里面的主要复合时间变量包括了语速、语流长度与停顿时长（Hunter, 2017; Skehan, 2015）。对主要时间单变量（第二类变量）的界定沿袭了前人的成果，包括无填充与填充两类停顿、拖音、重复和错误开始（Kahng, 2014; Tavakoli & Skehan, 2005）。Tavakoli 等人（2020）② 指出，虽然复合变量与人们对流利度的判断更为一致，但是主要时间单变量的测量会展现给我们更多关于语言形成和产生的过程，更加适合于语言的教学与评估。表1—1 是对已有研究中的口语流利度量化测评指标的汇总。

表1—1　　　　　　第二语言口语流利度量化测评指标汇总

研究者	年份	指标
Grosjean & Dechamp Raupach	1972 1980	①语速；②无声停顿所占比例；③清晰度；④语流长度；⑤无声停顿长度；⑥无声停顿次数；⑦填补停顿；⑧拖音；⑨重复；⑩错误开始

---

① Leeson, R., *Fluency and Language Teaching*, London: Longman Group Limited, 1975.

② Tavakoli, P., Nakatsuhara, F. and Hunter, A., "Aspects of Fluency Across Assessed Levels of Speaking Proficiency", *The Modern Language Journal*, Vol. 104, No. 1, 2020, pp. 169 – 191.

续表

研究者	年份	指标
Möhle	1984	①语速；②无声停顿长度和位置；③流利言语持续的长度；④填充停顿的频率和分布；⑤重复和自我修正的频率
Lennon	1990	①剔除前后每分钟产出词汇量；②重复；③自我修正；④填充停顿；⑤重复和自我修正词汇所占比例；⑥所有填充和未填充的停顿时间；⑦平均语流长度；⑧T-单位（T-unit）后停顿所占比例；⑨在每个T-unit单位中所有填充和未填充停顿时间所占比例；⑩在每个T-unit中平均填充和未填充时间等
Arevart & Nation	1991	①语速；②每100个词中的停顿次数
Riggenbach	1991	①语速；②非填充停顿个数；③犹豫；④修正现象
Towell	1996	①语速；②清晰度；③平均语流长度；④平均无填充停顿长度；⑤发音时间比
张文忠	2001	时间性指标：①语速；②发音速度；③发声时间比；④平均语流长；⑤平均停顿长，内容指标：所述必要事件与全部事件之比；语言指标：①无错误T-单位与全部T-单位之比；②平均c-单位（剔除后）长度；③平均T-单位内从句数；表达性指标：①每百音节更改次数；②改述也代替与全部更改之比；③剔除音节数与总音节数之比
郭修敏	2007	时间性指标：①语速；②发音速度；④平均语流长；⑤平均停顿长；⑥平均发音长度，用于发音的时间总量和停顿总数之比；准确性指标：①正确的发音字数占总发音字数之比；②无错误的T-单位与全部T-单位之比；语言表述指标：①每百音节更改次数；②剔除音节数与总音节数之比；③更改行为有效性
Baker-Smemoe et al.	2014	①语速；②平均停顿长；③平均语流长；④发音时间比；⑤重复和自我修正的频率

借助对于现有的理论成果的归纳总结，不难看出学界更偏好采

用两大类参数测量二语口语流利度,其一为时间性参数,包括语速、平均停顿长、平均语流长等;其二为表达性参数,包括重复、自我修正等。

(二)汉语学习者口语流利度的量化研究

翟艳(2011)的研究中,对教师主观评价和量化分析两个方面进行对比,结果表明,"教师的主观分析与通过时间指标、表述指标、准确指标量化方式得出的结果有较大的一致性,因此教师的总体评价在一定程度上具有客观标准、真实可信的特点"①。

陈默(2015)通过对中高级水平美国留学生口语流利度的发展进行考察,发现"平均语流长度、无声停顿时长、充实停顿频率的发展受语言水平的影响较为显著,高级被试进步显著,明显好于中级被试,高级被试的充实停顿频率已经接近汉语母语者水平。而无声停顿频率和充实停顿时长受语言水平影响比较小,高级被试无显著进步"②。

刘瑜、吴辛夷(2016)以学习者和母语者口语样本为基础,通过母语者听话人对该样本的感知判断,以及对发音人样本时间性语音指标的测量及分析,讨论中高级水平汉语学习者口语中的感知流利度和话语流利度。研究发现,"学习者口语的感知流利度和话语流利度测量存在密切的关系,母语者听话人对学习者口语流利度的感知能够通过对话语流利度的测量而进行预测"③。

近年来研究汉语作为二语口语的研究重点已经逐渐转变为对汉语学习者口语的量化测评。通过前人研究我们发现,完全依赖于主观判断来评估学习者的口语水平不具备充足的科学性,而是应该运

---

① 翟艳:《口语流利性主观标准的客观化研究》,《语言教学与研究》2011年第5期,第8页。
② 陈默:《汉语作为第二语言自然口语产出的复杂度、准确度和流利度研究》,《语言教学与研究》2015年第3期,第1—10页。
③ 刘瑜、吴辛夷:《汉语二语学习者口语产出的流利度研究》,《华文教学与研究》2016年第4期,第32—41页。

用量化的方法,以具体的数字来进行比较,使考察的结果更加客观、可信。

第二节　第二语言口语非流利现象

口语非流利现象是人们日常交际过程中,必然存在的一种口语表达现象。20 世纪中后期,学界就已经关注对于口语非流利现象的研究。主要的研究成果表明,非流利现象有犹豫(Maclay & Osgood, 1959)、感叹词添充(James, 1973)、修正(Levelt, 1983)和语误(Fromkin, 1988)等。直到 20 世纪末期,才开始出现对"非流利"的系统研究,比较有代表性的是 Fox Tree(1993)、Lickley(1994)和 Shriberg(1994)都将"非流利"作为他们博士学位论文的研究对象。Fox Tree(1993)探讨了对言语非流利现象的理解;Lickley(1994)论证了将诸多非流利现象都纳入"非流利(speech influency)"概念中的可行性。Shriberg(1994)沿袭了 Lickley 的观点,将不属于流利表达的现象都划归为非流利现象。并且尝试建立了一个讨论非流利现象之间交互性的理论框架。自此,对口语非流利现象的理论研究日益丰富。本节将对已有研究成果进行归纳和总结。

一　口语非流利现象的界定及分类

口语非流利现象是对所有形式的语流暂停现象的统称。包括以下两个维度:一类是表达障碍,指的是由先天生理缺失或者后天造成的言语失调,例如医学研究范畴中的口吃等。另一类则是在正常交际过程中出现的口语非流利现象。本研究仅对后者进行阐述。

目前,学界关于口语非流利现象的概念还没有形成统一。学者们从不同的维度出发,根据研究需要,对这一概念进行了不同的界定。比较常见的是以罗列口语表达过程中出现的非流利现象来对其进行界定,在这种界定方法下,口语的非流利产出被认为是一种语流暂停现象，主要包括停顿、重复以及修正三种外在表现形式。此外，Fromkin（1993）认为错误启动和感叹词填充也属于口语非流利现象。Postma 和 Kolk（1993）认为，口语非流利现象是由内隐型修正造成的，他们将非流利现象分为填充与未填充的停顿、词或更长语段的重复、音节和单个音素的停顿、拖腔以及突然中断。Shriberg（1994）将替代、填充、剔除以及特殊标记语等列入口语非流利现象。Bell（2000）提出，拖腔、缩减产出内容、语音错误等也属于口语非流利现象的研究范畴。我国研究者在这一领域也做出了贡献，学者 Tseng（2003）将非流利现象从四个维度进行了划分：语流中断（沉默、停顿等），词语修复（重新开始、重复、显性修补等），不完整句法结构（失洽用法、主动或被动中断）以及助词和叹词。戴朝晖（2011）将非流利现象分成了停顿、重复和自我修正三类。

还有的学者从话语特征的维度对非流利进行了界定。Fillmore（1979）认为应该以表达者口语表达的速度、语法准确度、语用合适程度、连贯程度、信息可接受度以及语言创造能力作为衡量其口语流利度的参数。因此，口语非流利的特征应该得到更大程度的重视。Lickley（1994）从非流利产出标记的句法特点作为切入点，将口语非流利现象分为两类：其一是不影响话语、句法连贯性构成的非流利现象，例如无声停顿、拖音和填充停顿等；其二是有词汇填充或其他句法成分插入的非流利现象，并且这些填充和插入不具备传达表达者言语计划内容的功能，对于听者在言语理解方面没有帮助，例如重复和错误开始等。

我国学者杨军（2004）指出，口语非流利现象指的是"在时定、韵律和语序等方面明显区别于流利话语的口语产出"[①]。马冬梅（2012）将非流利现象分为简单非流利、并列非流利和符合非流利进行研究。其中简单非流利包括非流利填充语、非流利自我修正；并

[①] 杨军：《口语产出非流利研究述评》，《外语教学研究》2004 年第 4 期，第 278—284 页。

列非流利指的是任意一种简单非流利重复出现；复合非流利指的是两种或以上简单非流利现象组合出现。卢家伟（2014）在研究中更关注口语非流利现象的本质，他指出非流利可以概括为言语非流利、信息非流利和语用非流利。王希竹（2017）从自我监控学习理论的视角出发，将口语非流利划分为，内隐型监控行为导致非流利现象，包括停顿、添加、重复、拖腔和突然中断；以及外显型监控行为导致的非流利现象，包括自我修正。

由此可见，不同视域下对口语非流利现象的界定会囊括不同的内容。因此，对口语非流利的界定应该结合其外在表现形式以及话语特征，着眼于对口语非流利现象深层机制的探寻。

二 口语非流利现象的产生原因

在口语非流利现象产生原因的研究领域，有以下三种假说普遍被学界所接受。

能力与需求假说（The demands and capacities model）。Starkweather & Gottwald（1990）对语言表达障碍儿童进行的口语流利度测评中提出，当表达者的语言能力不能匹配当前语境下的口语表达需求时，就会出现口语非流利的现象。这一假说在二语学习者的口语非流利研究上也有一定的适用性，当二语学习者言语表达需求高于其表达能力时，是口语表达过程无法顺利进行，就会产生非流利的现象。第二学习者常常由于自身第二语言表达能力的局限，无法完全将其表达意图通过第二语言传达给听者。

连续性假说（The continuity hypothesis）。Clark & Wasow（1998）认为，在日常交际过程中，人们当然希望自己的言语计划以较长语流的方式进行产出，也就是说表达者都在某种程度上追求口语表达的连贯性。但是由于各种原因所产生的阻碍，导致表达者在口语表达过程中都会或多或少的出现表达句式不能完整、表达内容不清晰等现象，无法清楚地交代自己的表达意图。这时，表达者往往会自主或被迫暂停口语表达，重新制订言语计划，理顺思路，组织语言。

在表达者恢复语流之前，往往会出现停顿或者填充对言语理解无意义的音节或词语等。如果表达者在口语表达过程中，表达意图发生改变，同样会选择暂停口语表达，然后添加、剔除或者更改已经产出的言语。

基本投入假说（The commitment hypothesis）。Clark & Wasow（1998）认为，在言语交际过程中，表达者可能会出现对某一问题进行较长思考的状况，此时语流会被迫停止，迫于言语交际过程中的时间压力，占据话轮，表达者会选择在没有整理好表达内容的情况下，提前开始表达。将部分表达信息投入到表达内容中，由于其言语计划未完全生成，因此在表达过程中，表达者需要同时继续整理表达内容，因此出现非流利现象的频率将会提升。

三 汉语学习者口语非流利现象研究

现有研究中，关于汉语学习者口语非流利现象的研究成果非常少，且大多研究仅针对某一类非流利现象进行考察与分析，研究成果未成体系。

施静静（2013）将非流利现象划分为停顿、添加、重复和自我修正四大类，对30名中级水平汉语学习者口语表达中的非流利现象的类型、特征等进行了考察与分析。刘瑜（2019）基于汉语学习者口语产出中的非流利现象，以及学习者对导致自己说话不流利原因的回忆汇报，考察汉语二语中非流利现象的成因。发现"导致非流利现象出现的认知活动贯穿于语言生成过程的各阶段，其中调动心理词汇节点是最容易导致非流利现象产生的环节"[1]。

在停顿现象的研究方面，部分学者对汉语学习者口语表达过程中的填充停顿现象进行了研究。其中洪秀凤（2015）将非流利填充语划分为音节或音节组合、填充词和短语以及填充性短句三大类，

---

[1] 刘瑜：《汉语作为第二语言口语非流利现象的成因探讨》，《语言教学与研究》2019年第3期，第77—89页。

对学习者口语产出中非流利填充语的出现频率和出现位置进行统计分析。金韵玲（2020）调查了韩国中级水平汉语学习者填充语标记"啊、哦、呃、嗯"的使用情况，并与母语者的使用情况进行了对比。王希竹、金晓艳（2020）在施静静（2013）分类的基础上，将填充停顿分为无意义的音节填充、有意义的词或话语成分填充、功能性短句以及其他填充，对高级阶段汉语学习者口语非流利填充停顿现象的类型、出现频率以及使用策略进行了调查与分析。刘瑜、吴辛夷（2016）则发现汉语二语口语中的停顿不仅出现在词内部，也出现在语法意义十分紧密的词边界上，与母语者存在有较大的差异[①]。王希竹、金晓艳（2021a）从时长分布及句内位置分布两个角度，对高级阶段韩国留学生口语产出过程中出现不同类型非流利停顿现象的成因、功能、出现频率以及分布特征进行了研究。

在自我修正现象的研究方面，汤桂珍（2013）基于真实语料对留学生自我修正策略的使用情况进行考察，探讨了自我修正策略的影响因素。刘峰（2014）根据留学生口语考试录音，分析了高年级留学生在汉语口语表达过程中进行自我修正的模式和特点。刘佳音（2016）通过自建小型语料库，采用定量描写与定性分析相结合的方法，讨论了汉语学习者课堂自启自修型会话修正的概念、类别、基本结构、特殊结构以及主要功能。

第三节　焦虑情绪与第二语言习得

随着研究者们对第二语言（二语）习得研究的不断深入，焦虑已被列为二语学习者在学习过程中所要面临的重要挑战，成为二语习得研究领域中一个重要的研究课题。在心理学的研究中，Sarason

---

① 刘瑜、吴辛夷：《汉语二语学习者口语产出的流利度研究》，《华文教学与研究》2016年第4期，第32—41页。

(1960) 曾指出，焦虑会使人担忧可能出现的失败状况，并将更多的注意力集中在自己相关的想法中。Brown（1973）将焦虑情绪作为重要影响因素，引入到二语教学研究领域中。本节对国内外关于语言焦虑的界定、分类方式以及语言焦虑与第二语言口语表现之间相关性的研究概况进行了回顾。

一 语言焦虑的界定

根据 Ortega（2009）的说法，目前关于第二语言焦虑的定义中，由 Horwitz 等（1986）和 MacIntyre（1999）所提出的两种界定方式受到学界的普遍认可。Horwitz 等（1986）将语言焦虑定义为"与课堂语言学习相关的自我认知、信念、感知和行为的复合体，产生于语言学习的独特性，具体表现为二语学习的感知和行为"[1]。Gardner 和 MacIntyre（1993）认为语言焦虑指的是一个人在使用二语时，由于掌握不充分而产生的恐惧。这种恐惧会产生认知和生理反应。MacIntyre（1999）将语言焦虑描述为与二语或外语学习相关的压力、紧张、担忧等情绪反应[2]。王康才（2003）采用外语课堂焦虑量表（FLCAS）和状态——特质量表（STAI）进行的一项研究表明，FLCAS 和 STAI 的相关性不大，说明语言焦虑是一种不同于特质焦虑和状态焦虑的特殊焦虑现象。

因此，我们可以认为，语言焦虑指的是在特定的第二语言教学情境中所产生的，与第二语言学习相关的一种情绪状态，主要表现为紧张、不安、恐惧等情绪反应。

---

[1] Horwitz, E. K., Horwitz, M. B. H. and Cope, J., "Foreign Language Classroom Anxiety", *Modern Language Journal*, Vol. 70, No. 2, 1986, pp. 125 – 132.

[2] MacIntyre, P. D., "Language Anxiety: A Review of the Research for Language Teachers", *Affect in Foreign Language and Second Language Learning: A Practical Guide to Creating a Low – anxiety Classroom Atmosphere*, No. 24, 1999, p. 41.

二 语言焦虑的分类

研究者从不同方面对语言焦虑进行分类,常见有以下三种分类。

(一)"促进型焦虑"和"阻碍型焦虑"

Alpert & Haber(1960)将语言焦虑划分为促进型焦虑(facilitating anxiety)和阻碍型焦虑(debilitating anxiety)。促进型焦虑会鼓励学习者"对抗"新的学习任务,而阻碍型焦虑则会促使学习者"逃离"新的学习任务(Scovel,1991)。

现有研究大多认为,焦虑情绪对于二语学习具有阻碍作用,认为焦虑会对学习者的语言表现造成负面影响。大量研究表明,焦虑水平与学习成绩呈负相关,焦虑情绪会影响语言学习者的表达内容和表达方式(Rodriguez,1995)。也有一些研究人员发现焦虑与语言学习之间存在正相关关系。Chastain(1975)的研究发现,在传统语言课堂环境中,焦虑与二语学习者的考试成绩呈正相关,他认为一定程度的焦虑对语言考试成绩有帮助。Horwitz 和 Young(1991)的研究指出,促进型焦虑仅存在于一些相对简单的学习任务中。而 Krashen(1982)则坚持主张,在二语学习过程中,焦虑情绪没有任何促进作用。目前学界关于焦虑情绪对语言学习具有促进作用还是阻碍作用仍存在较多争议,研究结论未形成统一,具有二分性。

(二)"特质焦虑""状态焦虑"和"特定情境焦虑"

心理学上,将焦虑分为三个方面:特质焦虑(trait anxiety)、状态焦虑(state anxiety)以及特定情境焦虑(situation specific anxiety)(Spielberger,1983)[①]。

特质焦虑:指一种相对稳定的人格特点或特质,它表现为一种持续的担心和不安(Spielberger,1983)。特质焦虑的个体随着时间的推移会保持相对稳定的焦虑情绪,因为它是个人性格中的一个特

[①] Speilberger, C. D., *Manual for the State–trait Anxiety Inventory (Form Y)*, Palo Alto, California: Consulting Psychologists Press, 1983.

征。根据 Eysenck（1979）的研究，特质焦虑会损害认知功能、影响记忆，甚至会导致个体出现逃避行为。

状态焦虑：Spielberger（1972）将状态焦虑解释为一种无论客观危险存在与否，个体将某一特定情况视为危险或受到威胁的情绪反应或反应模式。在后续的研究中，Spielberger（1983）指出，状态焦虑是在某一种特定情况下所感受到的焦虑情绪，这种焦虑感受是短暂的。

特定情境焦虑：Oxford & Ehrman（1992）指出，语言焦虑与情境相关，不属于特质焦虑，因为特质焦虑是一种稳定的人格特质，所有情境都会感到焦虑，而特定情境焦虑则是在某种特定的情境中才感到焦虑。Horwitz 等人（1986）认为，高焦虑学习者的主观感受、心理症状和行为反应都与特定情境焦虑相符，他们在语言学习过程中会出现忧虑、担忧，甚至恐惧的情绪，这导致他们难以集中注意力，甚至会出现健忘、出汗和心悸等身体反应，这些情绪会破坏第二语言的习得过程。

（三）"交际畏惧""考试焦虑"及"负面评价恐惧"

Horwitz 等人（1986）率先把语言学习的焦虑感作为语言学习过程中独立的、不同于其他焦虑感的现象进行研究，指出语言焦虑是语言学习所特有的现象，并进一步指出"二语课堂焦虑"包括"交际畏惧（communication apprehension）"、"考试焦虑（test anxiety）"及"负面评价恐惧（fear of negative evaluation）"。

交际畏惧的特征是害怕和焦虑与人沟通。McCroskey 等人（1985）指出，交际畏惧的主要原因是由于学习者担心自己无法准确和完善地表达出自己的想法。研究证实，自我评估低的学习者更容易出现较高程度的交际畏惧。与人沟通时的紧张、在团体中发言恐惧、在公共场合交际时的怯场、学习口语时的难为情都是交际畏惧的表现。

考试焦虑是指由于害怕失败而产生的焦虑情绪。Horwitz 等人（1986）指出，在二语课堂上，存在考试焦虑的学生可能会遇到更大的困难,因为考试和测验很频繁,即使是最聪明、准备最充分的学习者也经常犯错误。特别是口语测试,很有可能同时引发易感学习者的考试焦虑和口语交际焦虑。Culler 和 Holahan (1980) 推测,考试焦虑可能是由于学习者自身语言能力不足,缺乏自信而导致的,也可能是因为学习者受到自己的失败经历的影响而产生的。

负面评价恐惧指的是担心他人对自己的评价、对负面评价的情境进行回避,并且会对他人的负面评价存在心理预期(Watson & Friend, 1986)。虽然与考试焦虑相似,但是负面评价恐惧的范围更广,它可能出现在任何社交和评估的情境下。

三 语言焦虑与第二语言口语表现的相关性

对于许多二语学习者而言,使用第二语言进行口语交流是一项具有挑战性的任务(Kim, 1998)。大量研究证实,二语学习者经常将焦虑情绪与课堂上的口语活动联系起来(MacIntyre & Gardner, 1991; Kim, 1998)。

Daly (1991)[①] 指出,以交际实践为重点的语言学习情境具有一些会引发语言焦虑的特征。首先,当学习者认为自己的口语表现受到老师或有能力的同伴的评价时,他们会感到紧张;其次,交际活动会使学习者感到焦虑,因为当他们遇到语言困难或出现错误时,经常会成为被关注的焦点;再次,语言学习的新颖性和歧义性会使学习者在课堂交流时感到紧张,当遇到不熟悉和不确定的语言文化和社会规范时,他们会尽量避免使用目的语;最后,二语口语焦虑也可能会受到某些类型的课堂活动和教师的影响。例如,Young (1990) 的研究证实,相较于小组活动,在课堂上公开表达观点或进行表演活动更容易引发学习者的焦虑情绪。Price (1991) 的研究发

---

① Daly, J., "Understanding Communication Apprehension: An Introduction for Language Educators", in E. K. Horwitz & D. J. Young, eds., *Language Anxiety: From Theory and Research to Classroom Implications*, Englewood Cliffs, NJ: Prentice Hall, 1991, pp. 3–14.

现，当教师批评学习者的口音或对学习者的口语进行过度纠正时，会增加学习者对使用目的语的恐惧，而当教师将重点放在纠正学习者的表达信息而不是语法和发音错误时，学习者会感到放松。

当学习者在口语情境中感到焦虑时，通常会影响其口语表现。Phillips（1992）研究了语言焦虑与口语考试成绩的相关性，研究结果表明，口语考试成绩与 FLCAS 成绩之间存在中等程度的负相关，即语言焦虑程度较高的学习者，在口语测试中的分数往往较低。Woodrow（2006）在国际英语语言测试服务（IELTS）的一项样本测试中发现，课内外的第二语言口语焦虑与口语成绩之间存在显著负相关的关系。陈劼（1997）将课堂焦虑划分为环境型焦虑和性格型焦虑，研究表明，环境型焦虑和性格型焦虑之间存在着相互增强或减弱的作用，但均不利于学生口语水平的提高，相较于性格型焦虑，环境型焦虑对学生口语水平的影响更大。Williams（1991）的研究指出，焦虑对第二语言水平起到阻碍还是促进作用，主要取决于学习者的紧张程度。

四　语言焦虑对汉语学习者口语流利度的影响

相较于口语表达的复杂度和准确度，口语流利度更容易受到外界因素的干扰。对于二语学习者来说，口语表达过程中大量非流利现象的产生，往往被看作是口语欠佳的表现。因此，对口语流利度影响因素的研究逐渐成为学界关注的重点。相关学者基于不同视角对二语学习者口语流利度的影响因素进行了研究，研究内容主要集中在：个体因素，即个体语言知识的熟悉度以及自动化提取能力（Segalowitz et al.，2010；吴继红，2019）；以及任务因素，即任务类型、任务结构、话题熟悉度以及言语计划时间等（Foster et al.，1996；Skehan et al.，1999；易保树，2014）。近年来，虽然成果较少，但是也开始有学者关注情感变量，特别是焦虑情绪对汉语学习者口语流利度的影响。

康蓓（2013）、欧阳祎婧（2015）和秦莉杰（2016）均通过课堂焦虑问卷调查与口语流利度量化测评相结合的方式，探讨语言焦虑对汉语学习者口语流利度的影响。欧阳祎婧（2015）指出，"汉语学习焦虑与发音时间比、无错误 T‑单位与全部 T‑单位之比这两个测量指标是显著负相关，与平均停顿时间长度、每百音节更改次数和剔除音节数与总音节数之比这三个测量指标都是显著正相关"。秦莉杰（2016）指出，"汉语学习总焦虑水平与语速、总焦虑水平与平均语流长度、总焦虑水平与每百音节更改次数的相关性是稳定的，分别为正相关、负相关、正相关。总焦虑水平越高，语速越快，平均语流长度越短，每百音节更改次数越多。其中，语速和平均语流长度为正向指标，每百音节更改次数为负向指标"①。

总体来看，虽然通过前人研究，我们可以明显看出语言焦虑对于二语学习者的口语表现产生显著影响。但是在汉语作为二语习得研究领域中，关于语言焦虑和口语表现的相关研究，特别是语言焦虑与口语流利度的相关研究仍处于起步阶段，研究成果较少。

第四节　本章小结

通过对口语流利度的相关文献进行回顾与梳理，我们发现，虽然流利度是衡量第二语言口语能力最重要的指标之一，但是与英语学习者口语流利度的研究相比，汉语二语习得的研究领域中，缺乏对口语流利度的关注和重视。对于汉语学习者口语流利度的研究仍处于起步阶段，研究成果较少，且各研究之间不具有连贯性，未形成体系。研究成果相对零散，缺少对于同一组语料进行多维度的调查研究。由此可见，在这一研究领域还大有可为。

虽然大量研究已证实，语言焦虑对于二语学习者的口语表现具

---

①　秦莉杰：《外国学生汉语学习焦虑及其口语流利性的关系研究》，硕士学位论文，南京大学，2016 年。

有显著影响，也有学者开始探讨语言焦虑与汉语学习者口语流利度之间的关系，但是目前已有研究主要通过问卷调查与口语测试相结合的方式，证实课堂学习焦虑会对汉语学习者口语流利度造成负面影响，但是测试语料的采集情境并非来自口语课堂，无法准确代表汉语学习者在口语课堂中的实际表现，且所考察的特定情境仅限于汉语课堂，并未涉及更加细致的口语表达情境。

因此，本书拟在充分吸收和借鉴前人研究成果的基础上，从 Levelt 的言语产生模型、自我监控理论以及 Toibas 的"三阶段模型"的视角出发，通过定性和定量相结合的研究方式，对高级阶段汉语学习者口语非流利现象、口语流利度的测量方式以及语言焦虑与课堂口语流利度的相关性进行全面细致的考察与分析。

第 二 章

口语非流利现象的产生原因及分类体系

口语表达的流利与非流利是相对而言的，大量的非流利现象造成了口语表达的不流利。Shriberg（1994）将不属于流利口语的部分界定为口语非流利现象。根据马冬梅（2013）提出的观点，本书将口语非流利停顿现象界定为，在二语表达过程中中断语流，并使听者能够清晰感知与识别的无声期，或是填充对内容理解无意义的非词汇音节（如"e""eng"）、有意义词汇（如"那个""然后"）、功能性短句或生理因素等其他内容填充的有声期，或由无声停顿伴随填充音或词语等重复组成的停顿现象。

众多关于口语非流利现象的研究表明，口语非流利现象具有规则的语言表现行为；非流利口语表达在不同环境下，具有相似的表现形式，但是分布极为不同；不同语言由于发音方式、语法构成等方面的区别，造成其口语非流利现象分布各不相同，但都具有很强的规律性。我们也可以理解为口语非流利现象是我们在口语表达过程中遇到障碍的一种外在表现形式，对口语非流利现象进行研究，有利于帮我们挖掘口语表达的深层机制。

本章以 Levelt 提出的言语产生模型、自我监控理论以及 Toibas 提出的"三阶段模型"为基础，对高级阶段汉语学习者口语表达过程中出现非流利现象的产生原因,以及焦虑情绪与各言语产生机制之间的交互关系进行探究,并在此基础上,从自我监控的角度,建立适用于汉语二语习得研究的口语非流利分类体系。

第一节 研究设计

一 研究目的

实验一旨在考察高级阶段汉语学习者口语非流利现象,并在此基础上选取合适的测量指标对汉语学习者口语流利度进行量化测评,主要为了回答以下几个问题:

1. 汉语学习者在口语表达过程中为什么出现非流利现象?出现了哪些非流利现象?

2. 焦虑情绪是如何作用于言语产生机制中,对汉语学习者口语流利度造成影响的?

3. 口语表达过程中的非流利现象是否也会对汉语学习者的情绪造成影响?

4. 口语非流利现象应该如何分类?

5. 口语非流利现象的功能、使用策略、出现频次、分布特征、相互之间的关系等是怎样的?在不同口语任务中是否存在差异?

6. 是否可以将此次实验的三项任务作为口语测试来测量被试的口语流利度?这种流利度量化测评和客观化评分方法的信度和效度如何?

二 研究工具

1. 口语测试题目:根据被试的整体汉语水平,本次口语测试的部分测试题从 HSK 口试(高级)样卷中选取。被试需要在与测试人员一对一的情况下完成三项口语测试内容:回答问题、话题讨论以及看图描述(见表2—1)。

表2—1　　　　　　　　　　口语测试任务

任务	任务内容	任务要求
回答问题	有人说"严师出高徒",也有人认为未必,你是怎么看待这句话的?为什么?	被试有3分钟的时间准备问题,不明白的地方可以询问测试人员,可以列提纲。
话题讨论	家庭、学校和社会中,你认为哪个对孩子的教育影响最大?为什么?	无准备时间,测试者以问题作为话题与被试进行讨论。
看图描述	讲述一幅关于"乌鸦喝水"故事的漫画。	被试有3分钟时间理解故事内容,不明白的地方可以询问测试人员,可以列提纲。

2. 访谈记录表：用于在回顾性访谈中记录被试在口语表达过程中的心理活动（见表0—2）。

3. 首先使用摄像机对被试进行视频样本采集，其次，使用Cool Edit Pro 2.1等软件对非流利标记进行提取与统计，随后使用SPSS 23.0对数据进行具体分析。

三　研究程序

1. 语料录制与处理。根据表2—1中的口语测试题目对20名被试进行一对一口语测试，同时进行语料录制。将语料进行转写后，使用Cool Edit Pro 2.1等软件对0.3秒及以上的停顿、重复以及修正现象进行提取与统计。

2. 回顾性访谈。为保证被试回忆内容的准确性和可靠性，此项任务的访谈过程由汉语表达完成，并在口语测试录制完成后即刻进行。在此过程中，被试与测试人员共同观看口语测试录像，并对口语表达三项任务过程中，出现非流利标记的位置进行讨论，由测试人员记录被试在口语表达过程中，特别是出现非流利现象时的心理过程。

3. 口语非流利现象的产生原因及分类。根据回顾性访谈记录分析高级阶段汉语学习者口语非流利现象的产生原因，以此为基础，探讨焦虑情绪与言语产生机制之间的交互关系，构建汉语学习者口语非流利现象分类体系。

4. 系统分析各类型口语非流利现象。对各类型口语非流利现象的界定方式、功能、使用策略、出现频次以及分布特征进行分析，探讨各类型非流利现象之间的交互关系。

5. 口语流利度的量化测评。将非流利现象研究结果与前人研究成果相结合，选取的七项流利度量化测评指标，对汉语学习者口语表达能力进行量化测评，并将各项指标中的原始分数转换为 T 分数，获得汉语学习者口语流利度的客观化评分。然后，结合成手教师对被试的口语流利度的打分，使用 SPSS 23.0 对本次实验数据进行信度检验以及效标效度检验。

四 语料收集

在一对一口语测试后，根据表 0—1 对测试音频进行转写和标注。经统计，本次实验获得语料总音节数为 18714 个，共搜索到 4919 处非流利标记。

第二节 口语非流利现象的产生原因

Levelt（1983[1]，1989[2]）对言语产生模型中的监控系统进行了深入研究，提出了自我监控理论。他认为，表达者的自我监控可以在整个言语产生过程的各个阶段运行，例如在话语前信息的形成阶段对言语计划的监控；在产出外部语言前，对形式合成机制中的句法、音位编码的监控以及在发音后，对外部语言的监控。Levelt 认为自我监控行为具有内隐型和外显型两种表征。内隐型监控是表达者的心理活动，就是指在发声之前察觉到自己可能产出的错误并进行

---

[1] Levelt, J. W., "Monitoring and Self-repair in Speech", *Cognition*, No. 14, 1983, pp. 41–104.

[2] Levelt, J. W., *Speaking: From Intention to Articulation*, Cambridge: MIT Press, 1989, pp. 72–74.

修正，以保证听话人能够理解和领悟自己的真实意图。外显型监控是指表达者在发现自己在概念形成阶段和形式合成阶段的错误后，停止该信息的产出或者通过重复、添加、替换等行为修正已经产出的信息。因此，无论是内隐型监控行为还是外显型监控行为，都会导致口语产出非流利现象的出现，影响口语产出流利度。

根据 Levelt（1989）的自我监控理论，表达者可以在口语表达之前的信息形成阶段对言语计划进行监控，也可以通过话语理解系统，对自己的内部言语和外部言语进行监控。因此，笔者认为二语口语非流利现象的出现，是二语学习者自我监控行为作用下的结果，内隐型自我监控行为和外显型自我监控行为是汉语学习者口语非流利现象出现的根本原因。

根据对回顾性访谈记录的分析，我们发现，在口语表达过程中，汉语学习者的"自我监控行为"的确会对口语流利度造成影响，而表达者的"自我监察机制"也始终贯穿于其他三个机制的运作过程中，用来监控可能出现的错误或修正已经发生的错误。因此，本书将汉语学习者口语非流利现象产生的原因分为两大类15小类（见表2—2）。

表 2—2　　　　　　　　　口语非流利现象的产生原因

原因	言语产出阶段		具体原因
内隐型自我监控	概念形成阶段	言语计划	在表达过程中，始终构思后文中的言语计划，导致非流利现象出现。
			头脑空白，忘记言语计划。
			需要更多的时间进行言语理解。
			表达过程中，出现言语计划障碍，拖延时间，制订新的言语计划。
		监察（发音后）	监察到表达有误或忘记言语计划内容，造成当口语表达不流利。
			在发音后不确认自己产出词汇或声调是否正确，重复确认。
	形式合成阶段	汉语生成	言语计划生成后，无法使用汉语表达。
			发生词汇提取障碍，重新寻找代替词。
			提取词汇的过程中，出现同义词选择障碍。
			词语搭配及语法使用出现障碍。
		音位编码	言语计划与汉语生成结束后，发音机制出现障碍。

续表

原因	言语产出阶段	具体原因
外显型自我监控	发音后——话语理解系统——内隐型监察——形式合成——外显型修正	不确定表达内容的准确性，因此使用同义词替换或是多次更换词汇，帮助听者理解表达内容。
		监察到语音、词汇、语法等错误，重新更正。
		由于言语计划障碍或汉语生成障碍，导致口语表达无法顺利进行，从而选择改述。
		发生汉语生成阶段出现障碍时，为保证口语表达的不间断，而选择先产出一些连词或短语，在顺利生成汉语后进行改述。

在回顾性访谈过程中，被试常常会提到"我很紧张，所以……"我们发现，在口语表达过程中紧张、不安等焦虑情绪会伴随被试的"自我监察机制"贯穿于其他三个机制的运作过程中，影响概念形成机制、形式合成机制以及发音机制的正常运作，对口语表达的顺利进行造成阻碍，使被试在口语表达过程中出现"大脑空白"或过度监控行为等情况出现，造成口语表达的不流利。

基于 MacIntyre 等人（1994b）以及 Tobias（1987，1986）的观点，笔者认为学习者口语表达的不同阶段中出现的焦虑情绪也是互相依存的。由于自我监控机制的运作，言语产生过程中的每个阶段所产生的焦虑情绪都可能受到上一段的情绪干扰。不仅焦虑情绪会通过影响言语产生机制的正常运作，从而对口语流利度造成影响，在口语表达过程中，当被试监察到自己前文的表述问题，或意识到自己出现了较多的非流利现象时，同样会提升口语表达过程中的焦虑程度。这就导致口语表达过程中的焦虑情绪与口语表现之间形成了恶性循环，越焦虑口语表现越差，而监控到口语表现不佳，被试会更加焦虑。特别是对于高焦虑的学习者，不仅在口语表达的整个过程中都更容易受到焦虑情绪的干扰，同时干扰很可能是不断累积或是叠加的。这种恶性循环所造成的最终后果就是大量非流利现象的产生，导致口语表达的不流利。接下来我们将基于表2—2以及回顾性访谈记录，探究口语表达过程的不同阶段，出现非流利现象时焦虑情绪所承担的角色。

一 内隐型自我监控阶段

内隐型自我监控阶段所产生的非流利现象指的是，听者只在交流过程中感受到表达者的口语表达遇到了障碍，但是由于学习者并没有对自己说话的内容进行外显型的更改，只是出现了非流利无声停顿、非流利填充停顿或非流利重复等现象，听者并不确定学习者在口语产出过程中，出现非流利现象的原因。

（一）焦虑情绪与概念合成阶段所产生非流利现象的关系

1. 言语计划阶段

（1）在完成回答任务等较大篇幅的口语任务时，由于被试没有构思好自己想表达的内容，从而出现紧张情绪，始终担心接下来的言语计划，影响形式合成机制和发音机制的正常运作，导致非流利现象出现，如：

例1：<u>然后回到…呃</u>学校的时候，老师说你为什么来呢？

被试回忆记录：因为被试接下来要讲的故事并不是他自己的经历，所以他需要一边表达一边制订言语计划，这一过程需要大量时间，因此造成非流利停顿，而这一过程也让他怀疑自己讲其他人的故事是否是正确的选择，虽然后悔也不能改了，因此产生了焦虑情绪。

（2）在口语表达过程中，由于心理压力过大，忘记言语计划，不知道说什么，而使用非流利停顿、重复等现象延缓时间，降低心理压力，如：

例2：但是我很想…［很想］呃回去学习。

被试回忆记录：因为被试在测试过程中心理压力过大，出现言语计划障碍，忘记想要表达内容，因此通过重复与填充停顿的方法尽量延缓口语产出时间，重新制订言语计划。

（3）在交际过程中，没有听明白对方的表达内容，因此需要更多的时间进行言语理解，产生焦虑情绪，如：

例 3：嗯＝…对我来说，就是…家庭的影响是最大的。

被试回忆记录：由于在进行任务话题讨论时，被试没有完全理解测试人员提出的问题，为了缓解表达过程中的心理压力，且不造成长时间停顿，从而选择先产出具有关联意义的成分"对我来说"，再通过非流利填充停顿的方式尽量延缓口语产出时间，让自己可以有时间制订言语计划。

（4）在口表达过程中，出现言语计划障碍，导致表达者语流被迫暂停，从而产生了焦虑情绪，此时表达者通常会在较长时间的停顿内加入填充标记，尽量延缓口语产出的时间，并起到维持话轮的作用，如：

例 4：…嗯＝，所以＝…最重要是＝先家庭，…然后嗯学校。

2. 被试回忆记录：因为被试原言语计划内容已产出完毕，但是在产出过程中监控到自己表达内容不够充分，担心如果表达较少会影响自己的口语测试成绩，所以通过填充停顿的方式，尽量拖延时间，继续制订言语计划。

3. 监察（发音后）阶段

（1）在口语表达过程中，被试监察到自己表达有误或忘记言语计划内容，由于担心会影响到自己的测试结果，所以一直在后悔，结果造成了当下口语表达不流利，如：

例 5：…呃＝，上［上］［上］［上］课的时候，我［我］［我］跟⊥我认真学习，每天［每天］好好学习，但是他也不［不］［不］理我。

被试回忆记录：在言语计划和汉语生成完成后，由于发音机制障碍，造成出现连续重复动词"上"的现象，在此之后的非流利重复、修正等一系列非流利现象都是由于被试监控到表达内容有误，导致心理压力过大而造成的。

（2）在发音后由于紧张怕错的心理，不确认自己表达词汇或声调是否正确，因此重复确认，如：

例 6：我说如果［如果］［如果］我跟你一起好好学习，我的提高⊥我的呃＝能力越来越提，嗯＝⊥日益提高。

被试回忆记录：表达者在口语表达过程中，对于连词"如果"进行了两次重复，但是其声调发音并没有出现任何变化，是由于被试不确定自己发音是否正确，因此通过重复的方式进行信息确认。

（二）焦虑情绪与形式合成阶段产生非流利现象的关系

1. 汉语生成阶段

（1）没想好如何用汉语表达其言语计划，因此需要更多的时间进行汉语生成，由此产生的停顿使被试感到焦虑和无奈，尽量使用填充停顿或重复的方式维持语流，如：

例7：呃，在社会上还有他［他］们呃＝…［他们］［他们］［社会上他们］交流的时候，他们呃［他们］的能力越来越高，越来越加⊥增加。

被试回忆记录：由于被试在遇到较大的汉语生成障碍时，会先对言语计划进行母语生成，但是不知道怎么翻译成汉语，所以此处表达非常不流利，整个过程越来越焦虑，导致在之后的表达过程中出现了更多的非流利现象。

（2）在口语表达过程中，发生词汇提取障碍，无法表达出自己想表达的内容，产生焦虑情绪，需要更多的时间寻找代替词，甚至会出现语流中断现象，如：

例8：S：把很多石头放石头放在杯子里的话，…可以让那个水…的…/em/＝…［水＝的］是就是/en/［水的］线…高一些，水的 <stop>

T：水位。

S：…水位，OK位地位…［水位］…⊥水高一些。

被试回忆记录：由于对名词"水位"的提取障碍，通过无声停顿、无声与填充连用停顿、填充与填充连用停顿以及前瞻性重复现象连续出现的方式，不停的延缓口语表达时间，反复尝试提取名词"水位"，但均以失败告终。最后仍尝试用"水的线"代替"水位"恢复语流，但是经过自我监察，认为此方法不可行，因此最终放弃，选择向测试人员求助。由于在整个过程中产生了较高的焦虑情绪，因而得到帮助后，学习者仍然需要一段时间来对障碍词汇的含义及使用方法进行消化和理解。

（3）过度关注表达的准确率，在提取汉语词汇的过程中，不知道两个同义词中选择哪个更合适，需要更多的时间思考，因此产生非流利现象，如：

例9：…因为他是经常很长的时间就要在学校学习，<u>上呃＝[上]</u>课，<u>然后那时候他们…呃[他们]呃[他们]</u>的能[能]力<u>啊啊</u>提高。

被试回忆记录：口语表达者在词汇提取过程中出现障碍，对表达的准确率过于紧张，不知道应该使用"能力"还是"本领"，因此造成连续非流利现象的产生。

（4）在表达过程中，被试关于汉语词语搭配以及语法使用的问题出现了障碍，而不知道搭配是否正确又必须要继续表达观点，出现焦虑，产生非流利现象，如：

例10：…呃怎么＝跟别人相处，<u>呃怎么呃…[怎么]</u>克服困难，<u>呃怎么</u>克服自己，<u>呃这个…呃⊥</u>对这个问题上，父母的<u>…那个</u>作用很大。

被试回忆记录："呃这个…呃⊥对这个问题上"这部分非流利停顿产生的是由于被试在产出代词"这个"后监控到表达内容存在语法问题，之后一直在担心搭配的问题，应该用"对这个问题"，还是"在这个问题"。

2. 音位编码阶段：言语计划与汉语生成结束后，由于过于紧张，导致发音机制出现障碍，通过非流利现象拖延时间，调整情绪，如：

例11：嗯因⊥我觉得嗯＝缺点很多。

被试回忆记录：被试觉得自己表达的不好，所以情绪较为紧张，影响发音功能。这里填充了"嗯"并伴有拖腔现象，是在为提取名词"缺点"发音拖延时间。

二 外显型自我监控阶段

外显型自我监控阶段所产生的非流利现象指的是,发音后表达者有明显的自我修正行为,例如由于无法准确表达原有言语计划而选择改述,或是监控到自己言语表达有误而进行自我修正等。外显型自我监控阶段表面看起来只是处于发音机制运作后,但其实从发音到修正的过程是非常复杂的。当被试发音后,其监察系统发现表达内容有误或表达内容无法继续进行时,需要重新生成信息,再进入形式合成阶段生成汉语以及对音位进行编码,最后产出修正过的内容。由此我们发现,外显型自我监控阶段出现的非流利现象产生的原因往往是伴随内隐型自我监控的。这也就是为什么被试在表达中,因为无法在短时间内完成这一过程,所以经常出现在进行言语修正的同时伴随停顿、重复等现象。

(1) 在发音后,不确定表达内容是否正确,而用同义词替换。因为选不到合适的词汇产生焦虑情绪,为了缓解焦虑,选择把多个词都说出来,让听者自己选择正确的词,如:

例12:呃学生⊥这个学生是什么样的学生,他=有什么本能⊥他有什么能力…(0.73),然后培养这样的本能。

被试回忆记录:被试在此处出现词汇提取障碍,不确定在此处应该使用"本能"还是"能力",由于担心自己表述不准确,因此最终选择把两个词语都说出来,交给听者进行选择。

(2) 由于焦虑情绪,导致发不出来想要的音节,不断重复或修正,如:

例13:乌鸦[乌鸦]飞(fe)⊥飞(fēi)[飞(fēi)]⊥飞(fèi)⊥飞(féi),…(1.04)每天/en//e/=(0.71)⊥很长时间飞了,它[它]很累,出(chú)⊥出(chū)汗…(0.41)[出汗]得多。

被试回忆记录:乌鸦喝水这个看图描述任务对于被试来说是一个比较困难的任务,因此在口语表达前,由于担心自己无法顺利完成，被试已经出现了较高的焦虑情绪。在表达的第一句话中，被试由于紧张导致发音机制出现问题，对于"飞"字一直无法正确发音，在重复了一次，修正了三次后，被试决定放弃，继续表达后面的内容。但明显因为受到焦虑情绪的影响，表达过程中遇到了较大的心理阻碍，导致出现了一系列的非流利现象。

（3）关于汉语词语搭配以及语法如何使用的问题出现障碍，而不知道搭配是否正确又必须要继续表达观点，导致出现焦虑情绪，同时产生非流利现象，如：

例14：大＝学生…（0.8）嗯毕业意味着，别的话怎么说？很大部分⊥大部分＝的人…（2.8）⊥所以，我最终的是浪［浪］费＝呃时间还有钱。

被试回忆记录：被试在提取"意味着"后面的话语成分时，出现汉语生成障碍，因此通过填充功能性短句延缓口语表达时间，最终提取成功，但是由于紧张，忘记了接下来要表达的内容，在想起"意味着"后面要表达"大部分的人"。尝试了两次修正仍然无法执行原有的言语计划，导致被试越来越焦虑，最后直接放弃原计划表达内容，进行重构修正。

（4）在汉语生成阶段出现障碍时，无声的停顿会使被试非常紧张，为了保持口语的连续产出，不出现无声停顿，因此选择先说出一些连词或短语，在此过程中可能会突然想到要表达的内容，再进行改述。

例15：所以，…（2.4）嗯…（0.9）呃，我觉得⊥我想…（0.69）毕业然后我就做生［生］意，可能那个时候当老板…（0.8）赚大钱。

被试回忆记录：被试在经过了漫长的停顿后，迫于无声停顿所带来的心理压力，认为自己需要将表达进行下去。因此先将具有关联成分的短语"我觉得"表达，在这个过程中突然想起了自己想要表达的言语计划，所以马上进行改述。

在这一部分中，通过对被试回顾式访谈记录的整理，我们从口语表达各个阶段出现非流利的原因中挑选出了与焦虑情绪相关的部分进行讨论，发现焦虑情绪的确可以作为一个非常重要的影响因素穿梭在口语表达过程中的每个阶段，影响各机制的正常运作，从而导致被试口语表达过程中出现非流利的状况，影响被试的口语流利度。但是在口语表达过程中，大量非流利停顿、重复、修正等现象的出现，也同样会对被试口语表达过程中的心理状态造成影响，出现焦虑的状况。通过这些分析，同时也证明了在口语表达过程中，焦虑情绪与言语产生机制间的确存在互相影响的关系，特别是对于高焦虑群体来说，这种影响还会持续和叠加，造成恶性循环，导致了"越焦虑，越出错"，"更焦虑，更出错"的口语表达状态。而非流利现象就是口语表达阶段出现各种障碍的外在表现，因此这种恶性循环最终表现在口语表达内容上，就是被试在口语过程中出现了大量非流利现象，影响了口语流利度。不过我们在研究中也发现，与焦虑情绪有关的这些非流利现象除了是焦虑情绪和语言产生机制互相影响的外在表现，同时也承担了延缓表达时间，维持语流，降低口语压力等任务。我们也可以理解为，非流利现象在部分情境下对口语表达的焦虑度具有缓解作用。

第三节　口语非流利现象的分类体系

由于非流利现象的研究领域覆盖面较广，现今仍没有形成统一的分类标准与研究框架。因此，在不同的研究领域中，学者们根据自己的研究需要，将非流利现象进行分类，造成了非流利现象的分类体系繁多、归类方式各不相同的局面。

基于上一节对汉语学习者口语非流利现象产生原因的探究，以现有语言学界主流分类体系作为参考，本书尝试从自我监控策略的角度，将口语非流利现象分为由内隐型监控行为导致的非流利现象以及由外显型监控行为导致的非流利现象两大类。其中内隐型监控行为导致的非流利现象包括停顿、重复、拖腔以及语流中断，外显型监控行为导致的非流利现象主要指的是自我修正，具体见表2—3。

表2—3　　　　　　　　口语非流利现象分类体系

内隐型 自我监控行为	非流利停顿	无声停顿	
		单独填充停顿	
		填充现象连用停顿	
		无声与填充现象连用停顿	
	非流利重复	语素重复	
		词汇重复	
		短语重复	
		句子重复	
		非结构多种成分重复	
	非流利拖腔		
	非流利语流中断		
外显型 自我监控行为	自我修正	错误修正	错误语音修正
			错误词汇修正
		恰当修正	恰当调序修正
			恰当替换修正
			恰当插入修正
			恰当解释修正
			恰当删除修正
			恰当否定修正
		重构修正	

其中，内隐型监控行为指的是，表达者在发声机制运作前，即概念形成阶段和形式合成阶段，时刻对自己的思想与表达内容进行监控，预料到了自己可能出现的错误，并对其进行核查。语言表达者通过重复、停顿、拖腔等方式延缓口语表达时间，以保证话题顺利进行下去，当二语学习者的话语表达需求超过其本身的二语表达能力时，话题无法顺利进行下去，也可能出现突然中断的现象。

外显型监控行为指的是，在发声机制运作之后，口语表达出现错误、表达意义不完善或无法继续完成表达内容时，表达者通过插入、替换、删除等方式进行自我修正，从而确保话题的顺利进行。在这种自我修正的过程中，虽然有效提高了口语表达的准确性，但也对口语流利度造成了影响。在二语习得的研究领域，二语学习者常常由于语言知识上的不足，而造成自我修正时的偏差。有时是将对的换一种表达方式，有时是将对的改成错的，也可能将错的改成错的。但不可否认，二语学习者的这种自我修正，一定会导致在口语表达过程中出现非流利现象。因此，本书将这种外显型监控行为所导致的非流利现象单独划分为一大类进行研究，研究范围主要为外显型的自我修正。并在前人研究的基础上，将自我修正现象分为错误修正、恰当修正与重构修正。

经过对语料的标记与统计，在实验一口语测试语料（总音节数为 18714 个）中共发现了 4919 处非流利现象，具体统计见表 2—4。

表 2—4　　　　　　　　非流利现象分类统计

类型		出现次数	所占比例/%	出现频次①
内隐型自我监控行为导致	非流利停顿	2922	59.4	15.61
	非流利重复	626	12.73	3.35
	非流利拖腔	806	16.39	4.31
	非流利语流中断	6	0.12	0.03
外显型自我监控行为导致	非流利修正	559	11.36	2.99

根据表 2—4，我们可以看出，实验一口语测试语料中：

1. 出现了 2922 处为非流利停顿现象，占所有非流利现象的 59.4%。高级阶段汉语学习者在口语表达过程中，约每 16 个音节就

---

① 根据研究需要，本书所统计出现频次为每百音节的出现频次（下同）。

会出现一次非流利停顿。非流利停顿作为高级阶段汉语学习者口语表达过程中出现频次最高的非流利现象，对学习者口语流利度影响也是最大的，这也是非流利停顿在口语流利度的研究中一直被学者们视为重点研究内容的原因。

2. 出现了有 626 个为非流利重复标记，约占所有非流利标记的 12.73%。共出现了有 806 个非流利拖腔标记，约占所有非流利标记的 16.39%。

3. 出现了有 806 个非流利拖腔标记，约占所有非流利标记的 16.39%。如此高的出现频次证明对于拖腔现象的研究应该予以重视。

4. 出现了仅有 6 个非流利语流中断现象的标记，虽然在高级阶段汉语学习者口语表达过程中，出现语流中断的现象次数非常少，但由于非流利语流中断现象对于二语口语非流利研究的特殊性，本书仍将其单独划分为一类进行研究。

5. 出现了有 559 个非流利自我修正现象的标记，约占所有非流利标记的 11.36%，高级阶段汉语表达者约每 33 个音节就会一次非流利自我修正现象。

第四节　本章小结

本章主要从自我监控的角度对高级阶段汉语学习者口语非流利现象的产生原因、言语产生机制与焦虑情绪之间的交互关系，以及非流利现象的分类体系进行了探讨。研究证实：

1. 在口语表达过程中，汉语学习者的"自我监控行为"的确会对口语流利度造成影响。而"自我监察机制"也始终贯穿于其他三个机制的运作过程中，用来监控可能出现的错误或修正已经发生的错误。

2. 焦虑情绪的确可以作为一个非常重要的影响因素贯穿于口语

表达过程中的每个阶段，影响各机制的正常运作，从而导致被试口语表达过程中出现非流利的状况，影响被试的口语流利度。同时非流利现象的出现也会对被试口语表达过程中的心理状态造成影响，并且这种口语表达过程中的焦虑情绪是持续和叠加的。与焦虑情绪有关的非流利现象除了是焦虑情绪和语言产生机制互相影响的外在表现，同时也在部分情境下对口语表达的焦虑度起到缓解作用。

3. 通过对汉语学习者口语非流利现象产生原因的探索，以现有语言学界主流分类体系作为参考，新的分类体系分为：由内隐型监控行为导致的口语非流利现象，即停顿、重复、拖腔语流中断现象；以及由外显型监控行为导致的口语非流利现象，即自我修正现象。并在此基础上，根据新的分类方法，对各类型非流利现象在口语测试语料中出现次数进行了统计。

在接下来的两章里，笔者将根据本章节所提出的分类体系，对高级阶段汉语学习者口语非流利现象进行更为全面的讨论与分析。

第 三 章

内隐型监控行为导致的非流利现象

根据 Levelt（1989）的自我监控理论，发话人可以在话语前信息形成阶段对言语计划进行监控，也可以通过话语理解系统，对自己的内部言语和外部言语进行监控。在本书中，内隐型监控行为所导致的非流利表达指的是，汉语学习者口语表达过程中出现了非流利的现象，但是这些现象在表面上并没有对表达的含义造成影响，因此听者无法准确判断出这些非流利现象产生的原因。

根据表2—3，我们可以把内隐型监控行为导致的非流利现象细分为停顿、重复、拖腔以及语流中断。虽然非流利现象的表现形式各不相同，但停顿、重复与拖腔主要是为了给言语产生过程争取时间，而语流中断则是表达者在口语表达过程中遇到了较大的阻碍，语言表达无法继续。本章将对内隐型监控行为导致的非流利现象进行多维度、细致的描写与分析。

第一节　非流利停顿

对于口语表达的停顿的研究始于20世纪五六十年代。Goldman - Eisler被认为是口语表达停顿现象研究的开创者。Goldman - Eisler（1972）和Grosjean等人（1979）通过对母语者口语表达的研究发现，停顿经常出现在句法边界处，句法结构的层级越高，越可能出现停顿，且时长越长。对于二语学习者来说，当其在言语交际过程中遇到言语表达困难时，通常会出现非流利停顿的现象。孟凡韶（2009）指出，不恰当的停顿会导致语句结构的肢解和语言规则的混乱，从而影响语言的理解和交流。而在研究过程中，我们也发现，不恰当的停顿是影响汉语学习者口语流利度最主要的因素。

一 非流利停顿的界定与分类

停顿是口语表达的基本特征之一，常规的口语表达停顿具有生理功能、交际功能和认知功能。停顿的生理功能指的是在口语表达过程中，通过停顿来维持呼吸、发音等生理需求；停顿的交际功能指的是在交际过程中，通过暂停口语表达以达到引起听者注意、突出重点或维持话轮的效果；停顿的认知功能指的是，在口语表达过程中，根据言语计划的需求而出现的停顿。然而在口语表达过程中，表达者的言语计划障碍或言语生成障碍，往往导致频繁停顿、长时间停顿以及不恰当位置停顿的出现。特别是在此过程中，表达者为了避免出现长时间沉默或为了维持话轮等原因，加入了大量"呃""嗯""那个"等对言语理解无意义的填充语，在交际过程中，对听者的言语理解过程造成影响。在非流利停顿的研究中，Cenoz（1998）认为"口语表达的停顿研究是口语非流利研究的核心部分，如果停顿过多、停顿时间过长、停顿位置不恰当会加重目的语不流利的现象"[1]。

在以往口语流利度的研究中，研究者通常从两个角度对停顿进行界定，一个是从时间维度出发，通过量化数据测量口语表达中的非流利停顿现象；另一个是从非流利现象的角度，对非流利现象进行多维度的考察与描写。本书根据不同章节研究内容的需要，将从

---

[1] Cenoz, J., "Pauses and Communication Strategies in Second Language Speech", *Reports – Research*, 1998, p. 143.

这两个角度分别对停顿进行界定：

1. 从非流利现象的角度出发，本书在马冬梅（2013）提出观点的基础上，将非流利停顿界定为：在口语表达过程中导致语流暂停、并使听者明显感知和识别的无声期，或以对言语理解无意义的"e""en"等非词汇音节、"那个""然后"等有意义词汇、功能性短句以及笑声等其他内容填充的有声期，或由无声停顿伴随填充音或词语等重复组成的停顿现象。

因此，在本书中，我们将非流利停顿现象划分为四种类型：无声停顿、单独填充停顿、填充停顿连用以及无声与填充停顿连用。具体统计见表3—1。

表3—1　　　　　　　非流利停顿现象分类统计

类型	出现次数	所占比例/%	出现频次
无声停顿	1553	53.15	8.30
单独填充停顿	351	12.01	1.88
填充停顿连用	57	1.95	0.30
无声与填充停顿连用	961	32.89	5.14

2. Goldman-Eisler（1968）提出以250毫秒作为划分停顿的标准下限。Hieke等人（1983）提出以130毫秒为下限，但是130毫秒以下处理比较困难。在本研究中，我们遵从大多数研究者的界定方法，根据Raupach（1980）的定义，将非流利停顿界定为发生于句法交界处或非句法交界处的0.3秒及以上的间歇，指的是在汉语学习者口语表达过程中，将达到0.3秒及以上的填充或无声停顿标记并视为一段语流的起点或终点，如：

例1：…（1.21）这个…（0.63）［这个］意思是很容易，…（0.55）非常严格的老师可以教出能力的突出，…（0.67）有本领的学生。

例2：…（0.34）如果…（0.46）［如果］…（0.51）［如果］

我跟你一起好好学习，…（0.42）我的提高，/e/⊥我的…/e/（1.18）能力…（0.44）越来越…（0.45）⊥天/en/…（1.58）⊥日益…（0.41）提高。

以例2中未标记停顿时长的单独填充停顿/e/为例，笔者在分析过程中发现，在口语测试语料中共出现了99个停顿时长小于0.3秒的单独填充停顿。因此从时间的角度，本书最终将非流利停顿界定为汉语学习者口语表达过程中，达到0.3秒及以上的填充停顿或无声停顿，以及未达到0.3秒的单独填充停顿。为了计算停顿时长的客观性，未达到0.3秒的单独填充停顿并未记录具体停顿时长。

在英语二语学习者口语流利度的研究过程中，Riggenbach（1991）将非流利无声停顿的时长划分为三个区间，少于等于0.2秒的停顿称为"短停顿"；0.3—0.4秒的停顿称为"犹豫"；0.5—3秒的停顿称为"非填补性停顿"。张文忠（2000）将1.5秒及以上的停顿界定为长停顿，他认为1.5秒以上非流利停顿次数的减少是学习者言语构想能力提高的明显标志。但是在汉语作为二语习得研究领域，仍然缺少从停顿时长的角度对非流利停顿现象进行分类考察的研究成果。

笔者认为，从停顿时长的角度对非流利停顿现象进行研究，对不同类别非流利停顿标记的功能研究，以及不同任务类型、不同等级、不同环境、不同焦虑程度等条件下汉语学习者口语流利度的对比研究都有所帮助。根据对口语测试语料库的分析，结合被试访谈内容，本书将非流利停顿现象从停顿时长的角度划分为：未达到0.3秒、0.3—0.6秒（包括0.3秒）、0.6—1.2秒（包括0.6秒）、1.2—1.8秒（包括1.2秒）以及1.8秒及以上非流利停顿。不同区间内非流利停顿标记占总非流利标记的百分比如下图3—1所示。

根据图3—1我们可以得出，不同区间非流利停顿标记出现次数所占百分比由大到小排列为：0.3—0.6秒、0.6—1.2秒、1.2—1.8秒、1.8秒及以上以及未达到0.3秒。根据对被试的访谈及对口语测试语料的分析我们得知：0.3—0.6秒内的停顿主要用于呼吸以及较

图3—1 不同时长非流利停顿现象占比统计

轻的词汇提取障碍或语音编码障碍；0.6—1.2 秒内的停顿主要用于较轻言语计划及汉语生成障碍；1.2—1.8 秒内的停顿主要用于较重但可以解决的汉语生成障碍；1.8 秒及以上的停顿主要用于交际过程中话轮转换间的言语计划障碍，以及表达过程中的严重汉语生成障碍，在过长的非流利停顿后，表达者往往采取重构修正的方式对话题进行改述。在表3—2 和图3—2 中，本书对不同类型非流利停顿在不同区间内的出现频次进行了分析。

表 3—2　　　　　　　　　不同时长非流利停顿分类统计

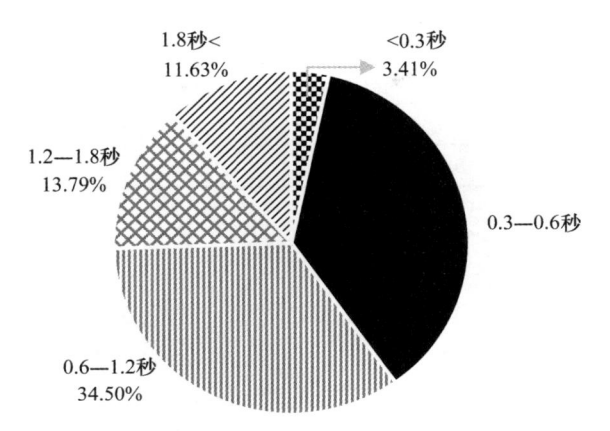

类别		<0.3 秒	0.3—0.6 秒	0.6—1.2 秒	1.2—1.8 秒	>1.8 秒
无声停顿	次数	0	831	519	131	72
	频次	0	4.44	2.77	0.7	0.38
单独填充停顿	次数	99	192	55	5	0
	频次	0.53	1.03	0.29	0.03	0
填充停顿连用	次数	0	8	37	9	3
	频次	0	0.04	0.2	0.05	0.02

续表

类别		<0.3秒	0.3—0.6秒	0.6—1.2秒	1.2—1.8秒	>1.8秒
无声与填充停顿连用	次数	0	35	406	256	264
	频次	0	0.19	2.17	1.37	1.41
	总频次	0.53	5.7	5.36	2.14	1.81

·—·— 无声停顿　········ 单独填充停顿　---- 填充停顿连用　—— 填充与无声停顿连用

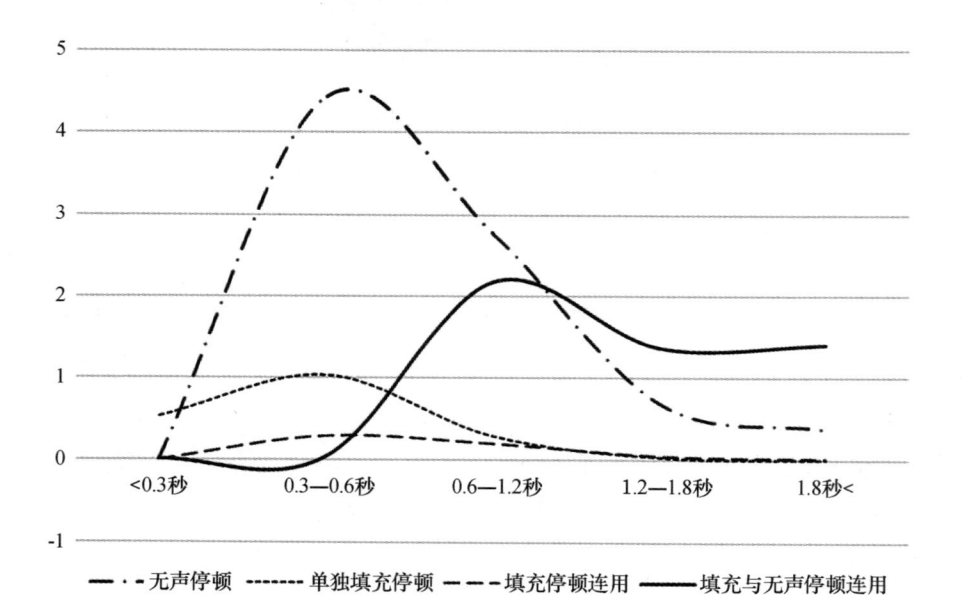

图3—2　不同时长非流利停顿分类频次

1. 无声停顿作为出现频次最高的非流利停顿现象，共出现1533次，占非流利停顿出现总次数的52.46%，约每12个音节中就会出现一次无声停顿。表3—2显示，无声停顿在0.3—0.6秒区间内出现了831次，0.6—1.2秒区间出现了519次，1.2—1.8秒区间内出现了131次，1.8秒及以上区间内出现了72次。随着停顿时长的增加，无声停顿的出现频次呈递减趋势。从图3—2我们可以看出，无声停顿主要出现范围是0.3—1.2秒的区间内，其中0.3—0.6秒是无声停顿出现频次的最高峰。非流利无声停顿主要用于呼吸与较轻的词汇提取、语音编码、言语计划以及汉语生成障碍。如：

例 3：因为里面的水不多，…（0.52）所以它＝就把一些＝…（0.91）石头…（0.43）⊥很小的石头…（0.47）放在这＝水瓶里面。

2. 无声与填充停顿连用的情况，共出现了 961 次，占非流利停顿出现总次数的 32.89%，约每 19 个音节中会出现一次无声与填充停顿连用的现象。表 3—2 显示，无声与填充停顿连用的情况在 0.3—0.6 秒区间内出现了 35 次，0.6—1.2 秒区间内出现了 406 次，1.2—1.8 秒区间内出现了 256 次，1.8 秒及以上区间内出现了 264 次。通过图 3—2 我们可以直观地看到，无声与填充停顿的连用现象主要出现在较长的停顿时间中。0.6—1.2 秒的无声与填充停顿连用现象主要起到缓解心理压力和延缓口语表达时间的作用。之所以无声与填充停顿连用的现象在较长的停顿时间内频繁出现，是由于汉语学习者在口语表达过程中，遇到较大的言语计划及生成障碍时，表达者需要较长时间的停顿来整理或思考表达内容，在这个停顿过程中加入填充停顿可以有效缓解表达者的心理压力，并起到提示听者、使话轮维持下去的作用。如：

例 4：这个…（0.91）如果非常严［严］格的老师…这个（0.53）可以那个…/ze//e/…（2.12）培养不好的学生。

3. 单独填充停顿，共出现 351 次，占非流利停顿出现总次数的 12.01%，约每 53 个音节出现一次单独无声停顿现象。单独填充停顿在未达到 0.3 秒的区间内出现了 99 次，0.3—0.6 秒区间内出现了 192 次，0.6—1.2 秒区间内出现 55 次，1.2—1.8 秒区间内出现了 5 次，1.8 秒及以上区间内出现了 0 次。单独填充停顿主要由音节和词汇组成，常常需要填充音节与非流利拖腔现象连用才能达到 0.5 秒以上的填充效果。根据图 3—2 我们可以很明显地看出单独填充停顿主要出现在较短的停顿时间中，很少出现超过 1.2 秒的单独填充停顿。语速较快的汉语学习者更倾向于使用单独填充停顿，主要起到轻微延缓时间以及缓解压力的作用。如：

例5：对有的人来说＝，那个控制自己的是那个非常＝…（0.45）⊥很难的…（0.90）[很难的]。

例6：只要经过[只要经过]学习，学校的教育才能/e/＝（0.73）做到/e/（0.45）⊥才能达到那个人才的那个…（0.69）高度。

4. 填充与填充停顿连用的现象，相对于其他几类，出现频次较小。共出现57次，占非流利出现总次数的1.95%，约每333个音节才会出现一次。填充与填充停顿连用的现象在0.3—0.6秒区间内出现了8次，0.6—1.2秒区间内出现37次，1.2—1.8秒区间内出现了9次，1.8秒及以上区间内出现了3次。结合图3—2我们可以看出，填充与填充停顿连用的现象主要出现于0.6—1.2秒的区间内，原因主要是部分表达者在口语表达过程中非常抵触出现无声停顿现象，单独填充停顿无法满足填充过长停顿时间的需求，为了加快语速，选择用填充与填充停顿连用的方法维持口语表达的不间断。如：

例7：但是有的时候/si//e/（0.74）⊥我们＝/e/＜F1＞这＜F2＞这个＜F2＞（1.21）有的时候需要[有的时候需要]的是一个…/e/（0.43）其他的方法。

二　非流利填充标记

在与汉语学习者进行口语交际时，笔者发现他们当中有些人明明在口语表达过程中，词语和句法使用正确，很少出现无声停顿，但由于频繁出现"呃""嗯""然后"等非流利填充语，使表达内容变得磕磕巴巴，对听者在言语理解过程中造成了较大的困扰。根据个人访谈得知，这与他们在交流过程中，为了保持口语表达不中断，而填充了大量无意义的音节或有意义的词语等现象有关。在口语表达出现障碍的情况下，这些填充语可以有效缓解其表达过程中的心理压力，并起到维持话轮的作用。有一些学习者认为，语速快是证明自己口语表达能力最重要的指标，但是他们的语言表达能力并不足以支持他们达到期望的语速，因此在语速加快的过程中，他们的概念形成机制和形式合成机制没有足够的时间运转，为了使自己的口语表达不出现无声停顿这样尴尬的现象，他们添加了大量的非流利填充语。而长期保持这种口语表达形式导致部分学习者出现了习惯性填充现象，甚至他们中的很多人，在表达过程中完全没有意识到自己出现了大量的非流利现象，认为自己口语表达的流利度非常好。戴朝晖（2011）的研究中发现填充停顿（包括填充与无声停顿叠加使用的情况）占到了所有非流利现象的43%，可以证明填充停顿在口语表达中频繁出现，对口语表达是否流利产生较大的影响。

（一）非流利填充停顿的界定

Maclay & Osgood（1959）在对会议语言中的停顿现象进行研究的过程中，提出"填充停顿"的概念，并指出填充现象与认知负荷有关，一般出现在话语或词组的开始，且更倾向于实词之前的位置。Shriberg（1994）对早期的非流利停顿研究进行了评述，他指出："在某些研究中，填充性停顿如'um'和'uh'等被看成非语言元素，与未填充停顿甚至咕哝声、笑声以及咳嗽等非语言现象归为一类。而在另一些研究中，填充性停顿则与并列连词、话语标记、模糊语等各种语言要素一起被划归到填充语这一类型。"[①] 在国内第二语言口语表达非流利研究领域，习晓明（1988）对国外学者关于此类非流利的名称进行梳理，有小品词、启动词、犹豫词和填充词等。马冬梅（2012）认为填充停顿是指"非故意、以声音或词汇形式填补语流，但未表达计划语言内容的现象"[②]，并将填充停顿划分为词

---

① Shriberg, E., Preliminaries to A Theory of Speech Disfluencies, Ph. D., Thesis, University of California, Berkeley, 1994.

② 马冬梅：《口语产出非流利分类体系研究》，《外语与外语教学》2012年第4期，第30—34页。

汇填充语、拖音和准词汇填充语三大类。根据前人的研究成果，本书将非流利填充停顿界定为：口语表达过程中出现的对言语理解无意义的"e""en"等非词汇音节、"那个""然后"等有意义词汇、功能性短句以及笑声等其他内容填充的有声期，或由无声停顿伴随填充音或词语等重复组成的停顿现象。

（二）非流利填充标记的分类

施静静（2014）在前人研究的基础上，根据所填充语言成分不同将填充停顿分为：填充无意义的音节或音节组合；填充有意义的词或短语；填充求助性的句子；由于生理因素而产生的添加。笔者在整理语料的过程中发现，在短句填充的部分，除了求助功能短句外，还会有复述或自我询问、自我评价以及提示功能的短句。而在生理因素而产生的填充成分中，"清嗓子"这种类似"咳嗽"的声音往往是学习者为了延缓表达时间而自主发出的，因此不应该完全算作生理因素。因此，本书在施静静的分类的基础上，将填充停顿分为：无意义的音节填充（F1），有意义的词或话语成分填充（F2），功能性短句（F3）以及其他填充（F4）四类，如：

例8：我们的/e/ <F1> 日常生活中，我们(清嗓子) <F4> 最长时间的⊥最长时间在家里，/e/ <F1> 跟我们家人一起生活，所以…/e/ <F1> =家人还有<F2>一个<F2>［家人］的=环境/e/ <F1> 应该…/e/ <F1>/e/ <F1> ⊥环境=的一个<F2>…/e/ <F1> ［环境的］影［影］响很大…/e/ <F1> ⊥很［很］重要。

例9：所以我会继续学习…到=博士，…到=…还有吗？<F3> ⊥还有其他的。

根据对口语测试语料的标记与统计，在2922个非流利停顿现象中，共出现了1642个非流利填充标记，每百音节出现填充标记物的次数为8.77个。语料分析结果也表明，虽然汉语学习者在表达过程中，填充内容各种各样，但是总体使用趋势明显，填充标记的功能与使用策略也具有较强的规律。其中各类别填充标记出现频次见表3—3。

表 3—3　　　　　　　　非流利填充标记分类统计

类型	F1	F2	F3	F4
出现次数	1165	407	48	22
占总填充停顿百分比/%	70.95	24.79	2.92	1.34
出现频次	6.23	2.17	0.26	0.12

从表 3—3 可以看出，非流利填充现象在汉语学习者口语表达过程中占有较大比重，其中，无意义的音节填充比率最高，占总填充停顿的 70.95%；其次是有意义的词或话语成分填充，占总填充停顿的 24.79%。由此可见，汉语学习者口语表达的填充停顿现象的 95.74% 由 F1 和 F2 构成，相较之下，其他两项所占比重较小。对此现象的初步解释为：无意义的音节发音比较简单，如 "e" "en" "eng" 等音节在其他语言的口语表达中也有相同或类似的音节出现，因此相较于作为第二语言学习的汉语词汇或短句，汉语学习者在口语表达出现困难时，会更加倾向于使用简单的音节填充。而有意义的填充词或其他成分，因其自身具有特定的意义，只适合在特定的语言环境中使用，所以汉语学习者在口语非流利填充现象中较少出现词语或者短语。

（三）各类别非流利填充停顿的出现频率及使用策略

1. 无意义的音节填充

笔者经过对口语测试语料的标记与统计，在 1642 个非流利填充标记中，有 1165 个是无意义的音节填充。根据对无意义音节的进一步统计，在口语测试语料中共发现了约 10 种音节，并由汉语拼音对其进行标记（见表 3—4）。

表 3—4　　　　　　　　无意义的音节填充分类统计

音节	出现次数	所占比例/%	出现频次
/e/	649	39.52	3.47
/en/	161	9.80	0.86
/em/	95	5.79	0.51
/ze/	87	5.30	0.46
/ɑ/	74	4.51	0.39
/si/	36	2.19	0.19
/eng/	29	1.77	0.15
/ei/	24	1.46	0.13
/ne/	9	0.55	0.05
/ou/	1	0.06	0.01

（1）无意义音节"e"

"e"的填充出现了共 649 次，占所有非流利填充标记的 39.52%，是出现频次最高的无意义音节。"e"在发音时，舌身放平，舌中略微隆起，双唇扁平，为不圆唇元音。由于"e"在发音时开口度较小，是 10 种无意义音节中发音最为省力的，因此，在汉语学习者遇到口语表达障碍时，经常会选择填充"e"来延缓口语表达时间。多数学习者倾向于使用"e"作为单独填充停顿。同时，"e"也常出现在口语表达的开始或句首，用来缓解言语压力。如：

例 10：/e/ < F1 > = 在我看来…教育不是那么简单的问题。…如果…/e/ < F1 >…[如果]老师特别严格，…这个 < F2 > 不一定他会培养/e/ < F1 > 特别努力的学生。

（2）无意义的音节"en"

"en"的填充出现了共 161 次，占所有无非流利填充标记的 9.80%。"en"在发音时，先发"e"的音，然后抬高舌面，舌尖抵住上牙床，气流从鼻腔泄出，发"n"的音。"en"在发音时，开口度也相对较小，发音较为容易。"en"与"e"的功能基本相同，根据个人习惯，部分语速较慢的学习者在需要延缓口语表达时，更倾向于"en"来填充停顿。如：

例 11：…大部分对社会上…怎么生活呀，…怎么跟 = 人在一起的话都是…/en/ <F1> 家长…（0.43）的［的］［的］问题。

（3）无意义的音节"em"

"em"的填充出现了共 95 次，占所有非流利填充标记的 5.79%。"em"在发音时，由"e"逐渐向鼻辅音过渡，最后变成闭口鼻音"m"。相较于前两项，"em"由于需要闭口，发音时间较长，常与无声停顿搭配，用于较长停顿的思考。如：

例 12：…这是我自己的想法，…/em/ <F1> = …差不多吧。

（4）无意义的音节"ze"

"ze"的填充出现了共 87 次，占所有非流利填充标记的 5.30%。"ze"的发音类似口语中的咋舌音，在发音时，将舌头抵至上门齿背，通过弹舌的方式发音。出现"ze"的情况主要是由于表达者在表达过程中，由于概念形成机制障碍而忘记想表达的内容，忘记自认为应记得的内容，或是因在形式合成过程中无法用汉语表达自己的想法等原因，而造成的苦恼情绪。在这一过程中，表达者会以皱眉伴随在停顿中填充音节"ze"的方式表达自己的情绪，并起到维持话轮的作用。如：

例 13：…ze <F1> …但是…ze <F1> …乌鸦很聪明的动物，所以…em <F1> = …它 = …ze <F1> 把小［小］= 石…［石］…α < F1 >［小石］头…en <F1> …扔掉…en <F1> = 水瓶里面。

在例 13 中，被试想表达在"乌鸦喝水"的故事中，因为乌鸦是聪明的动物，所以懂得把小石头扔到水瓶里，使水面上涨。但是由于"把"字句使用障碍以及对趋向补语使用障碍，没有想好用"扔掉"还是"扔到"，在"没想好，又必须说"的状态下，产生了苦恼情绪，连续出现了两次伴随有音节"ze"的较长停顿。

（5）无意义的音节"α"

"α"的填充出现了共 74 次，占所有非流利填充标记的 4.51%。"α"在发音时，嘴唇自然张开，舌放平，舌中微隆，声带颤动。

"a"在发音时开口较小，发音简单，但是虽然"a"在 10 种无意义的音节填充中，出现频次排在第四位，但是汉语学习者对于"a"使用的个体差异较大。在 20 被试中，只有 7 人出现了 3 个以上的"a"，其中 4 个人使用次数达到 7 次以上。如：

例 14：我的专业是［是］汉语老师，我明年…/a/ < F1 > = …/e/ < F1 >继续学习研究生，那时候我一定要/a/ < F1 > ⊥从大学毕业以后一定要当老师。

（6）无意义的音节"si"

"si"的填充出现了共 36 次，占所有非流利填充标记的 2.19%。在常规情况下，"si"在发音时，舌尖接近上门齿背，留出窄缝，气流从舌尖的窄缝中挤出，摩擦成音。但是此处无意义的音节"si"在发音时，是随着表达者的深吸气，气流从舌尖的窄缝中吸入，摩擦成音。在与被试进行访谈的过程中得知，出现"si"的状况主要由于汉语学习者在口语表达过程中，遇到了较大的障碍，或连续障碍的出现，导致其情绪烦躁或心理紧张，通过填充"si"伴随深呼吸的动作，可以有效舒缓压力。在音节"si"出现时，表达者常伴有皱眉等苦恼的表情。由于"si"这个音节伴有表达者情绪上的特殊性，因此并不常常出现。如：

例 15：我/si/ < F1 > …⊥其 = 实 = 按照孩子的年龄，…/e/ < F1 > = 重要的 = 时间不 = 一样。

（7）无意义的音节"eng"

"eng"的填充出现了共 29 次，占所有非流利填充标记的 2.19%。"eng"在发音时，先发"e"的音，"ng"为软腭鼻辅音，发音时软腭下垂，堵住口腔通道，气流从鼻腔送出，声带颤动。"eng"的使用方式与"em"类似，汉语学习者在口语表达过程中，出现较大障碍时，会选择"eng"与无声停顿搭配，同样用于较长停顿的思考。如：

例 16：…但是我觉得…不只是严格方面很重要，…/eng/ < F1 > …老师…先要知道 = 这个学校的⊥这个学校是什［什］么样的学校，…/ei/＜F1＞学生⊥这个学生是什么样的学生。

（8）无意义的音节"ei"

"ei"的填充出现了共 24 次，占所有非流利填充标记的 1.46%。"ei"在发音时，先发"e"的音，然后滑向"i"，气流不中断，嘴角向两边展开。相较于其他非流利填充停顿，"ei"的出现频次很低，并且主要集中于两位被试的口语表达中。如：

例 17：…（1.09）所以虽然［虽然］现在我没有跟妈妈一起，…/ei/＜F1＞也⊥将来也不会跟他们一起，…（0.77）但是我是他们的孩子。

由于填充音节"ne"和"ou"填充次数过少，且集中在个别被试的口语表达中，因此，在此处不做过多赘述。

2. 有意义的词或话语成分填充

笔者经过对测试语料的标记与统计，在 1642 个非流利填充标记中，有 407 个是有意义的词或话语成分填充。根据进一步统计，在测试语料中共发现了包括代词、关联词、副词以及其他话语成分四类，共 9 种有意义的词或话语成分填充，见表 3—5。

表 3—5　　　　　有意义的词或话语成分填充分类统计

类型	填充词或短语	出现次数	各类型出现次数	所占比例/%	出现频次
代词	那/那个	251	296	18.03	1.58
	这/这个	34			
	什么	7			
	这样/这样的	4			
关联词	然后	43	75	4.57	0.40
	还有	27			
	所以/所以是	5			
副词	就是/就/是	14	14	0.85	0.07
其他话语成分	一个	18	22	1.34	0.12
	觉得/我觉得	4			

在汉语学习者口语表达过程中，往往会出现一些有意义的词或话语成分的填充停顿现象。这些词或话语成分在正常语境中具有实际的含义，但此处汉语学习者所填充的词或话语成分不具备传递信息的功能，是否对其进行保留都在语法上、意义上对表达内容不具有任何影响。因此，这些词语或话语成分也被作为填充停顿标记归为口语非流利停顿中。

（1）非流利代词填充现象

在本次测试语料中，共发现了三种代词填充现象，其中"那个"出现了251次，"这个"出现了34次，"什么"出现了7次，"这样（的）"出现了4次，共296次，占总填充停顿的18.03%，是出现频次最高的词或话语成分填充标记。代词本身意义具有指代作用，当汉语学习者在口语表达过程中，形式合成机制出现障碍，无法想起合适内容或表达方式时，表达者常通过填充代词的方式延缓口语表达时间。如：

例18：…然后我…/e/ < F1 > ［我］［我］在那天开始，然后 < F2 > 三…⊥第三天晚上…去他的⊥到他的家，…然后 < F2 > …给他⊥给老师/ei/ < F1 > = < H > 说［给］…［给老师说］然后 < F2 > ⊥我说："读完了。"

例19：…那个 < F2 > 但是 = /e/ < F1 > 那天的那个 < F2 > 气温太高，所以它 = 有点/e/ < F1 > /e/ < F1 > ⊥它觉得有点热⊥所以它…/e/ < F1 > 有点热，所以 < F2 > 很渴…⊥它很渴，它很想/e/ < F1 > 那个 < F2 > 喝水。

例20：但是它的…［它的］…嘴…/ei/ < F1 > 过不去…瓶口，…然后 < F2 > 那个 < F2 > 还有 < F2 > 还有 < F2 > 还有 < F2 > 还有 < F2 > 水…⊥在瓶子里的水…没有到它的瓶口。

（2）非流利关联词填充现象

在本次测试语料中，共发现了三种关联词填充现象，其中"然后"出现了43次，"所以"出现了5次，"还有"出现了27次，共75次，占总填充停顿标记的4.57%。非流利关联词填充现象主要出现在句法交界处，当汉语学习者完成部分表达内容后，并没有考虑清楚继续表达的内容时，表达者使用本身具有递进、转折、因果等关联性质的词来延缓口语表达时间的频次会大大增高。如：

例21：所以…/e/＜F1＞老师教/e/＜F1＞［教］训/e/＜F1＞＝［教训］＜B＞＜R2B＞学生的时候，应该考虑考虑那个＜F2＞学生的…/e/＜F1＞水平，还有每个学生的那个＜F2＞性格。

例22：/e/＜F1＞所以/e/＜F1＞人家/e/＜F1＞＝［人家］关系还有＜F2＞一个＜F2＞⊥＜A2＞人际之间的关系，这个是…/e/＜F1＞…/en/＜F1＞…这个＜F2＞全［全］社会的关系。

例23：然后＜F2＞这样＜F2＞…但是…/e/＜F1＞＝…/e/＜F1＞有的时候我们一定要/e/＜F1＞（清嗓子）＜F4B＞［一定要］严格地一个＜F2＞教出还有＜F2＞一个＜F2＞/e/＜F1＞⊥教训学生。

（3）非流利副词填充现象

本次测试语料中出现的副词填充现象主要指的是副词"就是"以及其变体"就"和"是"的填充现象。共出现了14次，虽然出现频次非常低，但是由于"就是"本身的实际意义，可以用来对上文进行解释或补充说明，因此"就是"常常填充在表达者认为表达不完善、需要重新表达或解释的内容后。如：

例24：小孩子的时候，…他的＝那个＜F2＞思想比较空白了⊥比较那个＜F2＞白，…所以那＜F2＞就是＜F2＞很容易污染那个＜F2＞⊥被不好的…那个＜F2＞思想。

例25：…因为是＜F2＞我…⊥她们⊥她是/e/＜F1＞［因为是＜F2＞她是］我的妈妈，没办法。

（4）其他非流利话语成分填充现象

由于本次实验方法是口语测试，在此过程中，被试需要根据问题表达自己的观点，因此"我觉得"这个成分常常出现在口语表达中。"我觉得"同样在其表达中起到延缓时间的作用，有部分学习者在句首说过"我觉得"以后，会在本句表达中遇到障碍时再填充一次"我觉得"来起到拖延时间的作用。如：

例26：/en/＜F1＞=…/e/＜F1＞我觉得=如果老师…/en/＜F1＞严正的时候，我觉得＜F2＞…/en/＜F1＞=…还有一个…缺点还有一个优点。

例27：…我觉得，/si/＜F1＞/e/＜F1＞他们/e/＜F1＞这样=想的⊥这样=［这］［这样］/e/＜F1＞［这样想］法/si/＜F1＞我觉得＜F2＞不对的。

3. 非流利功能性短句填充现象

笔者经过对测试语料的标记与统计，在1642个非流利填充标记中，有48个是功能性短句填充。根据对其进一步统计，在测试语料中共发现具有4种不同功能的短句，见表3—6。

表3—6　　　　　　　功能性短句填充现象分类统计

类别	出现次数	所占比例/%	出现频次
自我询问型短句 F3A	19	1.16	0.10
提示型短句 F3D	17	1.03	0.09
自我评价型短句 F3B	7	0.43	0.04
求助型短句 F3C	5	0.30	0.03

根据出现频次，对功能性短句的排序为：自我询问型短句、提示型短句、自我评价型短句以及求助型短句。汉语学习者在口语表达过程中，会根据不同情况填充具有不同功能的，与口语表达内容本身无关的句子，我们可以将这类功能性短句也归为非流利填充现象的一种。

（1）自我询问型短句

汉语学习者在口语表达遇到困难，或言语计划障碍时，需要拖延较长的时间，偶尔会填充一些对口语表达内容理解无意义的自我询问型的短句。这些疑问短句或自我回答，常常只是表达者把自己的心理活动用自言自语的方式表达出来，听者不需要对其进行任何反馈，也对言语理解无益。如：

例 28：水在杯子里面不到⋯那个 <F2> ⋯温度/en/ <F1> ⋯⊥没有［没有］那么高⊥水的⋯<u>水的什么？</u> <F3A> ⋯水的高吧！ <F3A> ［水的］⊥水没有那么高［水没有那么高］，/ei/ <F1> ⋯那个鸟能⋯喝到的。

例 29：⋯只有 =/e/ <F1> <u>怎么说呢</u> <F3A> ［只有］=/e/ <F1> 一起学习，⋯一起走路，一起吃饭的，没有什么的⋯⊥特［特］别的。

例 30：⋯它就想办法⋯喝 =⋯［喝］水。<u>⋯但是它是想了什么办法呢？</u> <F3A> ⋯/e/ <F1> =⋯想起了办法就是⋯把水的⋯［把水］⋯⊥它想的办法就是/ze/ <F1> ⋯把石头［把石头］放在⋯/en/ <F1> 瓶子里面。

例 28 中，被试想表达的内容是"由于瓶子里面的水太少了，水位很低，所以乌鸦无法喝到水"。但是由于被试的在形式合成阶段产生障碍，无法提取"水位"这个词，先用了"温度"，之后监控到自己表达有误，因此将自己心中的疑惑表达了出来，并最后决定用"水的高"来代替"水位"的含义，继续修正之前的言语错误。在填充功能性短句的这一过程中，听者并不需要回答问题，而去掉这个短句，也对听者的言语理解不产生任何影响，只是为了给被试争取到更多的思考时间，并起到维持话轮的作用。

例 28 中，被试已形成要表达的概念，但是在使用汉语进行形式合成的阶段出现了障碍，没有组织好"只有"后面的表达内容，因此为了争取到更多的时间，把自己的心理状态表达了出来。听者并不需要帮助他完成表达内容，表达者只是在自言自语。

例 30 中，根据实验中对被试的访谈得知，被试由于"把"字句使用障碍，没有想好接下来一句话如何表达，填充句子"但是它是想了什么办法呢"并不是为了传递信息，仅是为了给自己形式合成机制的运作争取时间。而从这段话的整体表达看来，去掉这个句子，对听者的言语理解也并不造成任何影响。

（2）提示型短句

部分汉语学习者在表达开始前，也会通过"开始""好的"等短句填充在句首，既起到提示听者的作用，也可以缓解压力。还有一部分学习者，在表达结束后，由于结尾并不明显，或临时决定结束口语表达，会填充"好了""谢谢""结束了"等短句提示听者话轮结束。偶尔也会伴随肢体动作在表达过程中起到提示作用。如：

例 31：他会＝…带着这个，…<u>看见这个。（动作）</u>＜F3D＞在我的校［我的校］⊥学校。

例 32：<u>好的＜F3D＞</u>…有一天，有一［有一］个＝鸟，…这个鸟叫＝乌鸦＝。

例 33：所以我［我］［我］认为老师应该…轻松一点跟老⊥跟学生们讲课，…也有＝…［有］＝…［有］些时间要严格一点，…让他们知道这个是这样做的，不要这么这么做，…就是做什么不要＝太过分。<u>…就是这样。＜F3D＞</u>

例 31 中，被试想表达的内容是"在他上学的时候，老师会带着戒尺来学校，打犯错的学生"，但是由于被试提取"戒尺"这个词失败，因此做了拿尺子打人手心的动作，并通过提示型短句，提示听者看他的动作。

（3）自我评价型短句

汉语学习者在表达过程中，通过停顿进行内隐型监控后，认为前文表达内容不正确，会在采取修正策略前填充"不是""不对"。也有些学习者会在遇到表达障碍后，通过自我监察系统，认为最终表达正确而通过填充"对"等短句对自己的表达做出评价，表示不用修正了。如：

例 34：…/ɑ/＜F1＞因为它知道如果＝放进瓶子里，…/en/＜F1＞…/ɑ/＜F1＞，<u>不是＜F3B＞</u>⊥石＝放…进…［放进瓶子里的时候，…又…⊥可以喝这个水＝。

例 35：当然是＝家里的…⊥家里<u>对＜F3B＞</u>［家里］。

（4）求助型短句

求助型短句填充现象主要出现于汉语学习者口语表达遇到较大障碍无法自己解决时，征求听者意见或寻求帮助的情况下。如：

例 36：…它…叼…［叼］来…叼，对吧？＜F3C＞［叼来］…/en/ ＜F1＞小石/e/ ＜F1＞⊥的石头…/en/ ＜F1＞ ＝ ＜H＞…放…那个＜F2＞…/ze/ ＜F2＞…瓶子里。

4. 其他填充成分

笔者经过对测试语料的标记与统计，在 1642 个非流利填充标记中，有 24 个是其他填充成分。主要为笑声以及清嗓子的声音，见表 3—7。

表 3—7　　　　　　　　其他填充成分分类统计

其他填充	出现次数	所占比例/%	出现频次
笑声	15	0.91	0.08
清嗓子	7	0.43	0.04

在前人的研究中，常常把笑声以及清嗓子的声音归为由于生理现象导致的非流利填充停顿。但是笔者在访谈中发现，笑声除了表达到有趣处的生理反应以外，也具备在监控到自己表达有误时，化解尴尬、缓解压力以及拖延时间的功能。经过对本次测试语料的分析与统计发现，本次测试语料中共出现 15 次笑声添加，全部都是表达者在口语表达过程中自我监测到表达内容有误，或因为自己连续出现非流利现象而感到尴尬，通过笑声达到缓解尴尬和心理压力的目的。而清嗓子的声音，往往是学习者有意发出的，并不是由于生理需求，主要用于延缓口语表达时间以及缓解心理压力。如：

例 37：…很多 ＝ 石头放进水，…然后水…来了…（@@）＜F4A＞［来了］，然后它喝…［它喝］。

例 38：…因为(清嗓子) ＜F4B＞…⊥它［它］的…⊥想到的一个办⊥方法是…/en/ ＜F1＞ ＝ …在瓶子里面放很多水，…然/e/

＜F1＞⊥很多石头…［石头］…⊥小小的…很多石头。

根据对口语测试语料的统计与分析，通过与汉语口语表达者的日常交流，笔者发现，虽然汉语学习者在选择填充停顿的填充内容方面，总体上具有相对固定的使用规律，但是不同个体之间存在不同的填充喜好。由于汉语学习者口语表达受到其母语以及个人喜好、习惯的影响，在填充标记的选择与使用时，个人风格明显，个别汉语学习者具有自己特别的填充标记。而有些高级汉语学习者拥有多年的学习经历，在无意识的情况下，形成了大量使用填充标记的习惯。这种习惯虽然不影响表达者口语表达的内容，但是在交流中，由于表达方式过于啰嗦、凌乱，而使听者得到不好的听觉感受。在交流过程中，听者常常因为接收到的信息中伴随大量无意义填充现象，而在交流中感到疲累。在测试结束后，部分汉语学习者在得知自己在表达过程中，存在大量习惯性填充的现象时，感到震惊。当他们在尝试改正这一习惯的时候，也意识到这个过程将会非常漫长与困难，这种习惯一旦形成，就难以纠正。如：

例39：…就是＜F2＞我觉得就是＜F2＞/e/＜F1＞出生到/e/＜F1＞毕业/e/＜F1＞初中之前，…这个我挺［我］/e/＜F1＞⊥父母一定要是＜F2＞…/e/＜F1＞＝关心他们，一定要是＜F2＞教养他们。…然后是＜F2＞他们就是＜F2＞到了那个＜F2＞中学的时候，…会就是＜F2＞⊥自己会那个＜F2＞…教养，…是＜F2＞…⊥在老师或者在学校里面会教养。

例40：然后＜F2＞这样＜F2＞…但是…/e/＜F1＞＝…/e/＜F1＞有的时候我们一定要/e/＜F1＞（清嗓子）＜F4B＞［一定要］严格地一个＜F2＞教出还有＜F2＞一个＜F2＞/e/＜F1＞⊥教训学生。

例39的口语表达者在口语表达过程中习惯性填充"/e/""就是""是""那个"，虽然测试结果证实其口语流利度在20个被试中排名第三，但是过多的填充现象仍然给听者造成不好的听觉感受。而在调查中笔者发现，来自蒙古国的汉语学习者在口语表达中，大部分人都习惯性填充"那个"和"是"。在交流中笔者得知，在他们母语的使用中也常常填充类似"那个"发音的蒙语，而习惯性使用"因为是""所以是""然后是"的蒙古国学习者，都在本国学习汉语的时间较长，这种填充现象则可能是在学习汉语的过程中无意识形成的，具体原因则需要进一步的考证。

例40的口语表达者在口语表达过程中，习惯性填充"/e/""还有""那个""一个"。与部分高级阶段汉语学习者相同，这名被试一直认为语速快是口语能力强的最好证明，不喜欢在表达过程中出现无声停顿，从而造成了过多习惯性填充现象的出现。在其口语表达过程中，经常出现"一个""还有一个"这样的填充现象，是其他学习者没有出现的，起因是由于其学习汉语初期对量词使用的障碍，而时间长了，则形成了难以改正的习惯性非流利填充现象。

三 非流利停顿的分布特征

在二语习得非流利停顿现象的研究领域，研究者根据自己研究的需求，从不同角度对非流利停顿的分布位置进行划分。周俊英和周国宁（2010）从不同词类前出现填充标记的角度对非流利填充停顿的分布特征进行了考察与分析。缪海燕、刘春燕（2013）从主要句法边界处及次要句法短语内部的角度，对中国英语学习者口语产出填充策略的位置分布进行了考察与分析。洪秀凤（2015）从句首、分句之间、重复词语或相近词语之间、主谓之间、动宾之间、修饰语与中心语之间，共六大分布位置对汉语学习者非流利填充停顿的分布位置，出现频次以及填充语语用功能进行了考察与分析。

笔者在对口语测试语料进行统计和分析的过程中，发现汉语学习者口语非流利停顿在位置的分布上具有规律性。根据其分布位置的不同，可以对非流利停顿的产生原因以及功能进行考察。根据笔者在分析语料过程中对非流利停顿出现位置的归类，将汉语学习者非流利停顿现象的分布位置分为：句子交界处、主谓之间、动宾之间、修饰语与中心语之间、具有关联作用的成分后、重复现象之间、修正标记前、词语内部、并列关系中、介词后以及缺少成分处，共

11类（见表3—8）。

表3—8　　　　　　　　　非流利停顿现象分布统计

位置		出现次数		所占比例/%	出现频次
句子交界处 A	句首 A1	549	小计 1034	35.39	5.53
	分句之间 A2	461			
	句尾 A3	24			
主谓之间 B		244		8.35	1.30
动宾之间 C		224		7.67	1.19
修饰语与中心语之间 D		373		12.76	1.20
具有关联作用的成分后 E		284		9.72	1.52
重复现象前 F		297		10.16	1.59
修正标记前 G		318		10.88	1.70
词语内部 H		13		0.44	0.07
并列关系中 I		42		1.44	0.22
介词后 J		42		1.44	0.22
缺少成分处 K		51		1.75	0.27

根据对口语测试语料中非流利停顿现象位置分布及出现次数的统计表明，非流利停顿现象出现频次的分布排序为：句子交界处、修饰语与中心语之间、修正标记前、重复现象前、具有关联作用的成分后、主谓之间、动宾之间、缺少成分处、并列关系中、介词后、能愿动词后以及词语内部停顿。接下来我们将对非流利停顿在不同分布位置出现的原因以及功能进行逐个分析。

（一）句子交界处

有1034个停顿分布在句子交界处，占所有非流利停顿（2922个）的35.39%。句子的交界处意味着口语表达的话题即将开始或发生转换，因此汉语学习者在此处需要更多的时间去形成新的概念以及合成汉语表达形式。这就意味着汉语学习者会在句子交界处产生更多的非流利停顿。句子交界处的停顿可再细分为句首停顿、分句间的停顿以及句尾停顿。句首停顿出现次数最多，为 549 次。往往由于新一句话的开始，表达者需要更多的时间形成概念，提取词汇，合成表达形式。因此，此处非流利停顿除了出现频次较高外，且时间较长。汉语学习者会采取添加更多填充标记的策略来维持话轮不间断。而在分句之间的非流利停顿主要是形式合成过程中遇到障碍造成的。句尾的停顿由带有填充标记的非流利停顿构成，有些句尾停顿源于对前文表达内容的不自信而产生的对之前表达内容的自我评价，或是监控到前文表达有误而用笑声缓解尴尬与心理压力。也有在句尾处添加"是这样""这样的"类似总结的作用的短句，实则用于延缓下句话的表达时间。用于口语表达结尾的具有填充标记物的停顿，表示话轮的结束，对听者具有提示的作用。如：

例41：…＜A1＞可是…/e/＝…＜E＞数学、…那个＝…＜I＞物理，…那＜A2＞这样的那个＜D＞自然科学的话，不一…＜F＞［不一］定。

例42：…/e/＜A1＞那时候我们…/e/＜B＞如果一次没［没］有⊥没写作业，可是⊥然后…/e/＜E＞留⊥下次一定应该…＜L＞写完了，…就这样…/ɑ/＝那好了＜A3＞。

（二）修饰语与中心语之间

有 373 个停顿分布在修饰语与中心语之间，占所有非流利停顿的 12.76%。为了方便统计，在口语测试语料分析过程中，状中之间、定中之间以及中补之间的非流利停顿都统一记为修饰语与中心语之间的停顿。张文忠（2000）[①] 提出，顺利提取结构与短语搭配是表达无更改长语流的必要条件，且这样的结构和短语多数以动词为主。修饰语与中心语之间的停顿主要由于汉语学习者在形式合成过程中，词语提取障碍而造成的。如：

例43：他…＜B＞可以＝慢慢地…/e/＝＜D＞接受＝…/em/＝

[①] 张文忠：《第二语言口语流利性发展的定性研究》，《现代外语》2000 年第 3 期，第 273—283 页。

＜C＞教育以［以］后，他可以成功。

例 44：…/e/…那个＜A1＞他有…/e/=＜C＞他的…＜D＞主意…＜G＞⊥他有观点，…那个…那个＜A2＞他一定要…＜L＞创造［他一定…＜D＞要那个＜L＞创造］［创造］能力，…＜A2＞这个更重要。

修饰语与中心之间的非流利停顿，常常是典型的内隐型自我监控过程。例如，在与被试的访谈中得知，例 44 中定语"他的"和中心语"主意"之间停顿的过程中，他一直在确定到底使用"主意"正确，还是"观点"正确，最后他选择了"主意"，之后又觉得不够合适，因此替换成"观点"。部分汉语学习者经常对两个甚至多个可以替换的同义词选择时，产生较长时间的非流利停顿，笔者认为这是一种过度监控的行为。

（三）修正标记前

有 318 个停顿分布在修正标记前，占所有非流利停顿的 10.88%。非流利停顿标记在口语表达过程中，对修正标记具有提示作用，由于汉语学习者自我监控到表达内容有误或不合适后，需要更多的时间对表达内容的汉语形式进行重新合成。在口语测试语料中发现的 554 个修正标记前，有 318 个非流利停顿标记出现，占总修正次数的 57.4%。如：

例 45：…＜A2＞所以长大以后，…这个…＜A2＞我们要慢慢教育他，…/e/＜A2＞让他看…那个…＜G＞⊥让他…＜B＞得到那个＜C＞他需要的…＜D＞知识，…＜G＞⊥我觉得是这样的。

（四）重复现象前

有 297 个停顿分布在重复现象前，占所有非流利停顿的 10.16%。被重复内容与重复现象之间的非流利停顿，也是一个内隐型监控的过程。在这一非流利停顿过程中，汉语学习者可能会检查自己表达内容是否正确，如果检查结果是正确或是没有找到更合适的词代替，则会重复一次连接下文。也可能汉语学习者不确定自己之前的表达内容是否正确，通过重复的方式再确认一次。停顿与重复的反复连用也可以起到拖延时间的作用。如：

例 46：…/en/…/en/ = …/ze/ ＜A1＞飞了 = 一 = ⊥飞了…＜F＞［飞了］…＜F＞［飞了］⊥飞着飞着，找到一瓶 = 水 = 。

例 47：/em/ = …＜A1＞如果老/en/＜G＞⊥学生 = …＜B＞应当是家长的…＜F＞［家长的］责任多一点。

例 46 中，被试想表达"乌鸦在飞的过程中找到了一瓶水"，最开始她想表达"飞了一天"，但是觉得不合适，因此进行了修正。但是她一直没有想好"飞了"以后所要表达的内容，因此用重复与停顿反复连用的方式拖延时间，最后决定对这句话进行重构修正。

例 47 中，被试在提取中心词"责任"过程中出现了障碍，产生了非流利停顿，在考虑好合适的词汇后，他选择重复一次定语"家长的"来连接其中心词"责任"。

（五）具有关联作用的成分后

有 284 个停顿分布在具有关联作用的成分后，占所有非流利停顿的 9.72%。非流利停顿经常出现在"如果""还有""但是""因为""所以""然后""我认为""我觉得""在我看来""我的观点是"等这些具有关联作用的成分后，这种情况主要由于汉语学习者在表达一段内容后，还没有完全整理好接下来要表达的内容，因此选择先把起到关联作用的成分表达出来，起到维持话轮、延缓时间的作用。如：

例 48：因为…/e/＜E＞以前的 = …＜A1＞情况的时候，老师和 = 学校…＜B＞比较少，<u>还有</u>…（0.85）但是/ze/＜E＞孩子们很多，…<u>还有</u>＜A2＞所以/si/…/ze/…/e/＜E＞每…⊥老师<u>还有</u> = ＜K＞这样的 = 情况都是有⊥不能…/em/…＜K＞每个学生⊥按照每个学生，…/e/＜G＞⊥这样的方法/ze/＜B＞不可能。

例 48 的口语表达者，在遇到口语表达障碍时，采取的最常用的方法就是先表达关联词，争取思考时间。因此也常常出现为了延缓时间而表达的关联词有误，再重新修改关联词的状况。

（六）主谓之间

共有 244 个停顿分布在主谓之间，占所有非流利停顿的 8.35%。汉语学习者在口语表达过程中，也会采用先表达主语，维持话轮，再考虑谓语说什么的策略。如：

例 49：…＜A1＞有＝［有］的学生＝…＜B＞不需要老师对他们要求太高了，但是他们自己…＜B＞已经会＝⊥明白要对生活付出了什么努力。

（七）动宾之间

共有 224 个停顿分布在动宾之间，占所有非流利停顿的 7.67%。动宾之间填充停顿，在汉语学习者口语表达过程中，主要起到延缓时间引出宾语的作用。如：

例 50：要是一个人在＝…/e/＝＜J＞他的人生当中，要想成功的话，…＜A2＞一定要接受…那个＜C＞很好的教育。

（八）缺少成分处

共有 51 个停顿分布在缺少成分处停顿，占所有非流利停顿的 1.75%。在汉语学习者口语表达过程中，遇到句法成分缺失的情况时，会用非流利停顿来代替缺失内容，继续完成表达。这种情况有部分原因是在口语表达的同时，表达者概念形成和形式合成机制一直在运作，一直在思考下一句话要表达的内容，从而不小心缺失句法成分；也有部分原因是表达者提取词语或搭配失败，直接跳过障碍继续口语表达。如：

例 51：/ɑ/…＜A1＞可是它是很丑…＜K＞只乌鸦，…＜A2＞可是它很聪明的。

例 52：…＜A1＞因为这样的时候，…＜A2＞父母还有家庭的教育对＝…/ze/…＜K＞影响很⊥最大。

例 51 中，被试在表达过程中缺失了助词"的"和数词"一"，完整内容应为"可是他是很丑的一只乌鸦"。

例 52 中，被试在表达过程中缺失了宾语"孩子"，完整内容应为"父母还有家庭的教育对孩子影响最大。"

（九）并列关系中

共有 42 个停顿分布在并列关系中，占所有非流利停顿的 1.44%。出现并列关系中非流利停顿的主要原因是由于汉语学习者在列举过程中，提取到一个内容，表达一个，再继续思考下一个内容而造成的。如：

例 53：…那个 < A1 > 每个人的应该只有一个小孩子的时候，那个… < I > 中年的时候那个 < I > 跟老年的时候。

（十）介词后与能愿动词后的停顿

共有 42 个停顿分布在介词后，占所有非流利停顿的 1.44%；有 29 个分布在能愿动词后，占所有非流利停顿的 0.99%。介词后与能愿动词后的非流利停顿，由于功能相似，因此合并在一起进行分析。其产生的主要原因都是介词和能愿动词后，出现词语提取障碍。如：

例 54：把那个 < J > 石头装进那个…/ɑ/ < C > 瓶 = 里面的话，…那个 < F2 > 是 < F2 > = 那个 < F2 > < A2 > 石头的体积的［体积的］水升起来。

例 55：… < A1 > 我觉得… < E > 我们是学生，… < A2 > 如果我们知道我们 = 要什么，… < A2 > 应该我们会… < L > 学（sú）习⊥学（xué）习很努力的。

例 54 中"把"字后面的非流利停顿是由于被试词汇"石头"提取障碍造成的。而在例 53 中则是由于语音提取障碍造成的。

（十一）词语内部

共有 13 个停顿分布在词语内部，占所有非流利停顿的 0.44%。在词语内部出现非流利停顿频次较小，其产生的主要原因是非流利停顿标记后的汉字发音障碍，或是由于在口语表达的同时，汉语学习者概念形成和形式合成机制一直在运作，一直在思考接下来要表达的内容，从而不小心造成词语内部非流利停顿。如：

例 56：我觉得现 =/e/… < H > 在最重要是 = … < C > 学校，…/

en/…＜G＞⊥那个最重＝要。

例56中,被试由于在表达"现在"的同时,一直在思考"最重要的"是什么,因此影响了正常的口语表达,造成词语内部非流利停顿。

四 不同任务中的非流利停顿研究

在这一部分中,我们将根据对口语测试语料的统计与分析,从不同任务中非流利停顿的出现频次及平均时长、非流利填充标记出现频次、非流利停顿的位置及分布特征三个方面,对非流利停顿现象进行分析。

（一）不同任务中非流利停顿标记的出现频次及平均时长

由于在进行话题讨论的过程中,每一次话轮转换后,被试都会在句首出现较长的停顿用于言语计划。因此为了数据的准确性,在计算平均停顿时长的过程中,使用的是除去段落首尾停顿的非流利停顿总时长与总次数。而在计算停顿频次时,则使用包括首尾停顿的非流利停顿总次数。

表3—9　　不同任务中非流利停顿现象统计

	回答问题	话题讨论	看图描述
总时长	853.38s	932.88s	844.81s
总次数	965	1138	819
总次数（去首尾）	930	1030	798
总音节数	6611	7935	4168
出现频次	14.60	14.34	19.45
平均时长	0.92s	0.91s	1.06s

根据表3—9我们可以看出,在任务看图描述中,汉语学习者出现非流利停顿的频次最高,为每百音节19.45次;其次是回答问题,每百音节14.6次;最后是讨论问题,每百音节14.34次。同样也是在看图描述中,平均停顿时间最长,为1.06秒;其次是回答问题,

为 0.92 秒；最后是讨论问题，为 0.91 秒。

根据前文的描述，我们得知汉语学习者在口语表达过程中遇到的言语计划障碍与汉语生成障碍越大，其在口语表达过程中出现长时间非流利停顿现象的几率越高。在图 3—3 中，我们将汉语学习者不同区间内非流利停顿时长在不同任务中的出现频次进行了对比。

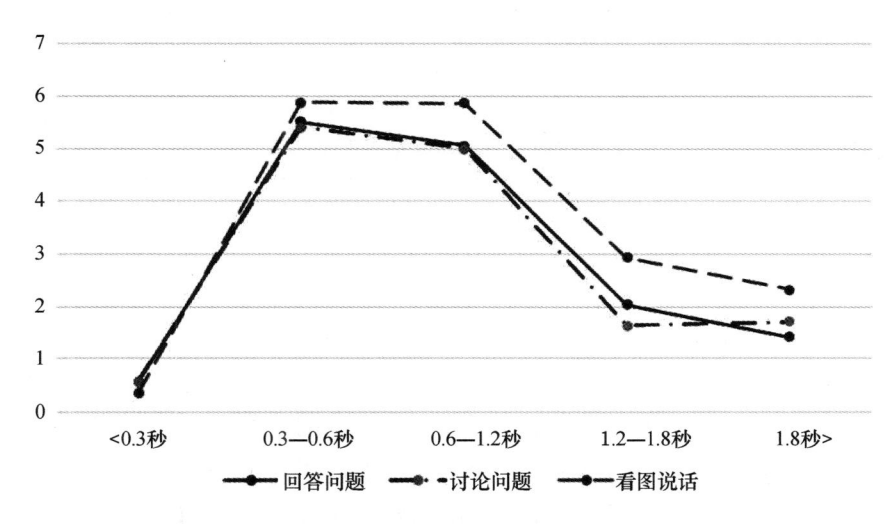

图 3—3　不同任务中非流利停顿现象在各时长出现频次

根据图 3—3 我们可以看出，在看图描述中出现超过 0.6 秒的停顿频次远超过其他两项任务，因此我们可以说，相较于其他两项任务，看图描述中汉语学习者普遍遇到了较高的言语计划障碍或压力。而从 0.3 秒开始，讨论问题中出现非流利停顿的频次一直略低于回答问题，直到 1.2—1.8 秒区间中，差距略微加大，到此为止，图 3—3 可以证明在任务回答问题中，汉语学习者口语表达过程中遇到的言语计划障碍或压力高于任务话题讨论。但在 1.8 秒以后，任务话题讨论中出现非流利停顿的频次反超了任务回答问题，其原因在于，本次口语测试过程中，在回答问题之前，被试有两分钟的话题准备时间，因此在口语表达过程中主要出现的是汉语生成障碍。而在话题讨论的过程中，被试并没有提前看到题目，因此每一次话轮转换后，被试需要更长的时间对新的概念进行理解和生成，导致出现了较多的1.8秒以上的非流利停顿现象。

（二）不同任务中非流利填充停顿的出现频次

非流利填充停顿具有缓解压力、延缓言语表达时间的功能，那么我们也可以将其理解为非流利填充标记出现频次越高，表达者在口语表达过程中的心理压力越大。在表3—10中，我们对不同任务中非流利填充标记的出现频次进行了对比。

表3—10　　　　　　　不同任务中非流利填充现象统计

	回答问题	话题讨论	看图描述
总音节数	6611	7935	4168
次数	584	653	405
出现频次	8.83	8.23	9.72

根据表3—10可以看出，非流利填充标记在任务看图描述中出现频次最高，其次是回答问题，最后是话题讨论。在对被试进行访谈的过程中，笔者了解到，被试在看图描述任务中，出现严重汉语生成障碍的频次较高，导致在长时间的停顿过程中需要运用更多的填充标记维持话轮，因此出现填充标记频次最高，在完成此项任务时，多数被试表示存在较高的心理压力；而相对于在交际中完成的"讨论问题"，需要更多构思的"回答问题"让被试感觉更加紧张。由此可见，在三种任务类型中，对被试造成心理压力最大的是看图描述，其次是回答问题，最后是话题讨论。

（三）不同任务中非流利停顿标记的出现位置及分布特征（见图3—4）

在图3—4中我们将非流利停顿的出现位置根据其功能划分为句法内部、句法交界处以及非流利标记前。其中句法内部包括主谓之间、动宾之间、修饰语与中心语之间、词语内部、介词后、能愿动词后以及缺少成分处。句法内部出现非流利停顿的主要原因是词语及语法提取障碍及语音编码障碍。句法交界处包括句子交界处、并列以及具有关联作用的成分后。句法交界处出现非流利停顿的主要原因是言语计划及汉语生成障碍。其他非流利标记前包括重复现象前以及修正标记前。根据图3—4我们可以看出，任务看图描述在三个不同位置中出现非流利停顿现象的频次都是最高的，证明汉语学习者在任务看图描述中出现言语计划障碍、汉语生成障碍以及出现重复现象和修正现象的频次都是最高的。在任务回答问题中，句法内部以及其他非流利标记前出现非流利停顿现象的频次都高于任务话题讨论，证明汉语学习者在任务回答问题中出现汉语生成障碍以及出现重复现象和修正现象的频次高于任务话题讨论。任务话题讨论由于未经过准备，需要更多言语计划时间，因此在句法交际处出现非流利停顿现象的频次略高于任务回答问题。

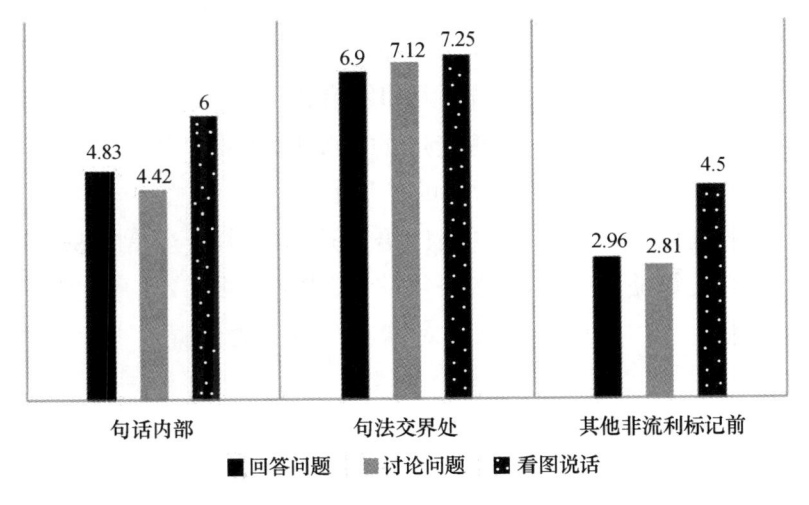

图3—4 不同任务中非流利停顿现象分布特征

（四）总结

根据上文中对不同任务中非流利停顿的出现频次及平均时长、非流利填充标记出现频次、非流利停顿的位置及分布特征这三个角度的对比研究，我们发现，在回答问题、话题讨论以及看图描述这3种口语任务中，汉语学习者在任务看图描述中出现言语计划以及汉语生成障碍的频次最高，我们也可以说在这三种任务类型中，看图描述是难度最大、心理压力最大的任务，其次是回答问题。话题讨论中非流利停顿现象出现频次最低，平均时长最短，也可以证明本次参加实验的高级阶段汉语学习者口语实际应用能力较强。

第二节　非流利重复

除停顿外，重复也是口语表达的基本特征之一。在与汉语学习者的交流过程中，我们常常遇到表达者口语表达结结巴巴的现象，非常像医学上所讲的"口吃"现象。而这种现象在二语习得的研究领域中，称为非流利重复现象。口语表达中的重复大致可分为三类：首先是根据表达内容，表达者为了突出重点而起到强调作用的重复；其次是由于表达过程中的情感原因和发音机制障碍造成生理性重复；最后则是由于言语计划障碍所造成的认知性重复。其中，生理性重复和认知性重复也就是我们所说的非流利重复。

学界普遍认为非流利重复是口语表达过程中表达者解决言语计划障碍的主要策略之一。下文将从非流利重复的界定、分类、出现频次、功能以及连用形式等方面对其进行系统的分析。

一　非流利重复的界定与分类

Bilber 等人（1999）指出重复是自然言语中常见的非流利现象，二语学习者常常会多次重复某一语言成分，以求在表达过程中延缓口语表达时间，直到表达能够持续下去。Eklund（2004）指出口语非流利的研究者认为非流利重复现象是口语表达的重要特征，但非流利重复现象打断语流，未增加语义，属于非正常语言形式。以 Levelt（1989）和 Postma & Kolk（1993）为代表的部分研究者认为，非流利重复现象应该属于非流利修正策略的研究范畴，属于隐性自我修正。本书认为非流利重复现象的功能不仅仅局限于其修正功能，还有拖延时间、连接上下文等其他功能。由于重复的"隐性"属性，其行为并未改变语言的表现形式，所以听者并不能完全通过重复这一现象的出现来判断表达者在口语表达过程中出现了隐性修正的现象。因此，经过实验一中对被试的访谈以及对口语测试语料的分析，笔者认为将重复作为一种内隐型非流利现象进行研究更加符合本书的研究范畴。

本书借助马冬梅、刘健刚（2013）[①]对重复的定义，从听者的感知角度把非流利重复界定为，表达者在口语表达中给听者造成犹豫印象、一次或多次连续产出的相同音节、词汇、短语、句子或语法结构不完整的词语串；被重复项之间可能伴有无声或有填充的非流利停顿现象。并从表现形式的角度，本书将非流利重复分为语素重复、词汇重复、短语重复、句子重复以及非结构多词重复五类。各类别重复现象以及出现频次（见表3—11）。

表3—11　　　　　　非流利重复现象分类统计

类型	出现次数	频率/%	出现频次
语素重复 A	140	22.36	0.75
词汇重复 B	320	51.12	1.71
短语重复 C	23	3.67	0.12
句子重复 D	8	1.28	0.04
非结构多词重复 E	135	21.57	0.72
总数	626	100	3.35

[①] 马冬梅、刘健刚：《英语专业研究生口语非流利重复特征研究》，《现代外语》2013年第4期，第411—418页。

由此可见，各类重复现象出现的频次由高到低排序为：词汇重复、语素重复、非结构多词重复、短语重复以及句子重复。

（一）词汇重复

在对语料的分析中，常常会出现一些起到强调作用的词汇重复，例如"天气特别特别热"中，表达者将副词"特别"重复一次是为了强调天气热的程度，这种词汇重复并不属于非流利词汇重复的研究范畴。非流利词汇重复作为出现频次最高的重复现象，在口语测试语料中共出现了 320 次，占所有非流利重复现象的 51.12%。如：

例 57：…这个…［这个］＜B＞意思是很容易，…非常严格的老师可以教出能力的突出…有本领的学生。

例 57 中，被试在经过停顿后对代词"这个"进行重复。在采访被试的过程中，笔者得知其本意是打算表达"这句话的意思"，但是在口语表达过程中，说成了"这个"。通过内隐型监控的方式，他认为继续表达"这个句话"明显是存在偏误的，在确认表达"这个意思"没问题后，被试重复了一次"这个"用来连接下文。

（二）语素重复

在口语测试语料中共发现了 140 次语素重复现象，占总非流利重复现象的 22.36%。如：

例 58：水/e/［水］＜A＞瓶…［水瓶］＜B＞口…还有那个乌鸦的嘴…不合适。

例 58 中，"水"和"瓶"这两个汉字在使用中都可以作为词汇单独出现，但是在"水瓶"这一词中，我们将其视为两个语素。被试在任务看图描述中需要表达"瓶口"这个词，但是由于对词汇的不熟悉，对所表达内容没有信心，因此在说出"水"后，经过内隐型监控，认为没有更好的选择，因此重复一次"水"起到连接作用。

（三）非结构多词重复

在本书的研究中，将在一句话中，对结构不完整多个词汇或多个词汇与音节组合进行重复的现象称为非结构多词重复。在口语测试语料中，非结构多词重复共出现了 135 次，占总非流利重复现象的 21.57%。如：

例 59：从＝小的时候…在家庭，…已经学到了很多很多…/e/［已经学到了很多很多］东西。

例 59 中，由于重复内容后词汇提取障碍，因此将"已经学到了很多很多"这个非结构多词组合成分进行重复，起到拖延时间、连接下文的作用。

（四）短语重复

在口语测试语料中，短语重复现象共出现了 23 次，占总非流利重复现象的 3.67%。如：

例 60：…/em/＝上（sháng）⊥上（shàng）课［上］＜B＞［上课］＜C＞的时候，…我［我］＜B＞［我］＜B＞跟…⊥我认真学习，…每天每天好好学习。

例 60 中，被试在前文表达中，由于对动词"上"的发音障碍而采取了语音错误修正的策略，在修正后，重复了一次动词"上"确定发音正确后，再一次重复动宾短语"上课"用于连接下文。

（五）句子重复

句子重复在口语测试语料中仅出现了 8 次。句子重复主要用于延缓口语表达时间。如：

例 61：选［选］＜B＞一个的话…［选一个的话］＜D＞＝，我觉得应该是那个＝家庭。

例 61 出现在任务话题讨论的语轮转换处，被试通过重复分句"选一个的话"来延缓口语表达时间，对选择内容进行思考。

二　前瞻性重复与回顾式重复

Heike（1981）根据非流利重复的功能，将非流利重复现象分为前瞻性重复和回顾性重复。本书认为，前瞻性重复指的是表达者在口语表达过程中，遇到言语计划或言语生成障碍，采取重复的方法延缓口语表达时间，解决障碍。回顾性重复可以分为两个部分，一个是表达者在自我监控机制的运作下，通过重复的方式确认所表达内容是否正确；另一个是当遇到言语计划或言语生成障碍时，口语表达被迫停止，经过非流利停顿后，通过重复的方式连接上下文，恢复流利。下文中，笔者将对口语测试语料中前瞻性重复及回顾性重复的出现频次进行考察与分析（见表3—12）。

表3—12　　　　　　　前瞻性重复及回顾性重复现象统计

类别	出现次数	所占比例/%	出现频次
前瞻性重复 R1	333	53.19	1.78
回顾性重复 R2	293	46.81	1.57
总数	626	100.00	3.35

（一）前瞻性重复

口语测试语料中前瞻性重复出现频次略高，为333次，占总非流利重复现象的53.19%。由于前瞻性重复具有延缓口语表达时间的作用，所以经常多个前瞻性重复连续使用，这也是其出现频次略高于回顾性重复的原因。如：

例62：…/en/ = …/en/ = …（3.4）还有…/e/（0.82）老师常常 = 批评孩子…/en/（0.71）［孩］< R1 >/en/ =（0.53）［孩子］< R1 >。…/e/ = …（1.45）但是有的时候…（0.3）严正的老师就好，…（0.42）因为…/en/ = /e/ =（1.51）孩子们的…/e/（1.07）⊥每个孩［孩］< R1 >子们的性格…（0.3）不一样。

例62中，我们可以看到，句首长达3.4秒的非流利停顿，可以证明被试在这两句话的表达过程中遇到了严重的言语计划及汉语生成障碍。在产出"老师常常批评孩子"后，她并没有整理好接下来将要产出的内容，因此，为了不出现长时间的无声停顿和维持话轮的不间断，她选择了用无声与填充连用停顿和重复连续多次出现的方式，拖延时间，为接下来的口语表达内容做准备。

而句尾的"孩[孩]子们"这种语素重复现象在汉语学习者的口语表达过程中经常出现，这里的语素重复主要是起到轻微延缓时间的作用。

（二）回顾性重复

口语测试语料中回顾性重复出现次数略低，为 293 次，占总非流利重复现象的 46.81%。其中对表达内容进行确认的重复共出现了 21 次，占总回顾性重复的 7%，而对上下文起到连接作用的重复共出现了 272 次，占总回顾性重复的 93%。回顾性重复在重复内容前常伴随有非流利停顿标记出现。如：

例 63：我觉得…/em/（2.07）家庭…（0.43）[家庭] <R2B> 的影响很大，…所以/eng/ =（2.59）孩子们…/e/（0.99）学校的…（0.34）时间…（0.36）很 = …（0.47）短，…（0.55）家庭的时间很长。

例 64：它 = …（0.79）去 = 别的地方…那个…（3.25）咬…（2.43）⊥叼…（0.34）[叼] <R2A> [叼] <R1> …（0.36）[叼] <R2B> 了…/e/（0.75）几块石头。

例 63 中被试在产出定语"家庭"后出现了中心语词汇提取障碍，导致语流被迫暂停，出现了非流利无声停顿。在名词"影响"提取成功后，被试采取回顾性重复的策略，通过重复定语"家庭"来连接上下文。

例 64 中被试在完成任务看图描述时，需要形容"乌鸦叼石头的动作"在产出动词"咬"后，监测到动词使用有误，因此启动自我修正策略，将动词"咬"修正成"叼"，之后通过一次回顾性重复确认动词"叼"使用无误后，又对动词"叼"使用了一次前瞻性重复，目的是延缓口语表达时间，对宾语进行汉语生成。生成结束后，被试采取回顾性重复策略，再次重复动词"叼"来连接上下文。由此可见，在口语表达过程中，由同一言语计划障碍引起的连续重复现象，具有不同的使用目的及功能。

三 多次非流利重复连续出现的现象

笔者在对口语测试语料的统计与分析过程中，发现汉语学习者在口语表达过程中，经常出现针对同一汉语生成障碍，进行多次非流利重复的现象。

（一）针对同一障碍对句中相同言语成分进行多次重复

例 65：…/eng/＝…（2.53）还有另外的方面＝，…/ɑ/（3.08）学［学］［学］［学］生都不一样，…（0.46）⊥我们都不一样。

例 66：老师他有自己的…（0.91）［的］教育方…（0.46）［方］法，…（0.58）我们学生也有我们自己的…（1.47）［的］＝…（0.35）［的］［的］想法。

例 67：飞了…（3.77）［飞了］…（1.22）［飞了］⊥飞着飞着找到一瓶＝水＝。

例 65 中，被试在选择名词"学生"还是选择代词"我们"的过程中出现了词语提取障碍，由于自我监控系统运作需要时间，被试为了延缓口语表达时间，在此处对语素"学"进行了连续 4 次的重复，其中前三次重复为前瞻性重复，最后一次为具有连接作用的回顾性重复。

由于例 66 中的表达者在遇到言语计划障碍时，习惯性使用前瞻性重复与无声停顿来延缓口语表达时间，因此在其口语表达过程中，出现非流利重复和非流利无声停顿的频次远高于平均值，但是在其口语表达过程中，非流利填充标记及修正标记出现频次非常少。由于该被试在口语表达过程出现对于中心语"想法"的提取障碍，需要延缓口语表达时间，因此在此处出现了三次助词"的"的重复以及两次无声停顿，其中前两次重复为前瞻性重复，最后一次为具有连接作用的回顾性重复。

例 67 中，被试由于在此处出现了较大的汉语生成障碍，对非结构成分"飞了"连续重复了两次，其间出现了总长度约 4.99 秒的非流利停顿后，仍然无法将口语表达继续进行下去，因此在最后一次重复后采取了修正策略。

（二）针对同一障碍对句中不同言语成分进行多次重复

例68：…（0.43）因为是乌鸦的嘴比较大，…（0.7）瓶/e/ =（0.78）［瓶］口/e/［瓶口］是比较窄…（1.15）［窄］，…（0.46）所以它喝不到。

例69：老师教/e/（0.41）［教］训/e/ =（0.62）［教训］学生的时候，应该考虑考虑那个（0.55）学生的…/e/（0.59）水平，还有每个学生的那个性格。

在汉语学习者出现词语提取障碍时，经常使用的一种方法就是先通过语素重复提取词汇，再将提取词汇重复一次连接下文。如例68中，被试在产出语素"瓶"字后，由于对名词"瓶口"提取障碍，而导致语流暂停，提取成功后通过回顾性重复恢复语流。但是常常在学习者跨越障碍后，仍然需要延缓时间生成后面的表达内容，因此又出现了非流利填充标记，最后被试通过对障碍词汇"瓶口"的重复连接下文。而在例69中，被试遇到动词"教训"的提取障碍时，也出现了与例68中相同的情况，通过语素重复和词汇重复连续使用的方式，逐一突破口语表达过程中遇到的汉语生成障碍。

（三）针对同一障碍对句中不同言语成分进行叠加重复

例70：我真的 = …（1.06）［我［我］真的］反对这个…（0.83）看法。

例71：…（0.63）我们应该…（0.46）［我们应 = ［应］该］跟老师有…/ze/（0.52）［有］比较好的［的］关系。

例70和例71中，被试均是由于汉语提取障碍导致语流被迫暂停，出现非流利停顿现象，当被试决定通过对前文中非结构多词成分进行回顾性重复恢复语流时，由于在口语表达过程中，仍然没有完全生成后面的表达内容，导致在回顾性重复内部叠加使用前瞻性重复延缓时间的现象出现。

四 不同任务中重复现象的出现频次

本书根据对口语测试语料的统计与分析,对回答问题、话题讨论以及看图描述 3 种不同任务类型中非流利重复现象的出现频次进行考察（见表 3—13）。

表 3—13　　　　　　　不同任务中非流利重复现象统计

任务类型	总音节数	出现次数	出现频次
回答问题	6611	205	3.10
话题讨论	7935	226	2.85
看图描述	4168	195	4.68

根据表 3—13 我们可以看出，与前文中对于不同任务中非流利停顿现象的研究结论相同，非流利重复现象在任务看图描述中出现的频次最高，百音节 4.68 次；其次任务回答问题，百音节 3.10 次；最后是任务话题讨论，百音节 2.85 次。由此可见，非流利重复现象的出现频次也可以证明，在 3 个口语表达任务中，看图描述对于汉语学习者来说难度最大，其次是回答问题，最后是话题讨论。

第三节　非流利拖腔

拖腔作为口语表达的特征之一，可以将其分为两类：一类是具有强调意义的拖腔，而另一类则是由言语计划障碍引起的非流利拖腔现象。在汉语学习者口语表达的过程中，遇到较小的言语计划障碍时，为了使语流保持顺畅、不间断，常常会采用拖长语音的方式，延缓口语表达时间。"拖腔"作为一种出现频次较高的口语非流利现象，在口语表达过程中会严重影响表达者的发音速度，但是非流利拖腔现象在汉语二语习得研究领域中一直未受到重视。

一 非流利拖腔的界定

Johnston 等人（1959）将非流利现象区分为故意拖延以及提前完成，其中提前完成包括重复、拖腔、词中打断、原构想放弃以及词组改换。Hieke（1981）将非流利现象区分为拖延和修正两大类，其中拖延包括填充和未填充停顿、前瞻性重复以及拖腔。有一些学者将拖腔单独分为一类，也有人立足于分类方法的系统性，将其界定为一种特殊的重复现象。

在口语表达过程中，"拖腔"顾名思义是一种通过拖长单音节发音时间的方式，延缓说话时间，从而调整言语计划所产生的口语非流利现象。但是在前人的研究中，对于拖腔的界定相对模糊，从时间的角度对拖腔进行界定的文章还不多见。本书在研究过程中发现，高级汉语学习者在流利口语表达过程中的平均发音速度约为每音节 0.21 秒，而我们在前文中将非流利停顿界定为 0.3 秒及以上的填充及无声停顿。因此，本书将非流利拖腔界定为口语表达过程中，为了延缓口语表达时间，而使单音节发音时间达到 0.5 秒及以上的非流利现象。

二 非流利拖腔的位置分布及出现频次

笔者在对口语测试语料进行统计和分析的过程中，发现汉语学习者口语非流利拖腔与非流利停顿相同，在位置的分布上具有规律性。根据其分布位置的不同，可以对非流利拖腔的产生原因以及功能进行考察。根据笔者在分析语料过程中对非流利拖腔出现位置的归类，将汉语学习者非流利停顿现象的分布位置分为两部分：一是单独使用时，分为分句之间、主谓之间、动宾之间、修饰语与中心语之间、具有关联作用的成分后、重复现象前、修正标记前、词语内部、并列关系中、介词后、缺少成分处以及能愿动词后；二是在与非流利停顿现象连用时，分为非流利填充标记后以及非流利停顿标记前，共 14 小类（见表 3—14）。

我们根据非流利拖腔在不同位置的出现频次由高到低排列为：非流利停顿标记前、非流利填充标记后、修饰语与中心语之间、主谓之间、动宾之间、具有关联作用的成分后、重复现象前、修正标记前、并列关系中、分句之间、词语内部、介词后、能愿动词后以及缺少成分处。由此可知，约68.50%的拖腔现象是与非流利停顿现象同时出现的。由于非流利现象在单独出现时，其功能与停顿时长在0.6秒以下的非流利停顿现象基本相同，因此在此处不作过多赘述。在下文中我们将对出现在非流利填充标记后与非流利停顿标记前的拖腔现象进行分析。

表3—14 非流利拖腔现象分布统计

位置	出现次数	所占比例/%	出现频次
分句之间 A	6	0.74	0.03
主谓之间 B	35	4.34	0.20
动宾之间 C	32	3.97	0.17
修饰语与中心语之间 D	80	9.93	0.43
具有关联作用的成分后 E	26	3.23	0.14
重复现象前 F	28	3.47	0.15
修正标记前 G	23	2.85	0.12
词语内部 H	3	0.37	0.02
并列关系中 J	7	0.87	0.04
介词后 M	6	0.74	0.03
缺少成分处 K	2	0.25	0.01
能愿动词后 L	6	0.74	0.03
非流利填充标记后 H	270	33.50	1.44
非流利停顿标记前 I	282	35.00	1.51

（一）非流利填充标记后

在口语测试语料中有270个分布在非流利填充标记后，占总非流利拖腔现象的33.50%。笔者在对口语测试语料进行转写与统计的过程中，将一个填充标记记为一个音节，而填充标记与非流利拖腔的连用现象使一个非流利填充标记的发音时间达到 0.5 秒及以上。出现这种现象的原因是汉语学习者在口语表达过程中遇到言语计划及生成障碍时，为了保持口语表达的连续性，防止非流利无声停顿出现而使用的一种策略。非流利填充标记与非流利拖腔连用的现象，可以缓解汉语学习者口语表达过程中的心理压力，达到延缓口语表达，提示听者，维持话轮不间断的作用。如：

例 72：所以…/e/（0.62）老师教/e/（0.41）［教］训/e/ = < H >（0.62）［教训］学生的时候，应该考虑考虑那个（0.55）学生的…/e/（0.59）水平，还有每个学生的那个性格。

例 73：/e/（0.68）所以 /e/（0.36）每个 /e/ = < H >/e/（0.74）学校的教育还有一个家庭的教育，…（0.3）有社会的教育，有的/si//e/（0.47）［有的］自己的特色。

例 72 中，被试通过填充标记"/e/"与非流利拖腔现象连用的方式，将单独填充停顿延长至 0.62 秒。

例 73 中，被试通过填充标记"/e/"与非流利拖腔现象连用后又填充了一个"/e/"的方法使非流利填充停顿连用现象的时长达到了 0.74 秒。

（二）非流利停顿标记前

在口语测试语料中有 282 个分布在非流利填充标记后，占总非流利拖腔现象的 35.00%。在汉语学习者口语表达遇到言语计划及生成障碍时，表达者往往会最先选择使用延长非流利停顿前最后一个音节发音时间的方法，期望可以维持口语表达的连续性。但是当一个拖腔现象无法满足表达者言语计划与汉语生成所需要的时间时，就会继续产生非流利停顿的现象。如：

例 74：/si/ = < H >/eng/ = < H >…/ze/（3.22）我觉得现 =/e/…（1.25）在最重要是 = …（0.46）学校，…/en/…（1.63）⊥那个最重 = < D >要。

例 74 是任务话题讨论中，测试者给出问题后，第一次话轮转换后的第一句话。通过句首由三个非流利填充标记、两个非流利拖腔标记以及一个非流利无声停顿标记组成的时长为 3.22 秒的非流利停顿现象得知，被试非常不喜欢自己在口语表达过程中出现无声停顿，经过对其的访谈得知，非流利无声停顿的出现让她感到非常紧张。因此在 3.22 秒的停顿后，并没有将表达内容整理完毕的被试决定先开始产出观点。"现在"这个词对于被试并不存在难度，之所以在词汇内部出现停顿是由于表达内容的概念并没有完全形成。表达者企图用延长"现"字发音时间的方法使维持表达的连续性，但是并没有成功，因此在之后又出现了长达 1.25 秒的填充与无声连用停顿。对于"是"的拖腔是由于自我监控系统希望再次确认"学校"这个答案是否正确，虽然被试并不想使语流间断，但是一个拖腔的时间不足以完成自我监控程序，因此在拖腔后又加入了一个相对较短的非流利停顿现象。

三 不同任务中非流利拖腔现象的出现频次

本书根据对口语测试语料的统计与分析，对回答问题、话题讨论以及看图描述三种不同任务中非流利拖腔的出现频次进行考察（见表3—15）。

表 3—15　　　　　　不同任务中非流利拖腔现象统计

任务类型	总音节数	出现次数	出现频次
回答问题	6611	264	3.99
话题讨论	7935	309	3.89
看图描述	4168	233	5.59

根据表 3—15 我们可以看出，与前文中对于不同任务中非流利停顿现象和重复现象的研究结论相同，非流利拖腔现象在任务看图描述中出现的频次最高，为百音节 5.59 次；其次是任务回答问题，百音节 3.99 次；最后是任务话题讨论，百音节 3.89 次。由此可见，

非流利拖腔现象的出现频次也可以证明，在三个口语表达任务中，看图描述对于汉语学习者来说难度最大，其次是回答问题，最后是话题讨论。

第四节　非流利语流中断

在与汉语学习者的教学与交流中，笔者发现，当学习者在口语表达过程中遇到严重的汉语生成障碍时，学习者通常会选择采取重构修正的方式转换表达内容。但若是遇到学习者坚持想要表达的内容或不得不表达的内容时，由于其自身汉语能力无法突破障碍，因此会选择中断语流的方式寻求他人帮助。

一　非流利语流中断的界定

以 Postma 和 Kolk（1993）为代表的研究者将语流中断现象划分成独立的非流利现象进行研究，但是由于语流中断现象出现频次较低，在大多数的研究中被归为非流利停顿或自我修正的研究范畴。当二语学习者的口语表达需求超过其本身的第二语言表达能力时，话题无法顺利进行下去，此时，学习者由于出现过大的言语生成障碍，导致语流被迫停止，无法继续。在遇到语流中断的情况时，表达者通常需要在听者的帮助下恢复口语表达。因此，本书将非流利语流中断现象界定为：二语学习者在口语表达过程中遇到过大的言语生成障碍时，由于其自身语言能力无法解决而导致语流被迫中止的非流利现象。

二　非流利语流中断分布特征

根据对口语测试语料的分析，笔者发现，在汉语学习者的口语表达过程中，非流利语流中断现象并不是突然出现的，在语流被迫中断前，被试通常会采取各种方法尝试自我解决障碍，当实在无法将口语表达内容进行下去时，被试尝试向测试人员发出"求救信号"。如：

例75：S：把很多石头放石头放在杯子里的话，…（0.37）可以让那个水…（0.93）的…/em/ = …（3.34）［水 = 的］是就是/en/（1.35）［水的］线…（0.35）高一些，水的 < stop >。

T：水位。

S：…（0.57）水位，OK 位地位…（2.3）［水位］…（0.45）⊥水高一些。

例76：S：…/en/（1.27）所以它没办法，…（0.82）但是它想想…/en/…（0.67）　［它想想］然后…/e/…（2.22）土…（3.93）［它想想然后…（0.67）土］地 < stop >。

T：石头。

S：对，…（1.08）是石…（0.88）［石］头。…（0.99）拿石头…（0.42）［拿石头］…（1.27）放到瓶去。

例75 中，被试由于对名词"水位"的提取障碍，通过无声停顿、无声与填充连用停顿、填充与填充连用停顿以及前瞻性重复现象连续出现的方式，不停地延缓口语表达时间，反复尝试提取名词"水位"，但均以失败告终。最后仍尝试用"水的线"代替"水位"恢复语流，但是经过自我监察，认为此方法不可行，因此最终放弃，选择向测试人员求助。而得到帮助后，被试仍然需要一段时间来对障碍词汇的含义及使用方法进行消化和理解。例76 中，被试出现的状况与例75 相似，也是由于名词"石头"在反复尝试后仍然提取失败，而选择中断语流，寻求帮助。

根据例75 和例76 我们发现，当被试在口语表达过程中，遇到同一汉语生成障碍而造成很长一段时间内不同非流利标记反复出现的状况时，仍然没有选择采取重构修正，那么很有可能出现非流利语流中断现象。而根据对口语测试语料的统计与分析，非流利语流中断现象主要由于学习者口语表达过程中，出现无法替换的词汇提取障碍而造成的。

三　不同任务中非流利语流中断现象的出现频次

口语测试语料出现的 6 次语流中断现象中，有 4 次出现在任务看图描述中，2 次出现在话题讨论中。笔者认为之所以汉语学习者在任务看图描述中出现了 4 次非流利语流中断现象，是由于看图描述的任务类型决定的。由于看图描述的任务是让汉语学习者对所看到的图片进行故事描述，图片上的内容规定了学习者需要表达的词汇与内容，因此在不得不表达的内容出现汉语生成障碍时，就会出现非流利语流中断的现象。

第五节　本章小结

本章根据对口语测试语料的统计与分析，针对内隐型监控行为所导致的非流利现象，即非流利停顿、非流利重复、非流利拖腔以及非流利语流中断现象的内在机制、产生原因、功能、出现频次、分布状况，以及不同现象之间的关系等因素进行多维度的分析与说明。主要结论为：

1. 通过对非流利停顿现象进行研究，发现不同时长的非流利停顿现象所具有的功能也各不相同，且不同表现形式的非流利停顿在停顿时长的分布上具有一定规律。

2. 本章将非流利填充标记划分为：无意义的音节填充、有意义的词或话语成分填充、功能性短句填充以及其他填充，共四种类型进行讨论。其中，出现频率最高的是"无意义的音节填充"现象。研究证实，不同类型的非流利填充标记其产生原因与功能各不相同。非流利填充标记的主要功能是延缓口语表达时间，缓解表达过程中的时间压力以及心理压力，提示听者以及维持话轮的功能。

3. 对于非流利停顿现象的分布位置的研究证实，句子交界处的停顿现象出现频率最高，由于句子的交界处意味着口语产出的话题即将开始或发生转换,因此汉语学习者在此处需要更多的时间去形成新的言语计划以及生成汉语表达形式,此处出现长时间停顿的频率较高,因此为了维持话轮以及延缓口语表达时间,经常出现非流利填充停顿现象。分布在其他位置的非流利停顿现象则主要是由于汉语生成障碍引起的。

4. 本章将非流利重复现象划分为语素重复、词汇重复、短语重复、句子次重复以及非结构多词重复五类,其中出现频率最高的为词汇重复现象。首先,从功能的角度进行研究,参与实验被试用于延缓口语表达时间的重复现象出现频率最高;其次是对上下文起到连接作用的重复;最后,在本次口语测试语料中,共发现 3 种多词非流利重复连续出现的现象,分别为针对同一障碍对句中相同言语成分进行多次重复的现象;针对同一障碍对句中不同言语成分进行多次重复的现象;针对同一障碍对句中不同言语成分进行叠加重复的现象。

5. 研究发现,有约 68.5% 的非流利拖腔现象是与非流利停顿现象连续出现的。其中,出现在非流利标记后的拖腔是在汉语学习者口语表达过程中遇到言语计划障碍或汉语生成障碍时,为了保持口语表达的连续性,防止语流暂停而使用的一种策略;出现在非流利停顿标记前的拖腔现象主要是由于表达者期望可以维持口语产出的连续性,但是当一个拖腔现象无法满足表达者汉语计划及生成所需要的时间时,就会产生停顿现象;而其他单独使用的非流利拖腔现象其主要功能则与时长相对较短的单独填充停顿相似。

6. 非流利语流中断现象主要由于表达者出现无法替换的词汇提取障碍造成的。

7. 通过对不同任务中非流利现象的出现频次进行考察,证明任务看图描述在 3 种任务中完成难度最大,其次是回答问题,最后是话题讨论。相较于话题讨论,在完成其他两项任务时,会对汉语学习者造成更大的心理压力。

第 四 章

外显型监控行为导致的非流利现象

在与汉语学习者进行交流时，常常遇到这样几种情况：一是当学习者在口语表达过程中，遇到阻碍或意识到错误产生时，常常选择中断语流，并对自己的表达内容进行调整；二是有些学习者在口语表达过程中，认为自己对信息的表达不准确或不完善，会在表达后添加解释性的话语；三是当学习者在口语表达过程中遇到较大阻碍，导致语流被迫中断，无法进行时，会选择放弃原表达内容，重新计划表达其他的内容。以上这几种明显可以让听者感受到口语表达过程中遇到阻碍，并通过自我监控行为进行调整的行为，就是本书所研究的外显型监控行为。而因为语流的中断以及实施修正的过程，势必会对汉语学习者口语流利度造成较大的影响。Levelt（1983）认为外显型自我监控行为，指的是在言语信息形成阶段，也就是当言语前信息进入到发音机制，并由发音机制运作后，表达者可以监控自己的外部语言。因此我们可以将这种现象称为外显型监控行为所导致的非流利现象，即自我修正现象。

第一节 口语表达自我修正的界定

Kormos（1999）认为，在心理语言学的视域下，可以将"自我修正"现象界定为自我监控机制运作的外在表现形式,当表达者觉察到口语表达内容有误时,中断口语表达,并对错误或不合适的内容进行修正,这就完成了一次自我修正行为。Schegloff(2000)认为,自我修正行为是口语表达者在言语交际过程中监控到自己的言语错误后,所采取的一种自我更正行为,是其言语交际能力的具体体现。Van Hest(2004)认为表达者在口语表达过程中,不断地监控自己的言语表达内容是否符合自己想要传达的概念。当自我监控机制监察到表达内容有误时,表达者无须其他人介入,可以主动进行修正,此类行为就叫做自启式会话修正,即自我修正。本书在刘佳音(2016)①对汉语学习者课堂自启自修型会话修正界定的基础上,将汉语学习者口语表达自我修正行为界定为汉语学习者在口语表达过程中意识到自己的言语表达有误,立即停止口语表达,采取相应的措施实施修正,以确保口语表达内容的准确性、流利性和恰切性,使口语表达可以继续进行。

第二节 口语表达自我修正的分类

　　Levelt(1983)在对母语的研究中,构建了自我修正的分类体系,在后人的研究中具有极高的参考价值,其具体分类(见表4—1)。

　　表4—1中,剩余范畴修正主要指的是内隐型自我修正行为,Levelt(1989)将非流利重复现象归为内隐型自我修正的研究范畴。内隐型修正行为主要包括两个方面:一方面是当表达者发音后,其监察系统认为表达内容有误,需要重新生成信息,但是经过核查后,发现其表达内容无误或没有更加合适的内容可以对其进行更改时,

---

① 刘佳音:《汉语二语学习者课堂自启自修型会话修正研究》,《东北师大学报(哲学社会科学版)》2016年第3期,第249—253页。

表达者选择对表达内容进行重复，以达到连接上下文的作用；另一方面指的是表达者在发音前，已监察到准备表达的内容有误，经过隐性修正后继续口语表达。由于这两种修正行为都是在表达者的思想中完成的，听者无法从语言层面判断修正行为的发生，因此将其称为内隐型修正。不过虽然我们无法从语言层面上对其修正行为的内容以及原因进行分析，但是由于表达者需要更多的时间完成内隐型修正，所以这一过程会导致口语非流利现象的产生，也就是我们上一章所研究的由内隐型监控行为所导致的非流利现象。我们可以在表达者口语表达过程中出现非流利停顿、重复、拖腔及语流中断现象，来判断此处可能出现了内隐型自我监控行为。

表 4—1　　　　　Levelt（1983）自我修正分类体系

自我修正	不同信息修正	
	错误修正	错误语音修正
		错误词汇修正
		错误句法修正
	恰当修正	歧义修正
		恰当程度修正
		连贯性修正
		漂亮言语修正
	剩余范畴修正	

Kormos（1999）在 Levelt 自我修正分类体系的基础上，从二语习得的研究领域对二语学习者的自我修正行为进行了重新划分，其具体分类（见表4—2）。对比 Levelt 的分类体系，Kormos 只研究了外显型自我修正的范畴，并在 Levelt 的分类体系的基础上加入了在二语学习者口语表达过程中经常发生的重新言语组织修正，也有学者将其称为重构修正或改述。

表4—2　　　　　Kormos（1999）自我修正分类体系

自我修正	错误修正	不同信息修正	
		错误语音修正	
		错误形态修正	
		错误词汇修正	
		错误句法修正	
	恰当修正	恰当词汇修正	
		恰当插入修正	
	重新言语组织修正		

Levelt（1983）和 Kormos（1999）对表达者自我修正行为分类体系的研究，为后人的研究奠定了坚实的基础。多数研究者都选择在他们分类体系的基础上，根据自己所研究内容的需要，对非流利自我修正现象进行更详细的划分。本书以 Kormos（1999）的分类体系为基础，结合对口语测试语料中非流利自我修正现象的统计与分析，将汉语学习者口语表达自我修正现象分为错误修正、恰当修正以及重构修正，共三类 9 小项。其中，错误修正包括错误语音修正和错误词汇修正；恰当修正包括恰当调序修正、恰当替换修正、恰当插入修正、恰当解释修正、恰当删除修正以及恰当否定修正。笔者对各类非流利现象在口语测试语料中的出现频次进行了考察（见表4—3）。

根据表4—3 我们得知，在口语测试语料中出现的 559 个非流利修正标记中，出现频次最高的是恰当修正，共出现 264 次，占总非流利自我修正现象的 47.23%；其次是错误修正现象，共出现 162 次，占总非流利自我修正现象的 28.98%；最后是重构修正，共出现 133 次，占总非流利自我修正现象的 23.79%。在小项中排名前三的非流利自我修正现象是：恰当插入修正、重构修正以及错误词汇修正。在下文中，笔者将对各类型非流利修正现象进行详细的分析。

表 4—3　　　　　　　　非流利自我修正现象分类统计

类别		出现次数		所占比例/%		出现频次	
错误修正	错误语音修正 A1	50	162	8.94	28.98	0.27	0.87
	错误词汇修正 A2	112		20.04		0.60	
恰当修正	恰当调序修正 B1	3	264	0.54	47.23	0.02	1.41
	恰当替换修正 B2	76		13.60		0.41	
	恰当插入修正 B3/B4	137		24.51		0.73	
	恰当解释修正 B5	25		4.47		0.13	
	恰当删除修正 B6	19		3.40		0.10	
	恰当否定修正 B7	4		0.72		0.02	
重构修正		133	133	23.79	23.79	0.71	0.71
总数		559	559	100.00	100	2.99	2.99

一　错误修正

错误修正指的是汉语学习者在口语表达过程中，自我监控到已表达内容中存在错误，并对其进行修正的行为。根据对口语测试语料的考察，共发现两种错误修正现象，即错误语音修正现象和错误词汇修正现象。汉语学习者在进行错误修正时，往往是在词同、音同的基础上对其进行修正，即在修正过程中仅修正错误，并不对其原有的概念进行更改。

（一）错误语音修正

在口语测试语料中有 50 个是错误语音修正，占总数的 8.94%。错误语音修正主要指的是汉语学习者在表达过程中监控到自己对词汇的声调或发音有误，并对此进行更改的行为。如：

例 1：［其他的］家人/e/应该/e/他们的/si/每个 = 那个行（xíng）⊥行（xìng）⊥行（xíng）为的/e//e/⊥ <B6> 行（xíng）为/e/ = …考虑考虑。

例 2：…然后这个学生（shōng）⊥学生（shēng）…可以…/em/ = ［可以］教出…他的…突出…还是⊥ <B2> 他的本领。

例 3：…/e/ = 要是 = …学校的教育…不只是…那个老师的作用，

还有学校的环（fàn）境⊥＜A1＞环（huán）境。

针对错误声调进行修正的现象，是本次口语测验过程中被试出现最多的错误语音修正现象，且被试往往会采取连续几次修正的方式，对声调错误进行修正。例1中，在产出语素"行（xíng）"后，被试的自我监控系统认为声调有误，在将声调修正至四声后，通过对比，被试意识到第一次产出的音调才是正确的，因此再一次对其进行修正。由此可见，汉语学习者经过自我修正所表达的内容不一定是正确和有效的，也可能是将正确的内容改错了。至于自我修正行为是否成功，则与汉语学习者本身的汉语水平和知识积累有关。

例2中，被试由于出现元音"ŏ"与"ĕ"的混淆现象，导致语音错误发生，被试在监控到自己的语音错误后，对其进行修正。例3中，被试由于母语发音习惯导致声母"f"和"h"出现混淆，同样在监控到自己的语音错误后，进行了修正。

（二）错误词汇修正

在口语测试语料中有112个是错误语音修正，占总数的20.04%，出现频次较高。刘峰（2014）[①] 指出错误词汇修正主要指的是针对同素词进行修正，即错误词语和修正词语都是在某方面存在联系的，因此才导致了在口语表达过程中词汇混淆现象的出现。如：

例4：所以它想了…办法，…去/e/＝⊥＜B3＞它＝…去＝别的地方…那个…咬…⊥＜A2＞叼…［叼］［叼］…［叼］了…/e/几块石头。

例5：…就是如果学校要/ei/⊥＜A2＞学生要…是很优秀的学生的话，…有严格也有还没有严格，只是要看那个学生，…他是怎么样的，…然后…这样培养他。

例4中，动词"叼"和"咬"都是只嘴部发出的动作。但是"叼"指的是用嘴衔住，而"咬"指的是上下牙对住，压碎或夹住

[①] 刘峰：《留学生汉语口语自我修正研究》，《华文教学与研究》2014年第1期，第42—48页。

东西，因此被试在此处出现了"咬"和"叼"使用混淆的现象，在监控到动词"咬"的误用现象后，被试对其进行了修正。

例5中，由于学校与学生具有相同的词素，被试在表达过程中出现了语误，将"学生"表达成了"学校"，在监控到自己的口误后，被试对其进行了修正。

二 恰当修正

恰当修正指的是汉语学习者在口语表达过程中，为了使表达内容更加的恰当与准确，而采取的不同类型的自我修正策略。根据对口语测试语料的考察，共发现了6种非流利恰当修正现象。

（一）恰当插入现象

恰当插入现象作为出现次数最高的非流利修正现象，在口语测试语料中共出现了137次，占总数的24.51%。恰当插入修正指的是汉语学习者在口语表达过程中，为使表达内容更加完整、恰当、准确，而通过插入成分的方式对其口语表达内容进行补充与说明的修正方式。根据插入内容功能的不同，我们可将恰当插入修正划分成两个部分，即恰当添加修正以及恰当补充修正。恰当添加修正指的是汉语学习者在口语表达的过程中监控到表达内容中缺少成分，出现句法偏误现象，因此使用添加缺少成分的方式对表达内容进行修正；恰当补充修正指的是汉语学习者在口语表达过程中，为了使表达内容更加确切，而对表达内容进行补充和说明的修正方法。本书对恰当插入修正的类型与出现频次进行了统计与分析，具体见表4—4。

表4—4　　　　　　　恰当插入修正分类统计

插入修正类别	出现次数	所占比例/%	出现频次
恰当添加修正	83	60.58	0.44
恰当补充修正	54	39.42	0.29
总计	137	100.00	0.73

1. 恰当添加修正

口语测试语料中共出现了 83 次恰当添加修正，占恰当插入修出现总次数的 60.58%。

例 6：比如说中国人的…［中国人的］习惯：…早上上课，吃饭上课，然后午⊥＜B3＞吃午饭，…然后上课，…然后＝晚饭，然后去图书馆。

例 7：…只有＝/e/怎么说呢［只有］＝/e/一起学习，…一起走路，一起吃饭的，没有什么的…⊥＜B3＞特［特］别的。

例 6 中，被试在口语表达过程中，监控到表达内容"午饭"前缺少谓语动词，因此采用添加修正的方法，将动词"吃"添加在名词"午饭"前。例 7 中，被试在口语表达过程中，监控到自己的表达内容"没有什么"和"的"之间缺少形容词，因此采取添加修正的方法，将形容词"特别"添加在缺少成分处。

2. 恰当补充修正

口语测试语料中共出现了 54 次恰当补充修正，占恰当插入修正总次数的 39.42%。

例 8：但是我觉得这个不/e/⊥＜B4＞这个一点也不同意，跟他的性格一点也没有关系。

例 9：我的专业是［是］汉语老师，我明年…/ɑ/＝…/e/继续学习研究生，我一定要/ɑ/⊥＜B4＞从大学毕业以后一定要当老师。

例 8 中，被试在口语表达过程中想表达否定的观点，为了表示他对观点的否定程度极高，被试在原本打算表达的"不同意"前面补充了可以说明否定程度的成分，将其表达观点修正为"一点也不同意"。例 9 中，被试认为自己表达内容不够恰当与准确，因此在原表达内容前补充了表示时间的句首状语"从大学毕业以后"，使表达内容更加完整。

（二）恰当替换修正

口语测试语料中共出现了 76 次恰当替换修正，占总数的 13.6%。恰当替换修正指的是汉语学习者在口语表达过程中，采取对原表达成分进行替换的方法，使口语表达内容达到更加贴切、精准的目的。但是在研究中我们发现，过度的替换修正是汉语学习者口语表达中经常出现的一种过度监控行为。在很多种情况下，学习者并不是因为监控到自己表达不够恰当而进行替换修正，而是由于在几个近义词的选取中出现困难，而造成非流利现象的产生，选择的结果往往是以替换修正的方式将几个词汇都表达出来，交给听者进行选择。如：

例 10：要是没有这样的教育的话，孩子们…都喜欢贪玩，…所以＝不能接受初步的…<u>那个</u>⊥＜B2＞初期…<u>那个</u>…<u>那个</u>⊥＜B2＞基础的教育。

例 11：但是＝/si/我觉得他们＝说的话那个/en/那个一定有<u>一个</u>⊥＜B2＞应该有道理。

例 10 中，在与被试的访谈过程中，笔者得知，在这句话中，被试在"初步""初期""基础"这三个词的选择上出现了障碍，因此选择通过替换的方式对其进行一个一个的尝试，企图根据测试者的反应来确定哪个词是最恰当的。例 11 中，被试本来想表达"他们说的话一定有道理"，但是在表达结束后，他认为使用副词"一定"太绝对了，对"有道理"的形容程度进行弱化，选择将其替换成"应该"。

（三）恰当解释修正

口语测试语料中共出现了 25 次恰当替换修正，占总数的 4.47%。恰当解释修正指的是汉语学习者在口语表达过程中，遇到言语生成障碍后，认为自己的表达内容不够清楚明白，因此对表达内容做出解释和说明的修正方法。如：

例 12：但是…/e/＝…高中…然后的情况是…在＝…/ze/…学…［学］校里面…的时间＝/e/一天的大部分，…所以常常/si/…/e/受到影响，⊥＜B5＞对＝老师还是＝同学们等。

例 13：一般的父母是⊥＜B7＞不是…/en/＝培养自己的孩子，…⊥＜B5＞长大的时候应该不会，他肯定/en/＝需要让孩子去学校。

例 12 中，被试在表达"常常受到影响"后，认为自己没有表达清楚在"学校里"受到谁的影响，因此在表达结束后对此进行了解释说明。例 13 中，被试的原表达内容是"一般的父母不培养自己的孩子"，在表达结束后，被试认为自己的表达存在歧义，因此对其做出了解释，是"长大了以后，家长一般不自己培养孩子，而是选择让孩子去学校"。

（四）恰当删除修正

口语测试语料中共出现了 19 次恰当替换修正，占总数的 3.4%。恰当删除修正指的是汉语学习者在表达过程中，采取将多余的或是存在语法偏误的部分删除的方法，使表达内容更加恰当、通顺。如：

例 14：…这个是(@@)…⊥＜B4＞对我来说这个是真的很的难⊥＜B6＞真的难。

例 14 中，被试在口语表达过程中，监控到自己在"真的很的难"里出现了助词"的"使用偏误的现象，因此他为了恢复表达内容的通顺、准确，选择采取删除修正的方法，将偏误成分全部删除，只剩下"真的难"。

（五）恰当否定修正

口语测试语料中仅出现了 4 个否定修正。否定修正指的是汉语学习者在口语表达过程中，监测到口语表达内容有误时，运用相反或不同的形式对其进行修正的方法。如：

例 15：…老师的责任比较＝…⊥＜B7＞不比父母的责任…多，…很［很］重要，⊥＜B4＞我觉得。

例 15 中，被试对"比较句"的使用出现了障碍，当监控到自己表达了相反意义的句型时，马上提取正确的句式，将"比较"替换成比较句的否定用法"不比"来恢复语流。

（六）恰当调序修正

在口语测试语料中的 559 个非流利自我修正标记中，仅出现了 3 个恰当调序修正现象。恰当调序修正指的是汉语学习者在口语表达过程中，监测到自己的语序有误而对其进行恰当调整的修正方法。如：

例 16：但是<u>那个学</u> = 生的…成绩不好的是…⊥ <B4> 都是有关学生…⊥ <B1> 学生有关的。

例 16 中，表达者发现自己语序有误后，对其语序进行了前后调整，但是在调整后由于缺少连词"和"，表达内容仍然存在偏误。

三 重构修正

重构修正作为一种出现频次较高的非流利自我修正现象，指的是汉语学习者在口语表达过程中，由于遇到较大的汉语生成障碍，无法将原有的表达内容继续下去时，或是对原有概念进行调整时，选择放弃原有表达内容，重新进行言语计划及生成的修正方法。如：

例 17：…如果学生们跟老师的［的］［的］［的］关系不好，…我自己觉得我不会<u>…/ze/…</u>［我不会］⊥ <C> 他的［他］［他的］= 在 =…⊥ <C> 比如说口语的时候我不⊥ <B7> 我［我］会感［感］［感］受比较 = /ze/…我不知道怎么说…⊥ <C> 如果老师［老师］跟学生们的关系很好，…学生们也［也］会觉得…上 = ［上］那个课…比较…合适。

例 17 中，被试在口语表达过程中遇到了严重的汉语生成障碍，出现了非常密集的非流利现象。经过三次重构修正后，被试终于找到了与自己的言语计划相接近的汉语表达形式。

第三节 汉语学习者口语表达自我修正的启动方式

于国栋（2008）在英语会话修正的研究中指出，突然停止、拖长音节、/uh//um/等填充词的使用在口语表达过程中，可以作为启动自我修正策略的启动方式。也就是说，我们在第三章所研究的内隐型自我监控行为导致的非流利现象，即非流利停顿、非流利重复和非流利拖腔现象具有启动外显型自我修正的功能。

笔者对口语测试语料中出现的 559 个非流利修正现象进行统计后，发现其中 343 个非流利修正现象具有明显启动标记，占总数的 61.36%。根据进一步的分析，本书将汉语学习者口语表达自我修正的启动方式划分为：非流利填充停顿、非流利无声停顿、非流利拖腔、非流利重复以及无明显启动方式的零启动。

一　由非流利填充停顿启动的自我修正现象

由于非流利填充标记具有延缓口语表达时间、缓解口语表达过程中心理压力，提示听者以及维持话轮的功能，部分会话修正的研究者又将其称为词汇搜索标记。非流利填充停顿，包括单独填充停顿、填充与填充停顿连用现象、填充与无声停顿连用现象作为非流利自我修正的启动方式，是汉语学习者在口语表达过程中遇到言语计划或言语生成障碍时，为计划修正后言语争取时间、维持话轮，保持口语表达顺利进行的一种方法。如：

例 18：老师的严格［严格］是一种方法，<u>那个那</u>（1.03）⊥＜B5＞老师<u>/e/…/e/</u>（0.8）⊥＜B4＞每个老师教育的一种方法，<u>/e/</u>（0.37）每［每］个人们＝<u>/a/还有</u>（0.75）⊥＜A2＞每个老师的品<u>/e/</u>（0.67）［品］德还有品（pìn）<u>/e/</u>⊥＜A1＞品（pǐn）质<u>/e/</u>都不一样。

例 18 中，被试在其口语表达中共出现了 4 次非流利自我修正现象，均是由含有填充标记的非流利停顿作为启动方式出现的。第一处是恰当解释修正，被试在表达完原言语内容后，认为对言语计划的内容传达不够充分，因此采取填充与填充连用的方式，在此处填充"那个，那"，为计划产出修正标记后的解释内容争取时间。第二处是补充修正，被试认为仅用"老师"这个词不足以传达其想表达的内容，因此通过填充与无声停顿连用的方式，在此处填充"/e/…/e/"，为提取修正标记后补充内容争取时间。第三处是错误词汇修正，表达者在此处出现词语提取障碍，将"老师"表达为"人们"，在监控到自己表达内容有误时，被试通过填充与填充连用的方式，填充"/a/还有"，为提取修正标记后的正确词汇争取时间。最后一个是语音错误修正，表达者在监控到自己口语表达中出现声调错误后，通过添加单独填充"/e/"，为修正正确声调争取较短的思考时间。

例19：第一个图片…（1.61）是…/en/（1.54）一个…（0.3）[一个] 乌鸦…/en/…（1.79）是在飞…（@ @）< F4A >…（3.8）⊥< A2 >正在＝飞，…（0.55）但是＝看起来有点渴。

例19出现在任务看图描述中，被试由于在图片描述过程中出现了较大的汉语生成障碍，导致在表达过程中频频出现非流利现象。在表达"乌鸦是在飞"后，被试监控到自己表达内容有误，但是短时间内没有找到合适的方法解决障碍，因此造成了长达3.8秒的非流利填充停顿。由于无法将表达继续，被试为了缓解自身心理压力，对测试人员尴尬地笑了一下，终于在他提取到合适的表达方式后，选择通过错误词汇修正的方式恢复语流。

根据前文中我们对不同类型非流利停顿现象在不同停顿时长内出现频次的考察得知，单独填充停顿主要出现在0.6秒以下的区间内，填充与填充停顿连用现象主要出现在0.6—1.2秒的区间内，填充与无声停顿连用的现象主要出现在0.6秒及以上的区间内。研究表明，不同时长的停顿其产生原因及功能都存在区别，汉语学习者会根据口语表达过程中所遇到言语计划或汉语生成障碍的严重程度，以及解决障碍所需要的时间，决定选择用何种填充停顿作为自我修正的启动方式。

二　由非流利无声停顿启动的自我修正现象

言语计划压力、汉语生成压力、对口语表达任务的不熟悉，甚至不同的口语表达环境都会对汉语学习者口语流利度造成影响。当学习者在口语表达过程中遇到言语计划障碍或言语生成障碍时，常常无法将表达内容顺利地进行下去，此时出现最多的就是无声停顿现象。学习者通过无声停顿的时间来努力调整言语计划、生成汉语表现形式。而这种非流利无声停顿，也可以作为自我修正现象的启动方式。根据无声停顿的停顿时长，我们可以判断学习者所遇到言语计划或汉语生成障碍的严重程度。值得注意的是，学习者除了在较长停顿中需要通过填充成分维持话轮外，虽然我们在研究过程中找到了不同停顿类型的出现原因、分布及功能的总体规律，但是对于使用填充停顿还是无声停顿来解决障碍，都是根据研究者自身习惯以及心理状态决定的。如：

例20：…（1.11）最大的［的］…（1.48）⊥ < B4 >对我来说，…（1.03）最大的是家庭。

例20出现在任务话题讨论的语轮转换处，由于言语理解、计划及生成这一过程需要较长的时间，由于这一过程分散了被试过多的注意力，导致其口语表达过程中出现了词汇提取障碍，造成了长达1.48秒的无声停顿。经过无声停顿后，被试决定通过补充修正的方式，补充内容"对我来说"来争取更多的词汇提取时间。

例21：…/e/…那个（2.08）他有…/e/ =（1.03）他的…（0.64）主意…（0.52）⊥ < B2 >他有观点，…那个…那个（1.74）他一定要…（0.38）创造，［他一定（0.61）要那个（0.3）创造］［创造］能力，…（0.63）这个更重要。

例21中，被试在口语表达过程中出现了词汇提取障碍，在"主意"和"观点"之间不知道如何选择，因此在表达"主意"后，经过0.52秒的思考，他决定用恰当替换的方式将两个词都表达出来，供听者选择。

三 由非流利拖腔启动的自我修正现象

根据对非流利拖腔分布位置及出现频次的研究我们得知，口语测试语料库中有68.5%的非流利拖腔现象是与非流利停顿现象同时出现的。在非流利修正前单独出现非流利现象的情况只出现了28

次。出现拖腔的原因主要是被试在口语表达中尽量避免出现无声停顿的目标而造成的。其单独出现时与较短的非流利填充停顿功能相似。而由单独拖腔行为启动的自我修正，我们则可以猜测被试在此处遇到的障碍较小，解决速度较快。如：

例22：…（0.94）那时候，…（0.37）老师严…（0.51）［严］不严格无所谓，因为他自己已经知道…（0.47）怎么对生活＝⊥＜A2＞怎么对待生活。

例22中被试在口语表达过程中，监控到词汇使用错误，通过拖腔的方式将音节"活"的发音长度拖至0.5秒以上，为提取修正标记后正确词语争取少量的时间。

四　由非流利重复启动的自我修正现象

前瞻性重复现象由于具有延缓口语表达时间的功能，也可以作为自我修正的启动方式。在遇到较大的言语计划障碍时，部分被试会选择停顿和重复连续出现的方式尝试将表达进行下去。若无法继续进行时，被试会在最后一次重复后通过重构修正的方法转换表达方式，尝试恢复语流。非流利重复作为自我修正的自启方式，常与非流利停顿共同出现，很少单独使用。如：

例23：上课的时候，…（0.45）我［我］［我］跟…（0.47）⊥＜C＞我认真学习，…（0.32）每天［每天］好好学习，但是…（0.31）他也不［不］理［不理］我。

例23中，被试出现了汉语生成障碍，在经过两次重复后仍然无法将口语表达进行下去，经过0.47秒的停顿后，放弃原有表达，启动重构修正，重新计划口语表达内容。

五　零启动自我修正现象

零启动自我修正现象指的是汉语学习者在进行自我修正前未出现非流利启动标记的修正现象。根据对本次语料的统计与分析，共出现了216处零启动自我修正现象，占非流利自我修正总数的

38.64%，这说明参与本次实验被试具有较高的即时修正能力。刘佳音（2016）在自启式自我修正启动方式的研究中指出零启动多于词语替换、重构、重复等修正策略。如：

例 24：然后…（0.82）可能是⊥＜B2＞如果⊥＜B2＞对我来说，我不会学习。

例 25：其他的家人/e/（0.44）应该/e/（0.42）他们的/si/（0.36）每个＝那个行（xíng）⊥＜A1＞行（xìng）⊥＜A1＞行（xíng）为的/e//e/（0.49）⊥行（xíng）为/e/＝…（0.94）考虑考虑。

例 24 中，被试在句首处出现了关联词提取障碍，不知道如何连接下文，因此只能通过替换的方式不停尝试，在经过两次关联性质成分替换后，完成了零启动自我修正。例 25 中，被试出现了语音提取障碍。部分被试会在出现语音提取障碍时，采取不停替换尝试的方法进行错误语音修正。此处，被试在经过两次错误语音修正后，完成了零启动自我修正。

第四节　不同任务中的非流利自我修正现象

本书根据对口语测试语料的统计与分析，对回答问题、话题讨论以及看图描述 3 种不同任务中非流利停顿现象的出现频次进行考察（见表 4—5）。

表 4—5　　　　　　不同任务中非流利自我修正现象统计

类型	总音节数	出现次数	出现频次
回答问题	6611	186	2.81
话题讨论	7935	224	2.82
看图描述	4168	149	3.57

根据表4—5我们可以看出，非流利自我修正现象在任务看图描述中出现频次最高，出现频次为百音节3.57次；其次是话题讨论，出现频次为百音节2.82次；最后是回答问题，出现频次为百音节2.81次。由于任务话题讨论是交际型任务，汉语学习者没有准备时间，因此出现修正的频次略高于任务回答问题。与其他非流利现象在不同任务中的出现频次的规律相同，从不同任务中非流利自我修正现象的出现频率角度仍可以证明，任务看图描述是3个任务当中最难完成的。而回答问题与话题讨论则根据其题型特点，在不同非流利现象的考察中出现频次排名略有不同。

第五节　本章小结

本章从外显型自我监控行为的角度对汉语学习者自我修正现象进行了界定，并在 Levelt（1983）和 Kormos（1999）对自我修正现象分类体系的基础上，从表现形式的角度，将外显型非流利自我修正现象划分为错误修正、恰当修正以及重构修正，三大类型具体分析。根据对各类型自我修正现象的出现频次进行了考察发现，汉语学习者口语表达过程中出现频次最高的修正类型为恰当修正，其次是错误修正，最后是重构修正。在小项中排名前三的非流利自我修正现象是：恰当插入修正、重构修正以及错误词汇修正。

通过对非流利自我修正的启动方式进行了考察与分析，我们发现，内隐型自我监控行为导致的非流利现象，即非流利停顿、非流利重复和非流利拖腔现象具有启动外显型自我修正的功能。笔者对口语测试语料中出现的559个非流利修正现象进行统计后，发现其中343个非流利修正现象具有明显启动标记，占总数的61.36%。

本章对不同任务中非流利自我修正现象的出现频次进行了考察与分析，研究结果表明非流利自我修正现象在任务看图描述中出现频次最高，其次是话题讨论，最后是回答问题。与其他非流利现象在不同任务中的出现频次的规律相同，从不同任务中非流利自我修正现象的出现频率角度仍可以证明，对于汉语学习者来说，任务看图描述是3个任务当中最难完成的。

第 五 章

口语流利度量化测评

在对汉语学习者的口语考试进行评分过程中,以及与汉语教师进行经验交流的过程中,笔者发现,一直以来,汉语教师很难对汉语学习者的口语成绩进行非常严谨、客观的评价。特别是对于没有经验的新手教师来说,由于经验不足,在评分的过程中常常"感情用事",导致口语成绩难以如实反映出汉语学习者口语表达能力的真实水平。虽然近年来,越来越多的学者专注于口语流利度的量化研究,但是目前的研究成果仍未形成可信度较高的普适性口语流利度评分标准。

在本章中,我们将在参考拥有多年教学经验的成手教师评分的前提下,结合前文中对口语测试语料中非流利现象的研究结果,尝试对高级阶段汉语学习者口语流利度进行量化测评,获得口语流利度量化测评得分。同时,希望本书所选取的测量指标和测量方法可以为今后口语测试等主观性测试的客观化评分提供一定的参考依据。

第一节 口语流利度量化测评各项指标的界定

一 时间性指标的界定

时间性指标作为衡量二语口语流利度最重要的量化指标,一直以来在口语流利度的研究领域中受到学者们广泛的关注。"时间性指标"这一概念最初出现于20世纪50年代的心理语言学研究领域中，主要应用于母语口语表达的心理过程研究中，用来阐释停顿的功能。Dechert & Raupach（1980a）和 Towell（1987）等一些研究者将这一指标引入二语习得的研究中。目前，语速（Speaking Rate）、停顿次数（Pause）等指标已经成为二语习得研究领域对学习者进行口语流利度量化测量时，最为常用的指标。

在口语流利度的研究过程中，对非流利停顿概念的界定，决定了绝大部分时间性指标的计算方式。需要注意的是，Towell 等人（1996）指出如果将停顿的时间阈值设置得过低，将很难对停顿现象和其他现象加以区分，例如爆破音等；相反如果设置得过高，则有可能造成停顿时间的大量遗漏。我国二语口语流利度研究领域中，学者张文忠（2002）、郭秀敏（2005）和缪海燕（2009）等人均采用了 Raupach（1980）的界定，把停顿的时间阈值界定为发生于句内或句间的0.3秒及以上的间歇。部分学者在研究的过程中，将非流利填充停顿作为非流利填充现象，仅从非流利现象的角度对其单独进行研究，计算停顿时长的时候并不将其发音时间计入停顿时长内。例如，马冬梅（2012）对非流利现象分类体系的研究中，将非流利填充语、非流利停顿、非流利重复以及非流利自我修正现象统称为简单非流利现象。笔者最初在研究的过程中，认为既然汉语学习者在口语表达过程中，为不使语流暂停做出了努力，那么我们应该尊重其意愿，不将填充标记的发音时间记录在停顿时长内。但是在此项量化测评中，经过反复试验，试验数据证明，对于非流利停顿标记的研究，仍应该保持在时间层面上。由于其填充内容不具有实际意义，因此如果将非流利填充标记算入表达性指标进行测量，其作为表达性指标的内部一致性较低，并且与总分不具有相关性。若将非流利填充停顿与无声停顿的时长共同算入时间性指标的研究范畴，时间性指标则呈现出显著的内部一致性，并且与总分具有显著的相关性。

因此，根据本书第三章对非流利停顿现象的界定，在本次口语流利度测评中，将非流利停顿现象界定为 0.3 秒及以上的，在言语表达过程中导致语流暂停并使听者明显感知和识别的无声期，或以对言语理解无意义的"e""en"等非词汇音节、"那个""然后"等有意义词汇、功能性短句以及笑声等其他内容填充的有声期，或由无声停顿伴随填充音或词语等重复组成的停顿现象。

确定了对停顿的概念进行界定以后，笔者借鉴国内学者张文忠（2002）、翟艳（2011）等学者对时间性指标的总结，提出本次口语流利度测评的 5 项时间性指标及其计算方法，具体如下：

（1）语速（Speaking Rate）：言语样本的总音节数和表达该样本的时间总量（包括停顿在内，以秒为单位）之比；

（2）发音速度（Articulation Rate）：言语样本的总音节数与用于表达这些音节的时间总量（除去停顿）之比；

（3）发音时间比（Phonation/ Time Rate）：用于发音的时间总量（除去停顿）与用于表达该言语样本所需的时间总量之比；

（4）平均停顿时长（Average Length of Pause）：所有 0.3 秒及以上的停顿的总时间与停顿次数（除去话轮首尾停顿）之比；

（5）平均语流长（Mean Length of Runs）：所有每两次 0.3 秒及以上停顿之间的语流平均长，表示为言语样本的音节总数与所有 0.3 秒及以上停顿总次数（除去首尾）之比。

其中非流利拖腔现象对汉语学习者口语流利度的影响，体现在发音速度上，若出现非流利拖腔现象的频次过高，其发音速度则相对较长。而非流利停顿现象对学习者口语流利度的影响则从有效发音时间比、平均停顿时长以及平均语流长 3 项进行研究。其中言语样本的音节总数指的是言语样本中，包括具有传递信息功能的有意义的音节数和无意义的填充标记音节数在内的总音节数。

二 表达性指标的界定

表达性指标主要考查的是口语表达者在自我监控的过程中，对所表达内容的语言形式或内容进行的重复或更改行为。Foster & Skehan（1996）对更改作了如下分类：（1）改述：重复说出词组或句子，但重复时对句法、词形或词序有所改动。（2）替代：用一个新的词语取代一个刚说出的词语。（3）重复：在不对句法、词形或词序做任何改动的情况下，将刚说出的单词、词组或句子重说一遍。（4）犹豫：在一次性说出完整的单词之前，一次或多次发出该单词的首个或几个音素或音节。（5）错误起始：话没有说完但不顺着已经说出的内容继续说下去，其后可以有也可以没有改述。郭修敏（2005）沿用了这一分类，同时他指出，在汉语作为第二语言口语表达测评中应用这些指标时应考虑到汉语的语言特点。在总结前人的研究成果基础上，根据本书的研究内容对表达性指标所考察的内容重新进行了分类，包括本书第三章和第四章所研究的非流利重复现象，以及非流利自我修正现象。

具体到二语口语流利度的表达性量化指标，郭修敏（2005）在张文忠（1999）研究的基础上又进行了延伸，提出了三项表达性指标用来衡量被试对其口语表达做出更改的次数、幅度和效率。具体如下：

（1）总更改次数与总音节数之比：表示为全部更改频数与该言语样本总音节数之比；

（2）剔除音节数与总音节数之比：表示为全部更改行为中所剔除的音节数与该言语样本总音节数之比；

（3）更改行为有效性：正确有效的更改行为与全部更改行为之比。

笔者认为更改行为是否有效，与口语流利度并不存在直接的关系，因此，在总结前人研究的基础上，决定选用每百音节修正及重复现象出现次数，以及修正及重复现象所剔除音节数与总音节数之比，共两项指标作为本次口语流利度量化测评的表达性指标。

最终根据前人的研究成果以及上文对各项指标的界定，本研究将选用两大类，共7项指标，对汉语学习者口语流利度进行量化测评，现汇总见表 5—1。

表 5—1　　　　　　　口语流利度量化测量指标

分类	名称	计算方法
时间性指标	（1）语速	言语样本的总音节数和产出该样本的时间总量（包括停顿在内，以秒为单位）之比
	（2）发音速度	言语样本的总音节数与用于产出这些音节的时间总量（除去停顿）之比
	（3）有效发音时间比	用于发音的时间总量（除去停顿）与用于产出该言语样本所需的时间总量之比
	（4）平均停顿长	所有达到或超过 0.3 秒停顿的时间总量与停顿次数（除首尾外）之比
	（5）平均语流长	言语样本的总音节数与所有达到或超过 0.3 秒停顿的总次数（除首尾外）之比
表达性指标	（6）修正及重复现象的出现频率	非流利修正及重复现象的出现次数与该言语样本总音节数之比
	（7）剔除音节数与总音节数之比	非流利修正及重复现象中所剔除的音节数与该言语样本总音节数之比

第二节　实验数据处理

通过执行实验一的实验过程，我们得到了 20 位被试的原始数据。下文中，我们将对实验收集到的数据进行统计学计算，得出被试口语流利度的分数。并对其结果进行分析。

一　原始分数转换

在计算所选用的 7 项流利度指标时，各项指标的计算方法各不相同，因此所得原始分数的单位也是不同的。显然不能通过直接求和的方式计算总分，也不能直接在各项指标间进行比较。在教育统计学的研究过程中，T 分数作为教育统计学中常用的一种导出分数，是将原始分数与平均数的距离以标准差为单位表示出来的量表，它以 50 为平均数，15 为标准差。具有单位等距，全为正整数，不同测试的 T 分数可比、也可加权求和等优点。其基本单位是标准差，所以也叫标准分数。

因此，本次实验将原始分数通过统计学运算的方式转换为 T 分数，再将这 7 项 T 分数相加得到被试的流利度总分。从而实现对被试个体在不同流利度指标下得分的比较，也能够在被试间进行口语流利度水平的直接比较。

二 异向分数的处理

本书选取的 7 项指标中，在部分指标上，被试的得分与被试的流利度水平呈正相关，例如，被试在"有效发音时间比"一项上的得分与被试的流利度水平就是正相关的，换句话说，被试在这一指标上的得分越高，所反映的流利度水平也就越高。相反，在另一部分指标上，被试的得分与被试的流利度水平呈负相关，例如"平均停顿时长"一项上，被试在这一指标中的得分越高，所反映的流利度水平就越差。显然这两类分数是不能直接相加的。因此，我们将与流利度水平呈负相关的指标进行逆向处理，就是在计算过程中，先将负相关的分数记为负数，然后再导出该负数的 T 分数。

在本次口语流利度量化测评中，"平均停顿时长""每百音节更改次数"以及"剔除音节数与总音节数之比"3 项指标是与被试的流利度水平呈负相关的。下文中的评分结果中，我们可以看到，这三项指标当中，原始分数越高的，其导出的 T 分数就越低。显然，这种处理方法实现了异向分数的统一，并且对数据的统计不造成影响。

三 评分结果

在计算评分结果的过程中，首先，将 20 名被试编码，记为 S1、

S2、S3、S3……S20,并将其在 7 项流利性指标上的原始分数记为 RAW01、RAW02、RAW03……RAW07;其次,将各项指标导出的 T 分数记为 TS01、TS02、TS03……TS07;最后,将流利度总分记为 TS。现列出 20 名被试在各项流利度指标中的原始分数(见表 5—2)以及导出分数(见表 5—3)。

表 5—2　　　　　　　　被试口语流利度原始分数

	RAW01	RAW02	RAW03	RAW04	RAW05	RAW06	RAW07
S1	2.930	3.800	0.700	−0.798	7.786	−0.134	−0.180
S2	2.123	3.498	0.529	−1.064	4.800	−0.093	−0.118
S3	2.684	3.979	0.604	−0.952	6.449	−0.048	−0.071
S4	2.889	4.236	0.645	−0.819	6.665	−0.092	−0.183
S5	2.666	3.811	0.674	−1.036	8.480	−0.066	−0.124
S6	2.496	3.614	0.634	−1.126	7.680	−0.051	−0.108
S7	2.205	3.356	0.604	−0.955	5.317	−0.082	−0.153
S8	2.282	3.455	0.597	−1.010	5.716	−0.082	−0.126
S9	2.626	4.225	0.570	−0.913	5.570	−0.102	−0.184
S10	3.432	3.812	0.681	−0.817	8.775	−0.127	−0.160
S11	3.439	4.167	0.703	−0.920	10.644	−0.044	−0.126
S12	1.983	3.033	0.635	−1.159	6.287	−0.110	−0.183
S13	2.203	4.313	0.463	−1.158	4.750	−0.037	−0.072
S14	2.768	3.996	0.608	−0.973	6.869	−0.120	−0.163
S15	3.211	4.289	0.727	−0.740	8.707	−0.055	−0.109
S16	2.490	4.001	0.546	−1.111	6.087	−0.060	−0.105
S17	3.143	4.023	0.654	−0.768	6.981	−0.044	−0.084
S18	2.460	3.916	0.521	−1.089	5.594	−0.076	−0.151
S19	2.906	4.017	0.657	−0.812	6.872	−0.107	−0.155
S20	2.950	4.190	0.613	−0.865	6.600	−0.098	−0.160

表5—3　　　　　　　　　　　被试口语流利度导出分数

	TS1	TS2	TS3	TS4	TS5	TS6	TS7	TS
S1	58.36	46.23	68.09	67.24	59.58	23.43	31.88	354.82
S2	29.74	33.12	30.30	37.89	29.60	44.29	57.14	262.08
S3	49.64	54.01	46.83	50.28	46.16	66.56	76.57	390.04
S4	56.89	65.20	55.96	64.93	48.33	44.85	30.85	367.02
S5	48.99	46.73	62.43	40.94	66.55	57.76	54.83	378.23
S6	42.96	38.14	53.57	31.10	58.52	65.06	61.49	350.83
S7	32.67	26.94	46.83	49.92	34.79	49.75	43.00	283.90
S8	35.39	31.22	45.22	43.81	38.80	49.57	53.79	297.80
S9	47.57	64.73	39.26	54.58	37.34	39.62	30.17	313.27
S10	76.16	46.75	63.85	65.17	69.51	27.28	40.20	388.92
S11	76.40	62.20	68.79	53.79	88.29	68.72	54.01	472.20
S12	24.78	12.90	53.63	27.44	44.54	35.72	30.84	229.85
S13	32.58	68.53	15.51	27.47	29.10	72.53	76.03	321.75
S14	52.62	54.75	47.73	47.94	50.38	30.56	38.77	322.74
S15	68.33	67.49	74.16	73.62	68.83	63.15	60.91	476.50
S16	42.74	54.99	33.92	32.74	42.52	60.58	62.65	330.15
S17	65.91	55.92	58.01	70.56	51.50	68.84	71.13	441.87
S18	41.69	51.26	28.44	35.10	37.58	52.89	43.82	290.77
S19	57.52	55.66	58.55	65.72	50.40	37.00	42.00	366.85
S20	59.06	63.21	48.91	59.81	47.68	41.78	39.96	360.40

第三节　信度检验

一　计算方法

信度指的是测量的可靠性，也就是测量结果的一致性和稳定性

(邱皓政，2009）。[①] 在经典测试理论中，Cronbach's alpha 系数是被广泛运用的一种信度估计值。本次口语流利度量化测评中，首先计算了时间性指标、表达性指标以及全部 7 项量化指标的 Cronbach's alpha 系数（以下称 α 系数），以检验整个测量方法的内部一致性信度。其次还对各类指标、各单项指标与总分间的相关性进行了运算，分析各个单项指标间和两大类指标间的一致程度。

二 计算结果与分析

（一）内部一致性信度

本研究采用统计分析软件 SPSS 24.0 进行内部一致性信度检验，结果见表 5—4。

表 5—4　　　　　　　　　　内部一致性信度检验

类别	时间性指标	表达性指标	全部指标
α 系数	0.858	0.914	0.728

学界普遍认为，内部一致性系数大于 0.70 时，可以认为量表有较高的可靠性。在表 5—4 中我们可以看到，本次口语流利度表达量化测评中全部项目的总体 α 系数为 0.728，其中时间性指标的 α 系数为 0.858，表达性指标的 α 系数为 0.914，均属于高信度水平。

（二）两类指标与总分之间的相关性

首先，我们将被试在时间性指标和表达性指标上的得分（T 分数）分别记为 TST 和 TSP，总分记为 TS（见表 5—5）；然后，计算两类指标与总分（TS）间的相关性（结果见表 5—6）。

---

① 邱皓政：《量化研究与统计分析——SPSS 中文视窗版数据分析范例解析》，重庆大学出版社 2009 年版。

表 5—5　　　　　　　　被试口语流利度情况

	TST	TSP	TS
S1	299.51	55.31	354.82
S2	160.65	101.43	262.08
S3	246.91	143.13	390.04
S4	291.31	75.71	367.02
S5	265.64	112.59	378.23
S6	224.29	126.55	350.83
S7	191.15	92.75	283.90
S8	194.44	103.37	297.80
S9	243.47	69.79	313.27
S10	321.44	67.48	388.92
S11	349.47	122.73	472.20
S12	163.29	66.56	229.85
S13	173.20	148.55	321.75
S14	253.41	69.33	322.74
S15	352.44	124.06	476.50
S16	206.92	123.23	330.15
S17	301.90	139.97	441.87
S18	194.07	96.71	290.77
S19	287.85	79.00	366.85
S20	278.66	81.74	360.40

表 5—6　　　　　　两类流利度指标得分及总分的相关性

		TST	TSP	TS
TST	皮尔逊相关性	1	-0.066	0.897**
	显著性（单尾）	—	0.392	0.000
	个案数	20	20	20
TSP	皮尔逊相关性	-0.066	1	0.382*
	显著性（单尾）	0.392	—	0.048
	个案数	20	20	20

续表

		TST	TSP	TS
TS	皮尔逊相关性	0.897**	0.382*	1
	显著性（单尾）	0.000	0.048	—
	个案数	20	20	20

注：** 在 0.01 置信水平（单尾），相关性显著。
* 在 0.05 置信水平（单尾），相关性显著。

从两类指标与总分间的相关分析结果（见表5—6）可以看出，时间性指标和表达性指标与总分之间均呈显著的正相关关系。其中，时间性指标与总分的相关程度最高，在 0.01 置信水平上相关性显著，相关系数为 0.897；表达性指标在 0.05 置信水平上与总分显著相关，相关系数为 0.382。基于这一结果，笔者判断时间性指标在本次测评中是可靠性最高的，表达性指标次之。

（三）各单项指标间及与总分间的相关性

本小节计算了各单项指标间的相关性，以及每项指标与总分间的相关性，检验结果如下：

表 5—7　　　　　各单项指标间的相关性

		TS01	TS02	TS03	TS04	TS05	TS06	TS07	TS
TS01	皮尔逊相关性	1	0.595**	0.694**	0.792**	0.785**	-0.036	-0.052	0.876**
	显著性（单尾）	—	0.003	0.000	0.000	0.000	0.440	0.414	0.000
	个案数	20	20	20	20	20	20	20	20
TS02	皮尔逊相关性	0.595**	1	0.009	0.434*	0.210	0.282	0.194	0.632**
	显著性（单尾）	0.003	—	0.485	0.028	0.187	0.114	0.206	0.001
	个案数	20	20	20	20	20	20	20	20
TS03	皮尔逊相关性	0.694**	0.009	1	0.669**	0.845**	-0.187	-0.247	0.646**
	显著性（单尾）	0.000	0.485	—	0.001	0.000	0.216	0.147	0.001
	个案数	20	20	20	20	20	20	20	20

续表

		TS01	TS02	TS03	TS04	TS05	TS06	TS07	TS
TS04	皮尔逊相关性	0.792**	0.434*	0.669**	1	0.437*	-0.251	-0.229	0.663**
	显著性（单尾）	0.000	0.028	0.001	—	0.027	0.143	0.166	0.001
	个案数	20	20	20	20	20	20	20	20
TS05	皮尔逊相关性	0.785**	0.210	0.845**	0.437*	1	0.056	-0.030	0.765**
	显著性（单尾）	0.000	0.187	0.000	0.027	—	0.408	0.450	0.000
	个案数	20	20	20	20	20	20	20	20
TS06	皮尔逊相关性	-0.036	0.282	-0.187	-0.251	0.056	1	0.841**	0.393*
	显著性（单尾）	0.440	0.114	0.216	0.143	0.408	—	0.000	0.043
	个案数	20	20	20	20	20	20	20	20
TS07	皮尔逊相关性	-0.052	0.194	-0.247	-0.229	-0.030	0.841**	1	0.340
	显著性（单尾）	0.414	0.206	0.147	0.166	0.450	0.000	—	0.071
	个案数	20	20	20	20	20	20	20	20
TS	皮尔逊相关性	0.876**	0.632**	0.646**	0.663**	0.765**	0.393*	0.340	1
	显著性（单尾）	0.000	0.001	0.001	0.001	0.000	0.043	0.071	—
	个案数	20	20	20	20	20	20	20	20

注：** 在 0.01 置信水平（单尾），相关性显著。
* 在 0.05 置信水平（单尾），相关性显著。

从各单项指标的相关性（见表5—7）上来看，时间性指标的五个单项之间有80%以上都存在显著相关性，其中有60%的相关系数在0.01置信水平上显著。同时各单项与总分间也均存在0.01置信水平上的显著相关。在表达性指标中，两个单项指标间在0.01置信水平上有显著的相关性，相关性系数为0.841，其中"修正与重复出现频次"与总分在0.05置信水平上显著相关，显著性系数为0.393。而"剔除音节数与总音节数之比"与总分呈低相关。这一结果也印证了前文分析中，时间指标在测评中是可靠性最高的判断。关于信度检验的结果，作如下讨论：

Lado（1961）指出，词汇、语法和阅读理解的测验，信度系数大于0.90时，可以认为是可靠、优秀的，听力测验信度系数应大于

0.80，而口语测验的信度系数达到 0.70 以上就可以认为是可靠性较高的测验。显然，本次测验的内部一致性信度系数为 0.728，属于可靠的口语测验信度系数范围内。但同时我们注意到，"剔除音节数与总音节数之比"与总分呈低相关。对于这一现象的产生原因，我们将在效标效度检验结束后，综合效标效度检验结果进行分析。

第四节　效标效度检验

一　效标的选取

效标关联效度（criterion - related validity）又称实证效度，是以测验分数和特定效标（validity criterion）之间的相关系数来评价测量工具有效性的高低。效标是用以检验效度的参照标准。一个好的效标必须具备以下四个条件：一是有效性，能有效反映测验所要测量的目标；二是可靠性，不随时间、环境等各种因素变化；三是可操作性，必须可以观察和测量，无法获取的效标再好也起不到作为测验参考的作用；四是实用性，测量效标应该尽量省时、省力。根据这几个条件，本书拟选取以专家对被试汉语口语表达流利程度的整体评价为效标。

具体来说，笔者邀请了 3 位具有多年汉语口语教学经验的成手教师听取 20 名被试的录音，根据本书对流利度的界定，对被试的流利度水平做出评价，并且以排名的形式呈现。需要注意的是，这里我们要求不出现分数相同的情况，也就是说必须区分出 20 名被试的口语流利度水平的高低。然后以三名成手教师的主观评价作为校标，分析与前文计算出的被试的时间性指标得分（ZTT）、表达性指标得分（ZTP）以及总分（ZT）之间的相关程度，以此来判定本实验选取的流利度量化测评方法的效标关联程度。

二　检验结果与讨论

笔者将 3 位专家给出的评价结果编号，记为 PROA、PROB、PROC。并且将这一结果转化为 T 分数，用来与被试的客观量化成绩进行直接比较。首先笔者计算了 3 位专家给出的结果之间的 Kendall 协同系数，W=0.902。证明了 3 名专家之间具有较高的一致性，也就是说 3 名专家对流利度的评价标准基本一致，因此可以认为 3 名专家给出的流利度水平排名是稳定、可靠的。然后笔者计算了时间性指标得分、准确性指标得分和总分与这一效标的相关性。结果见表 5—8。

表 5—8　　专家 A 给出成绩与客观量化成绩的相关性

			TST	TSP	TS	PROA
斯皮尔曼 Rho	TST	相关系数	1.000	-0.077	0.900**	-0.806**
		显著性（单尾）	—	0.374	0.000	0.000
		个案数	20	20	20	20
	TSP	相关系数	-0.077	1.000	0.297	-0.391*
		显著性（单尾）	0.374	—	0.102	0.044
		个案数	20	20	20	20
	TS	相关系数	0.900**	0.297	1.000	-0.948**
		显著性（单尾）	0.000	0.102	—	0.000
		个案数	20	20	20	20
	PROA	相关系数	-0.806**	-0.391*	-0.948**	1.000
		显著性（单尾）	0.000	0.044	0.000	—
		个案数	20	20	20	20

注：** 在 0.01 置信水平（单尾），相关性显著。
　　* 在 0.05 置信水平（单尾），相关性显著。

表5—9　　专家B给出成绩与客观量化成绩的相关性

			TST	TSP	TS	PROB
斯皮尔曼 Rho	TST	相关系数	1.000	-0.077	0.900**	-0.800**
		显著性（单尾）	—	0.374	0.000	0.000
		个案数	20	20	20	20
	TSP	相关系数	-0.077	1.000	0.297	-0.381*
		显著性（单尾）	0.374	—	0.102	0.048
		个案数	20	20	20	20
	TS	相关系数	0.900**	0.297	1.000	-0.941**
		显著性（单尾）	0.000	0.102	—	0.000
		个案数	20	20	20	20
	PROB	相关系数	-0.800**	-0.381*	-0.941**	1.000
		显著性（单尾）	0.000	0.048	0.000	—
		个案数	20	20	20	20

注：** 在 0.01 置信水平（单尾），相关性显著。
　　* 在 0.05 置信水平（单尾），相关性显著。

表5—10　　专家C给出成绩与客观量化成绩的相关性

			TST	TSP	TS	PROC
斯皮尔曼 Rho	TST	相关系数	1.000	-0.077	0.900**	-0.782**
		显著性（单尾）	—	0.374	0.000	0.000
		个案数	20	20	20	20
	TSP	相关系数	-0.077	1.000	0.297	-0.403*
		显著性（单尾）	0.374	—	0.102	0.039
		个案数	20	20	20	20
	TS	相关系数	0.900**	0.297	1.000	-0.909**
		显著性（单尾）	0.000	0.102	—	0.000
		个案数	20	20	20	20
	PROC	相关系数	-0.782**	-0.403*	-0.909**	1.000
		显著性（单尾）	0.000	0.039	0.000	—
		个案数	20	20	20	20

注：** 在 0.01 置信水平（单尾），相关性显著。
　　* 在 0.05 置信水平（单尾），相关性显著。

这里需要说明的是，由于专家对被试的口语流利度进行评价时，是按照流利程度的高低进行排名的，排名越高证明被试的口语表达越流利，那么将排名转换成 T 分数后的分值就越低，因此被试流利度测评的结果与专家的整体评价这一效标是负相关的。

从上述计算中可以看出，3 名专家给出的排名与被试的时间性指标得分和总分均在 0.01 置信水平上显著负相关，与被试的表达性指标在 0.05 置信水平上显著负相关。也就是说，专家们对被试口语流利度考察的侧重点均指向了时间性指标，这与前文对时间性指标可靠性最高的判断契合。因此，可以认为以专家总体评价为效标进行效标关联效度检验是可靠的。

三　关于信度与效度检验结果的讨论

综合信度和效度检验结果，我们可以看出，时间性指标与总分显著相关，其中每一项流利度指标均与总分在 0.01 置信水平上显著相关。同时，各单项指标间也存在较高的一致性。此外，在效标关联效度的检验中，时间性指标一项也与专家给出的流利度整体评价在 0.01 置信水平上高度相关。也就是说时间性指标在本次测评中的信度、效度均非常理想。此外，时间性指标中的各项指标都能够完全客观的给出量化数据，这也符合本次实验的设计初衷。因此，我们有充分的理由相信，时间性指标可以作为评价流利度的客观化评分的指标。

在表达性指标方面，通过信度检验我们可以看出表达性指标内部一致性较高，且在效标效度检验中，3 位专家给出的综合评价结果均和表达性指标呈显著相关，另外表达性指标内部两个单项指标间在 0.01 置信水平上显著相关。因此，对于"剔除音节数与总音节数之比"一项与总分间呈现低相关性的结果，我们作如下讨论：

虽然该项指标与其他 6 个单项指标一样，都可以客观量化，但是根据前文对本次实验一语料的分析中我们发现，该项指标的量化结果并不能真实反映被试的口语流利度水平。由于被试在口语表达过程中，同一次自我修正现象或重复现象可能只替换掉一个音节，也可能替换掉 10 个音节；同理，被试也可能由于表达过程中遇到了较大的阻碍，在同一句话中进行多次修正，虽然修正次数较多，但是剔除音节数较少；或是只进行了一次修正行为，却剔除掉了大量音节。也就是说，剔除音节数与修正及重复现象的出现次数并不一定成正比。由于这一项上的被试个体差异较大，且不具有规律性，因此，在本次口语流利度测评的过程中，应综合"剔除音节数与总音节数指标"和"百音节非流利重复及修正频次"两项指标，共同对口语流利度水平进行评价。

综上所述，本次高级阶段汉语学习者口语流利度量化测评呈现出了较为理想的实验结果。实验结果证明，本书所选取的 7 项口语流利度测量指标可以作为口语流利度客观化评分的评分依据。本次实验所得出的结论与预期相差较小，基本达到了我们对其进行研究的目的。通过与成手教师给出分数的效度对比研究，也证明本次口语流利度的量化测评方法在今后的汉语作为第二语言教学与研究工作中，可以作为汉语教师口语测评以及汉语教师能力培养的客观化依据，并为后续研究中制定更加完善、有效的普适性口语客观评分机制提供参考。

第五节　口语流利度量化测评个案分析

根据本次高级阶段汉语学习者口语流利度量化测评分析结果的排名，笔者从高中低 3 个分数段共选取了 3 名被试作为典型样本，将 3 名被试在口语表达过程中出现的非流利现象以及其在 7 项测评指标上的得分相结合，对 3 名被试的口语流利度进行对比分析。

一　典型样本的选取

经过对 20 名被试口语流利度的量化测评，我们得到了本次口语量化测评实验中，被试口语流利度客观化测评总分见表5—11。

表5—11　　　　　　被试口语流利度客观化测评总分

S1	S2	S3	S4	S5	S6	S7	S8	S9	S10
354.82	262.08	390.04	367.02	378.23	350.83	283.90	297.80	313.27	388.92
S11	S12	S13	S14	S15	S16	S17	S18	S19	S20
472.20	229.85	321.75	322.74	476.50	330.15	441.87	290.77	366.85	360.40

从表5—11我们可以看出，总评分最高者为被试S15，其总分为476.50分；总评分最低者为被试S12，其总分为229.85分，笔者选择将他们作为口语流利度对比分析的两个典型样本，记为SUBA、SUBC。另外，在得分中等水平的被试中，选取被试S4作为第3个典型样本，其总分为367.02分，记为SUBB。原因是该被试在本次口语流利度测评中的语速及表达完整性与其日常口语表达水平相当。

二　典型样本在各项流利度指标上的对比研究

我们将上文中所选择的3名典型被试口语表达样本在各项口语流利度指标上的原始分数列举如下（见表5—12）。

表5—12　　　　典型样本在各项口语流利度指标上的原始分数

分类	名称	SUBA	SUBB	SUBC
时间性指标	（1）语速	3.211	2.889	1.983
	（2）发音速度	4.289	4.236	3.033
	（3）有效发音时间比	0.727	0.645	0.635
	（4）平均停顿长	0.74	0.819	1.159
	（5）平均语流长	8.707	6.665	6.287
表达性指标	（6）重复与修正现象出现频率	5.5	9.2	11
	（7）剔除音节数与总音节数之比	0.109	0.183	0.183

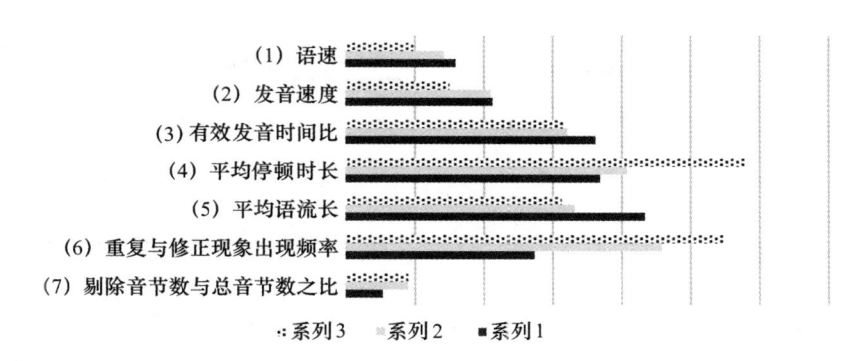

图 5—1　典型样本在各项口语流利度指标上的原始分数对比

为了更加直观地显示出 3 位被试在口语流利度各项指标上的差异，我们将表 5—12 绘制成条形图（见图 5—1）。需要说明的是，为便于观察，在制作图 5—1 的过程中，笔者将"有效发音时间比""平均停顿时长"和"剔除音节数与总音节数之比"这 3 项数据进行了等比放大处理（原数据的 10 倍），并不影响 3 名被试间的得分高低关系。

为了更加清楚地分析本次口语流利度客观化评分中三维被试口语流利水平在时间指标上得分差距较大的原因，我们将参考其口语表达过程中非流利停顿现象及非流利拖腔现象的出现频次（见表 5—13）对其进行分析。

表 5—13　　3 名被试口语非流利拖腔及停顿现象出现频次统计

类别	SUB A	SUB B	SUB C
拖腔频次	4.99	4.01	6.44
停顿频次	11.83	15.1	18.27
填充音节频次	3.25	5.41	2.94
每百音节停顿时长	8.5	12.29	18.43
0.6s 以下	1.16	2.28	5.03
1.6—1.2s	6.38	9.62	8.57
1.2—1.8s	2.32	2.45	4.1

续表

类别	SUB A	SUB B	SUB C
1.8s 以上	1.16	2.28	5.03
重复频次	2.32	2.14	6.12
修正频次	2.44	3.73	2.45

从图 5—1 我们容易看出，在本次口语流利度量化测评的各项测量指标的原始得分上，均呈现出被试 A 优于被试 B、被试 B 优于被试 C 的趋势。下面对 3 名被试在各项指标上的得分作如下讨论：

（一）时间性指标

1. 语速：结合表 5—12 及图 5—1，我们可以看出被试 C 的语速明显低于其他两位被试。其中被试 A 的语速约为 193 个音节/每分钟，被试 B 的语速约为 173 个音节/每分钟，被试 C 的语速约为 119 个音节/每分钟。经过计算得知被试 A 的语速是被试 C 的 1.6 倍，被试 B 的语速是被试 C 的 1.5 倍。换言之，被试 A 每分钟的口语表达约比被试 B 多 76 个音节，被试 B 则比被试 C 多 54 个音节。

2. 发音速度：结合表 5—12 及图 5—1，我们可以看出，被试 A 和被试 B 的发音速度相差不大，但都明显高于被试 C。通过计算我们发现，被试 A 和被试 B 在一分钟的有效样本时长内（除去停顿）比被试 C 多表达约 74 个音节。这可能和被试 C 严重的拖腔现象有关，其百音节拖腔现象的出现频次远高于其他两位被试。

3. 有效发音时间比：在这一项上成绩的优劣体现了被试在口语表达过程中将更多的时间用于言语产生还是言语计划上。根据表 5—12 我们可以看出，3 名被试的有效发音时间比分别为 72.7%、64.5% 和 63.5%。也就是说被试 A 的言语计划效率最高，其次是被试 B，最后是被试 C。结合表 5—13 我们可以看出，虽然被试 B 在前两项指标中得分较高，但是其百音节停顿现象的出现频率较高，为 15.1 次。并且根据填充音节频次我们可以看出，相对于对其他两人，其口语表达过程中出现了过多的无意义的填充成分，这都是造成其有效发音时间比较低的原因。

4. 平均停顿时长：根据表5—13我们可以看出，被试C出现非流利停顿现象的频次为百音节18.27次；每百音节的非流利停顿时长为18.43秒，是被试A的2.17倍；其在1.2—1.8秒以及1.8秒以上停顿时长区间内出现长停顿的频率也远高于其他两位被试。这也是造成其平均停顿时长远高于其他两位被试的原因。

5. 平均语流长度：本项主要考察的是被试口语表达过程中两次非流利停顿之间的连续语流长度。通过这一项可以很明显地看出，汉语学习者平均语流长度越长，其口语流利度水平越高。通过表5—12我们可以看出，被试A的平均语流长度为8.707，明显优于被试B的6.665和被试C的6.287，也证明了被试A的口语流利度最佳。被试B虽然在前4项的考察中得分较高，但是其在这一项上的得分较低，作者将在分析过表达性指标后，结合表5—13解释这一现象出现的原因。

（二）表达性指标

1. 重复与修正现象出现频率：结合表5—12和表5—13我们可以看出，被试A的出现频率为5.5，被试B的出现频率为9.2，被试C的出现频率为11。其中被试A口语表达过程中，百音节非流利重复现象出现的频次为百音节2.32，被试B为2.14，被试C为6.12；被试A百音节非流利修正现象出现的频次为百音节2.44，被试B为3.73，被试C为2.45。根据这些数据我们发现，相较于被试A和被试B，被试A口语表达过程中出现非流利重复的现象极高，但是由于其将大量的停顿时间用于言语计划和汉语生成上，其非流利修正现象的出现频率非常低，与被试A大致相同。而被试B虽然在口语表达过程中语速快，但是其汉语程序性知识以及陈述性知识的储备并不足以支持其口语表达速度，因此造成了大量非流利现象的出现。

2. 剔除音节数与总音节数的比：根据表5—12可以看出，被试A的剔除音节比为11%，被试B与被试C均为18%。这表示被试B与被试C在口语表达过程中对于表达内容的无效处理较多，而被试

A 的口语表达内容有效性较高。

综上所述，我们可以看出：

被试 A 具有较高的口语流利表达能力，在本次口语流利度测评的各项指标中，均获得了不错的成绩。

被试 B 虽然在口语表达过程中，语速与发音速度得分较高，但是由于其在表达过程中，言语计划与生成能力较低，但是出现了大量的非流利标记，造成其口语流利度在此次被试的排名处于中等。由于其停顿次数过于频繁，导致其非有效发音时间比相对较低，平均语流长较短。由于其口语表达过程中对于表达内容出现了过多的无效处理，导致剔除音节数与总音节数之比较高。

被试 C 在本次口语流利度客观化评分中，是最后一名。但是我们在分析数据的时候发现其填充音节频次与修正频次都很低，这主要由于被试 C 在口语表达过程中，消耗了大量的时间用语制定言语计划以及生成汉语，表达内容完全生成后，被试 C 才可以在非流利停顿现象中恢复语流。相较于被试 B 选择用填充停顿的方式延缓口语表达以及维持话轮，被试 C 更多情况下并不考虑口语表达的时间压力，因此在遇到较大的汉语生成障碍时，经常出现长时间的非流利无声停顿现象。当对于出现较轻的言语计划及生成障碍时，被试 C 更倾向于选取前瞻性重复的方式用于延缓口语表达时间。

第六节　本章小结

本章在前人研究的基础上，选取了时间性指标和表达性指标两类，共 7 项指标，对汉语学习者口语流利度进行了量化测评，并将各项指标中的原始分数转换为 T 分数进行相加，得出口语流利度客观化评分。

实验结果证明，本次实验所选取的 7 项口语流利度测量指标可以作为口语流利度客观化评分的评分依据。本次实验所得出的结论与预期相差较小，基本达到了我们对其进行研究的目的。通过与成手教师给出分数的效度对比研究，也证明本次口语流利度的量化测评方法在今后的汉语作为第二语言教学与研究工作中，可以作为汉语教师口语测评以及汉语教师能力培养的客观化依据，并为后续研究中制定更加完善、有效的普适性口语客观评分机制提供参考。

第六章

口语课堂焦虑情况调查及原因分析

在第二语言的学习过程中，部分学习者会因为担心自己表现不好或不被他人认同而产生紧张、不安、恐慌的情绪，这种焦虑情绪会直接影响第二语言的学习效果。还有一些学习者在课堂中学习认真，表达顺畅，但由于焦虑和紧张，在测试过程中的表现往往不尽如人意。语言研究者几乎一致认为，语言学习过程中的焦虑情绪是二语学习者在学习过程中遇到的最主要的障碍之一（Alrabai，2004；Wu，2010）。

根据前文中对语言焦虑相关文献的回顾以及个人访谈调查结果，我们将语言焦虑界定为在特定的第二语言教学情境中所产生的，与第二语言学习相关的一种情绪状态，主要表现为紧张、不安、恐惧等情绪反应。Arnold（2000）归纳了语言焦虑的4种迹象：一是出现回避现象，如上课迟到早退、不记得答案、假装不在意一些事情等；二是出现小动作，比如不停扭动、摆弄衣服或头发，抖腿或其他身体部位的动作等；三是出现身体不适，如身体疼痛，肌肉抽动等；四是过度努力，追求完美，以及回避社交或是对他人产生敌意等。

Horwitz等人（1986）在特定情境焦虑的理论基础上，设计了外语课堂焦虑量表（FLCAS），研究二语课堂学习的焦虑情况，在学界形成普遍认可。Mak（2011）通过对英语学习者的调查研究，证实了 FLCAS 的有效性，并指出口语焦虑、害怕负面评价、害怕不及格、与母语人士交流时的不舒服以及对二语课堂的消极态度是导致课堂口语焦虑的五大因素。根据 Tobias（1983）的观点，焦虑会干扰信息输入、加工和输出 3 个阶段，语言学习的 3 个阶段并非独立，每个阶段的运用都需要依赖前一阶段操作的成功完成，其中任何一个环节出了问题，整个学习过程都会受其影响。

本章我们将基于 FLCAS 设计问卷调查，与个人访谈相结合，探讨高级阶段汉语学习者口语课堂焦虑情况及其产生原因。

第一节　研究设计

一　研究目的

实验二的研究旨在探明高级阶段汉语学习者口语课堂焦虑情况及产生原因，围绕这个总体目标，主要为了回答以下几个问题：

1. 高级阶段汉语学习者是否存在口语课堂焦虑？
2. 高级阶段汉语学习者在口语课堂中存在哪方面焦虑现象？
3. 高级阶段口语课堂学习焦虑与初级、中级阶段是否相同？
4. 哪种特定情境会使高级阶段汉语学习者产生焦虑情绪？
5. 个体因素对汉语学习者口语课堂焦虑的影响有哪些？
6. 高级阶段口语课堂焦虑产生的原因是什么？
7. 汉语学习者缓解课堂焦虑的自我调整方式及课堂教学建议有哪些？

二　研究工具

（一）调查问卷

问卷分为两个部分：第一部分是《基本信息调查表》主要包括测试对象的姓名、性别、年龄、国籍、汉语水平、学习汉语年限等基本信息。第二部分是《汉语口语课堂焦虑量表》，该问卷以 Horwitz 和 Cope 等人 1986 年制定的《外语课堂焦虑量表》（FLCAS）[①]为蓝本，稍作修改，用 Likert 五级量表作为计分原则，要求被试根据自己的实际经验和真实感受选择一个合适的选项，选项具体分为完全同意、同意、不同意也不反对、不同意以及完全不同意。正面描述语言对应的分值为 5、4、3、2、1，反面描述语言对应的分值为 1、2、3、4、5。在此次量表中，第 2、5、8、11、14、18、22、28 及 32 题的题意为反向描述口语课堂焦虑，所以反向计分。根据被试的各个项目的分数计算代数和，得到总得分即为高级阶段汉语学习者口语课堂的焦虑指数，最低值 33，最高值 165，得分越高，表明口语课堂焦虑指数越高。在《汉语口语课堂焦虑量表》中，题目 1、3、4、9、13、14、18、20、24、27、29、32、33 用于测量交际恐惧，题目 2、7、15、19、23 和 31 用于测量负面评价焦虑，题目 8、10 和 21 用于测量口语考试焦虑，将无法归入上述 3 种焦虑范畴的实际感受记为"其他焦虑"，包括 5、6、11、12、16、17、22、25、26、28、30 题。

（二）个人访谈提纲

基于对问卷调查结果的分析，从课堂表现、口语课堂、口语表达以及调节方法，四个方面设计访谈提纲，具体问题如下：

1. 课堂表现方面

（1）你觉得口语课轻松吗，什么情况会让你觉得紧张？

（2）课上你愿意举手发言或主动参与课堂活动吗？

2. 口语课堂方面

（1）高级阶段的口语课堂和初、中级口语课堂的焦虑感受是否相同？

（2）哪些口语课堂活动会使你感到紧张？你更加喜欢哪种课堂活动？

[①] Horwitz, E. K., Horwitz, M. B. H. and Cope, J., "Foreign Language Classroom Anxiety", *Modern Language Journal*, Vol. 70, No. 2, 1986, pp. 125 – 132.

（3）在讲台、座位和考试三种情境中你的焦虑感受如何排序？

3. 口语表达方面

（1）你觉得你目前的口语表达水平和你期望的高级阶段口语表达水平有差距吗？

（2）你在紧张、害怕的时候，口语表现有什么不同？

（3）什么原因让你在口语表达过程中感到紧张？

（4）在口语表达过程中，你觉得准确度和流利度哪个更重要？

4. 调节方法方面

（1）如何调节和处理自己的焦虑情绪？

（2）你认为老师如何做可以更好地缓解学生的口语课堂焦虑现象？

三 研究程序

（一）问卷的发放与回收

问卷采用当面发放的方式，填写过程中要求被试仔细阅读指导语，然后根据自己的实际情况完成整个问卷，全部完成需时20—30分钟。共发放和回收20份试卷，回收率为100%，最后采用SPSS 23.0软件对相关数据进行统计分析。

（二）访谈的开展

个人访谈是在调查问卷统计和分析的基础上进行的，访谈对象为实验参与被试，共20名被试，每人约20分钟，通过录音和访谈记录表记录访谈内容，并在所有访谈结束后对访谈结果进行提炼和总结。

第二节 实验结果与分析

一 问卷调查结果与分析

（一）《汉语口语课堂焦虑量表》的信度检验

学界普遍认为，内部一致性系数大于0.70时，可以认为量表具有较高的可靠性。从表6—1我们可以看出，本次汉语口语课堂焦虑调查中焦虑度总体得分α系数为0.836。其中交际焦虑得分的α系数为0.783，考试焦虑得分的α系数为0.715，均属于高信度水平。负面评价恐惧得分的α系数为0.63，仍属于信度较好范围内。由于其他焦虑得分的α系数为0.488，信度较低，关于这一问题出现的原因我们将在下文中结合数据统计及访谈结果进行解释。

表6—1　　《汉语口语课堂焦虑量表》内部一致性信度

汉语口语课堂焦虑调查表	Cronbach's Alpha 系数值	个案数
总体得分	0.836	20
交际焦虑	0.783	20
负面评价焦虑	0.63	20
考试焦虑	0.715	20
其他焦虑	0.488	20

（二）高级阶段汉语学习者口语课堂焦虑的总体情况

根据研究问题，按照焦虑指数由高到低的顺序对20名被试进行重新编码，记为S1′、S2′…S20′（见表6—2）[①]。本次口语课堂焦虑调查得分最高值为113分，最低值为76分，平均值为96.5分，标准差为12.25。

---

① 需要说明的是，在此仅改变被试编码顺序，对口语流利度的分析结果不产生影响。与第五章原编码对应如下：

S1′—S14	S5′—S16	S9′—S19	S13′—S5	S17′—S11
S2′—S1	S6′—S13	S10′—S6	S14′—S18	S18′—S17
S3′—S2	S7′—S12	S11′—S10	S15′—S4	S19′—S9
S4′—S7	S8′—S8	S12′—S20	S16′—S3	S20′—S5

表 6—2　　　　　高级阶段汉语学习者口语课堂焦虑值情况

序号	S1′	S2′	S3′	S4′	S5′	S6′	S7′	S8′	S9′	S10′
国籍	蒙古国	蒙古国	韩国	蒙古国	蒙古国	韩国	刚果（布）	蒙古国	蒙古国	蒙古国
性别	女	男	女	女	女	男	女	女	女	女
年龄	22	22	25	23	38	26	25	25	23	22
得分	113	112	112	109	109	107	103	102	99	97
序号	S11′	S12′	S13′	S14′	S15′	S16′	S17′	S18′	S19′	S20′
国籍	朝鲜	印尼	贝宁	朝鲜	贝宁	俄罗斯	朝鲜	蒙古国	尼日利亚	贝宁
性别	男	男	男	男	男	男	男	女	男	男
年龄	36	29	27	37	27	22	29	34	30	24
得分	97	97	93	93	91	84	80	80	76	76

表 6—3 是本书研究结果与其他学者（张莉，2001；吴庆玲，2012；贾亚妮，2015；秦莉杰，2016）使用 FLCAS 对汉语二语学习者课堂焦虑进行测量的研究结果比较。

表 6—3　　　　　　　汉语学习者课堂焦虑度对比

	极小值	极大值	平均值
问卷设计总分	33	165	99
本书	76	113	96.5
张莉	66	147	98.5
吴庆玲	48	155	99
贾亚妮	51	101	73.3
秦莉杰	55	128	92.4

根据表 6—3 对比分析我们可以看出，参与本次实验的高级阶段汉语学习者对于口语课堂学习虽然因为汉语水平较高，未出现非常焦虑的情况，但均存在着较高的焦虑情况。这也证实了 Kim（1998）提出的观点，涉及口语的确会引起学习者较高的焦虑情绪。具体

来看:

  首先,按照平均分±标准差来界定高焦虑和低焦虑分组,即分数高于96.5+12.25 记为高焦虑组,共计5人;分数低于96.5-12.25 记为低焦虑组,共计5人。

  其次,虽然被试年龄与口语课堂焦虑值在0.05级别置信程度上呈负相关,$p=-0.218$,无明显差异,但是焦虑值排序前10名的被试平均年龄为25岁,后10名平均年龄为30岁,我们仍然可以明显看出,年龄较小的汉语学习者更容易在情绪上受到影响,出现口语课堂焦虑的情况。

  再次,从被试国籍的角度看,本次实验的被试中,蒙古国和韩国的学习者明显具有较高的口语课堂焦虑状况,排名前10的被试中,有7名蒙古国学习者,2名韩国学习者;而来自非洲和俄罗斯的学习者则焦虑水平较低,这主要是由于不同国家的文化差异造成的,来自亚洲的学习者更容易出现汉语课堂焦虑的状况,根据数据分析,我们认为3名朝鲜被试之所以焦虑值居中的原因是年龄和性别因素造成的,他们的平均年龄为34岁,均为男性。

表6—4   不同性别被试焦虑值分布情况

	人数	最大值	最小值	平均值	标准差
男	11	112	76	91.5	11.810
女	9	113	80	102.7	10.210
总	20	113	76	96.50	12.250

  最后,本次实验被试中,男性被试平均焦虑值为91.5分,女性被试平均焦虑值为102.7分(见表6—4),男性被试焦虑值低于女性,虽然从数值上看无明显差异($p=0.1$),但结合表6—2我们可以看出,焦虑值排名前10的被试中,有8名女性,而排名后10的被试中,只有1名女性,女性的课堂焦虑值明显高于男性。

（三）高级阶段汉语学习者口语课堂焦虑状况及类型

为了进一步了解高级阶段汉语学习者口语课堂焦虑情况的具体特点，我们对《汉语口语课堂焦虑量表》中各题项的得分和排序情况进行了整理，具体见表6—5。

表6—5　　　　　口语课堂焦虑量表中各题项平均分及排序

排序	题项	平均分
1	8. 口语考试时，我常常感到非常自在	3.95
2	23. 我总认为其他同学的口语说得比我好	3.6
3	33. 当老师问一些我事先没有准备好的问题时，我会感觉很不安	3.6
4	7. 我总感觉其他同学的汉语学得比我好	3.55
5	32. 在很多说汉语的中国人身边，我仍然感觉很自信和舒服	3.55
6	20. 当知道老师要叫我回答问题时，我会感觉到自己的心跳	3.5
7	9. 在口语课上，当没有准备必须用汉语发言时，我会很害怕	3.45
8	30. 大量而复杂的汉语规则常让我觉得头痛	3.35
9	11. 我不明白为什么有人在上口语课时会非常不安	3.3
10	14. 跟中国人说汉语，我不感到紧张	3.25
11	10. 我害怕通不过口语考试	3.2
12	15. 当不明白老师所纠正的错误时，我会觉得很不安	3.1
13	6. 上口语课时，我会常常想一些和上课无关的事情	3
14	21. 对口语考试准备的越多，我越觉得糊涂	3
15	1. 在口语课上，我说汉语没有自信	2.95
16	26. 在口语课上，我会比在别的课上紧张	2.95
17	3. 在口语课上，当知道自己要回答问题时，我会很担心	2.9
18	2. 在口语课说汉语，我不害怕犯错	2.85
19	27. 在口语课上说汉语时，我会觉得紧张和不安	2.85
20	4. 当听不明白老师说的汉语时，我会非常害怕	2.75
21	16. 尽管已经对要上的口语课做了准备，我还是感到担心	2.75
22	25. 如果口语课上得太快了，我怕自己落后	2.75
23	18. 在口语课上说汉语时，我感到很自信	2.7
24	19. 我担心老师会纠正我犯的每一个错误	2.7
25	13. 让我主动在口语课上回答问题，我会觉得很不安	2.55
26	24. 在其他同学面前说汉语，我会感觉很不好意思	2.55
27	31. 用汉语说话时，我担心会被其他同学笑话	2.55

续表

排序	题项	平均分
28	29. 不能听懂老师讲的每一句汉语时，我会感到紧张	2.4
29	22. 我不认为口语课的课前预习会带给我压力	2.35
30	28. 在口语课上，我感到非常自信和轻松	2.3
31	5. 即使上更多的口语课，我也不担心	2.25
32	12. 在口语课上，我会紧张得忘掉自己所知道的东西	2.25
33	17. 我常常不愿意去上口语课	1.8

根据表6—5我们可以看出，分值最高的前五项题项分别是：8. 口语考试时，我常常感到非常自在；23. 我总认为其他同学的口语说得比我好；当老师问一些我事先没有准备好的问题时，我会感觉很不安；7. 我总感觉其他同学的汉语学得比我好；在很多说汉语的中国人身边，我仍然感觉很自信和舒服。说明参与本次实验在这5项上的焦虑水平较高。而得分最低的后5项分别是：22. 我不认为口语课的课前预习会带给我压力；28. 在口语课上，我感到非常自信和轻松；5. 即使上更多的口语课，我也不担心；12. 在口语课上，我会紧张得忘掉自己所知道的东西；17. 我常常不愿意去上口语课。

为了考察与分析高级阶段汉语学习者口语课堂焦虑的焦虑类型和原因，我们将《口语课堂焦虑量表》中题项所考察的课堂焦虑类别划分为四大类6小项，具体见表6—6。

表6—6　　　　口语课堂焦虑类型分布及平均分排名

大分类	小分类	题项	均值	排名
交际焦虑	课堂口语表达	1、3、4、9、13、18、20、24、27、29、33	2.89	4
	与中国人交往	14、32	3.4	1
考试焦虑		8、10、21	3.35	2
负面评价焦虑		2、7、15、19、23、31	3.08	3
其他焦虑	对口语课的态度	5、11、17、26、28	2.45	6
	其他口语学习焦虑	6、12、16、22、25、30	2.87	5

根据表6—6我们可以看出，焦虑平均分排名从高到低依次为"与中国人交往""考试焦虑""负面评价焦虑""课堂口语表达""其他口语学习焦虑""对口语课的态度"。将表6—5和表6—6相结合，我们可以看出，焦虑度平均分最高的五个题项分别属于"考试焦虑""负面评价焦虑""与中国人交往"以及"课堂口语表达"这四类，而焦虑度平均分最低的四个题项均属于其他焦虑，其中有四个属于对口语课的态度，而另一个题项内容是"22.我不认为口语课的课前预习会带给我压力"。

在这里我们发现了一件值得思考的事情，就是由于口语课属于实用技能课，所以在口语课中，不管是教师在课上为了检验学习者学习效果而做出的提问或评价，还是正式的口语期末考试，都是针对学习者口语表达能力，并由口语表达完成的。因此，虽然本次实验是针对"口语课堂焦虑"做出的调查，但是被试真正焦虑的问题都出现在口语表达阶段。不管是各题项平均分的排序，还是各焦虑题项平均分的排序，均显示被试主要的焦虑来源是口语交际以及对自己口语表达能力的不自信。特别是"与中国人交往"的交际焦虑排到了各类型焦虑平均分的第一位，表明了虽然参与实验的被试均已通过HSK5级，具有较高的汉语水平，可以熟练表达自己的需求和想法，但实际应用过程中，在目的语国家与中国人的交际过程仍然存在较高的心理压力。

由于焦虑度平均分最低的5个题项都与对口语课的态度相关，结合上文分析我们可以看出，虽然本次参与实验的被试对口语课堂存在较高的焦虑情绪，但并不是都是基于口语课堂环境而出现的，这也就解释了前文中其他焦虑得分的α系数为0.488，与其他类型题项相关性不大的问题。通过后续访谈研究者得知，对于参与本次实验的大部分被试来说，虽然口语表达和与人交流仍存在很大的障碍，在表达过程中常常紧张不安，但这并不影响他们对口语课的喜爱，这与他们一年来的和睦相处以及口语老师的努力息息相关。在这里我们发现，在以往的研究中，研究者大多把学习者的焦虑聚焦在课堂焦虑调查中，尝试改善教学方式、教师态度以及课堂环境去降低学习者的口语焦虑问题，但舒适的课堂环境并不能根本解决学习者在口语表达以及口语交际中所遇到的心理障碍，我们必须将关注点集中到口语表达的特定情境中，了解表达过程中学习者的心理状态，找到口语表达和交际焦虑的根本原因，才能找到降低其语言焦虑的方法，有效提升二语学习者的口语实际应用能力。

二 个人访谈结果与分析

（一）课堂表现

1. 被试经常出现焦虑情绪的课堂情境

所有被试均表示在口语课中常常会出现焦虑情绪，但与我们之前统计的调查问卷结果相同的是，在听课或共同参与课堂活动时，被试很少出现焦虑情绪，只有在特定的教学情境中，被试们才会出现焦虑情绪，且常常与口语表达相关，也就是说，被试的焦虑情绪常常出现在口语输出阶段。通过对被试访谈内容的总结，结合问卷调查结果，我们发现，大多数被试的课堂焦虑情绪与"回答问题"这个情境直接相关，回答问题时会产生较高的焦虑情绪，而教师的态度和表情可以直接影响到学习者后续的心理状态和焦虑程度。如：

被试S1'："在老师叫名字回答问题的时候我会很紧张，很害怕老师叫到我的名字，如果我知道下一个要叫我的名字，我会非常紧张。"

被试S3'："我常常会紧张，特别是回答问题的时候，我会看老师的脸，如果老师是笑的，有好的表情，我马上不紧张，如果老师没有什么表情或者是觉得奇怪的表情，我会更加紧张，什么都说不好。"

被试S8'："如果在教室前面（讲台）回答问题，一个人的时候我会非常紧张，但是如果有其他同学，或者坐的座位旁边有我的同学，我就没有那么紧张，因为如果我不会，或者我说错了，他们会告诉我，如果只有我一个人，我不知道怎么办。"

被试 S12："我很喜欢在上口语课的时候说我的看法，我很喜欢现在的老师。但是如果老师问的问题我会，我就不紧张，很希望老师叫我，如果老师问的问题我不会，那我就会很紧张，不想看老师的眼睛。"

被试 S17'："我觉得出现焦虑情绪这个事情和老师的态度关系很大，如果我在说话的时候，老师一直在点头，或者笑，总之就是他同意我的观点，我就不紧张，而且很想继续表达我的看法，如果老师不理解我说什么或者看起来好像我说错了什么，我会开始紧张。"

被试 S19'："在口语课上我不会经常紧张，但是如果我在发呆，老师突然叫我的名字，我会非常非常紧张，因为我可能不知道老师说了什么。如果老师给我们自己练习的时间，再回答问题，我不太紧张。但是如果我不知道老师问什么的时候，我有点紧张。"

2. 对主动发言或参与课堂活动的看法

有 8 名被试认为当自己知晓问题答案时，会主动举手发言，5 名低焦虑组的被试均在其中，他们认为需要尽量争取在口语课堂练习的机会。而另外 12 名被试则认为除非老师点名，不会主动发言或参与活动。这 12 名被试中，有 7 名焦虑度较高的被试表明，当他们不知道答案时，会试图躲避老师的视线，如果知道答案，则不会避开老师的视线，做好被点名发言的准备，还有 2 名高焦虑值的被试表明不管是否知晓答案，都不习惯主动发言，被人关注会使他们产生焦虑。是否主动发言与他们的个人性格相关，内向型的学习者更容易产生焦虑，在学习过程中也更不希望主动参与课堂活动。如：

被试 S1'："我不会主动参加课堂活动，如果老师叫我的话，我会紧张。有的时候我知道该我发言了，但是老师不叫我的名字，我不会主动说话。"

被试 S2'："我不喜欢举手发言，所有人都看着我会让我很紧张，我比较喜欢和大家一起回答老师的问题，而不是单独回答。"

被试 S13'："我会举手发言，我喜欢说话，不管我说的正确还是不正确。我希望获得老师的帮助，需要老师的评价，我才知道我说的对还是不对。"

（二）口语课堂

1. 高级阶段口语课堂的焦虑情绪与初、中级口语课堂的区别

有 18 名被试认为初级、中级和高级阶段口语课堂的焦虑情绪是不一样的，高级阶段更轻松一些。只有两名被试认为没有什么区别，都很紧张。由于被试的初级和中级阶段均在本国学习汉语，高级阶段才来到中国学习汉语，一部分是由中国老师用中文授课，一部分是由本国老师用母语授课。初级阶段中国老师授课的被试表示，在初级阶段更加紧张，听不懂老师在说什么，特别是老师在提问时，如果没有听懂会更加不安，并且大部分被试认为在本国同学面前说汉语比在他国同学面前说汉语更加紧张。同时在初级中级阶段，学习者还要接收大量的词汇、语法、句型等新知识点，大多数的焦虑情绪来源于基础知识的学习，发音是否标准以及老师是否能听懂自己说什么等问题上。而高级阶段来到中国以后，大部分被试则更关注于是否可以清楚地表述自己的观点，口语表达是否流利，自己的口语水平是否符合高级阶段的标准。我们发现，初级阶段被试的焦虑情绪遍布在口语的输入、加工和输出阶段，而高级阶段被试的焦虑则大多在口语的输出阶段。如：

被试 S5′："我觉得初级阶段更紧张，因为我常常听不懂老师在说什么，我的发音也不好。如果老师叫我回答问题，我听不懂，我会非常害怕，现在好多了。"

被试 S10′："初级中级的时候我觉得更紧张，那时候认为汉语很难，当然现在也难，但是那个时候我要背很多的东西，常常想不起来要说什么，老师说的东西我常常听不明白也记不住，这让我很紧张。"

被试 S15′："我不知道怎么说，因为在初级的时候，我的老师是蒙古人，我能听明白她说什么，所以我不紧张，如果是中国老师，我觉得我会紧张。但是现在的老师是中国人，可是我已经可以听明白他说什么了。不过我还是认为初级时候比较紧张，我有很多东西

不会，发音啊，语法啊，所很怕出错。"

2. 对口语课堂活动的看法

访谈中，全部被试按照喜欢程度对口语课堂活动进行排序如下，"口语操练游戏＞班内采访＞小组讨论＞辩论＞情景表演＞课文表演＞个人观点表达＞朗读"。有 4 名被试明确表示不喜欢朗读课文和课文表演等机械型操练，特别是有 3 名被试表示课文表演的过程中常常因为记不住课文对话产生焦虑，更喜欢相对自由的情境表演。有 8 名被试表示非常喜欢班内采访活动，即可以操练口语，了解同学，增加口语表达机会，在汇报采访内容时也不会过于紧张。有 6 名被试明确表示个人观点表达这类的活动会引起焦虑情绪，特别是在讲台上做报告。有 2 名高焦虑组的被试认为，辩论是一个合适的课堂活动，既有趣又可以得到训练。对于理想的口语课堂活动设置，所有被试均表示希望学到使用性强的汉语，可以在了解中国文化，了解跨文化知识的同时，提升自己的口语水平，达到可以和中国人流利沟通的最终目的。如：

被试 S7'："我不喜欢自己一个人完成的活动，会让我觉得很紧张，我喜欢小组活动，和我的同学一起完成任务，我会比较放松。"

被试 S15'："我很喜欢口语老师准备的操练游戏，我们可以一起练习生词和发音，对我的帮助很大。"

被试 S18'："我喜欢一些可以自由表达我们想法的活动，不喜欢朗读、课文表演这样的活动，我觉得没有意义，发音练习可以自己回到宿舍练习，在课堂上读课文很浪费时间。"

被试 S20'："我觉得班内采访是很有意思的活动，我可以了解不同同学对事情的看法，一个问题需要问 3 个同学也要回答其他过来采访的同学，一样的事情重复说，可以练习我的口语，减少向老师汇报时的焦虑。"

3. 对讲台、座位和期末考试 3 种情境下口语焦虑程度的排序

本次参与实验的被试中有 17 人认为讲台、座位和期末考试这 3 种特定情境的表达过程中焦虑程度排序为：期末考试＞讲台＞座位；

只有 3 名被试认为：讲台＞期末考试＞座位，分别为 S8′、S18′和 S19′。也就是说，全部被试认为在座位上发言是 3 种情境中最轻松的，大多被试认为最焦虑的是参加期末考试。如：

被试 S4′："我认为期末考试是最紧张的，我很害怕出错。然后是讲台，我不喜欢在教室的前面一个人说话，每一次站在讲台上发言我都希望快一点说完。坐在座位上不怎么紧张，因为我觉得如果我真的有困难我的同桌会帮助我。"

被试 S8′："我觉得在讲台上说话让我非常紧张，所以讲台是第一。我在讲台上的时候会一直看下面的同学和老师的表情，害怕他们出现不好的表情，我的身体，特别是我的手在我说话的时候一直在动，会忘记自己要说的话，在讲台上测试的时候我很想快点结束。但是期末考试的时候是我和老师说话，和口语老师说话我不会觉得考试特别吓人。在座位上我不紧张，因为旁边有我的同学。"

（三）口语表达

1. 对自身口语水平与期望值的评价

全部被试均认为自身口语水平达不到期望值，这也是造成他们不自信和焦虑的主要原因之一。如：

被试 S4′："我不满意自己的口语水平，我的听力和阅读能力比我的口语水平好。"

被试 S5′："我不满意我的口语水平，虽然在口语课上，口语老师可以听懂我在说什么，我的同学也可以听懂我说什么。可是如果我离开学校，特别是出去买东西，中国人常常听不懂我在说什么，这件事情让我很担心。"

被试 S10′："我不满意我的口语水平，我说话的速度太慢了。"

2. 紧张、害怕等焦虑情绪对口语表现造成的影响

通过对被试访谈内容的总结，我们发现口语表达过程中的焦虑情绪贯穿到言语产生过程中影响口语表达的内容，这种焦虑所造成的影响往往表现为口语非流利现象，如填充停顿、重复、修正、中断语流等。被试们在概念形成阶段、形式合成阶段以及发音阶段，

都可能会产生焦虑情绪，且这些焦虑情绪可能是持续的或叠加的。如：

被试 S6′："我在口语表达的时候，特别是考试的时候，会因为心理压力过大，忘记要说的内容，所以不知道怎么继续说。"

被试 S4′："在很紧张的时候，比如说考试或者在讲台做报告的时候，我可能会发抖，然后我的声音也会发抖，我会忘记要说的事情，说话也磕磕巴巴。"

被试 S12′："紧张的时候，我说话速度会变快，而且很容易出现发音错误，想的事情和生词，跟我说的是不一样的，我也不知道为什么。"

3. 口语表达过程中焦虑情绪出现的原因

通过对被试访谈内容的总结，我们发现，除了一些自身性格因素、口语表达情境、自动化提取能力等因素会在口语表达过程中使被试产生焦虑情绪外，这种影响是交互的，焦虑的情绪会对口语表达造成影响，而口语表达得不如意也会加重焦虑程度，从而对口语表达造成更大的影响。如：

被试 S1′："我经常会想到两个词，不知道用哪个是正确的，紧张的时候我可能没有时间选择，就都说出来了，然后我觉得不对，会继续修改。"

被试 S9′："我在口语表达的时候如果出现了自己认为不正确的地方，会一直想这件事情，越想越紧张，特别是在考试的时候，会让我出现很多错误。"

被试 S16′："如果口语表达的时候我突然发现我前面说错了，我会非常紧张，不能控制自己会一直想这个事情，然后我后面说的话就会变得不流利。"

4. 对于准确度和流利度的重视度

有 10 名被试认为流利度比准确度重要，因为口语表达流利会获得其他人的好评。有 4 名被试认为准确度比流利度重要，因为口语表达是为了说清楚自己的想法。而还有 6 名被试认为要视情境而定。如：

被试S17'："我觉得这两个事情都很重要，但是我觉得准确度和流利度都保证，是很困难的事情，所以要分情况。比如说考试的时候我认为准确度更重要，如果我说错了可能会影响我的成绩，但是在生活中，特别是跟中国人说话的时候，我觉得流利度更重要，如果我说话的速度很快，他们会觉得我的汉语说的很好。"

被试S13'："我觉得两个都很重要，但是大多数情况下，我觉得流利度更重要，因为如果我说话不流利，别人没有耐心听我说什么。可是上课或者考试的时候我觉得准确度更重要。"

（四）调节方法

1. 调节和处理自身焦虑情绪的方法

根据访谈我们得知不同被试会根据自身焦虑原因通过不同的方法调节和处理情绪，短暂的情境焦虑可以通过"深呼吸""用力握拳""自我安慰"以及"寻找他人的肯定"等方式进行调整，但是也有一些人表示对于大段口语表达的抵触和紧张情绪，不知道如何调整。如：

被试S1'："在考试前，或者要自己发言前，我会闭眼睛深呼吸，这个是很好的调整方法。"

被试S3'："我也不知道有什么方法可以调整我的焦虑情绪，我觉得虽然我已经过了HSK5级，但是我的口语能力不可以，来中国以后我都是和自己的同学，还有我们国家的人交流，与中国人说话会让我更紧张。"

被试S8'："上课回答问题的时候，我会看老师的表情，如果老师点头或者在微笑，我会放松很多，没那么紧张。"

被试S11'："在我很紧张的时候我会在心理安慰自己，然后给自己加油，得到别人的鼓励和表扬也会降低我的焦虑情绪。"

2. 关于缓解学习者口语课堂焦虑现象的建议

大部分被试表示在毫无心理准备的情况下进行口语表达或参与课堂活动，会使他们产生较高的焦虑情绪，希望可以减少单人汇报类型的活动。两名高焦虑组的被试表示希望老师在部分焦虑值较高的课堂活动中更加尊重他们的意愿，自愿选择是否参加。有 3 名被试表示希望老师多与学习者交流学习者的语言需求。如：

被试 S3′："我希望老师在课堂任务的时候尊重我的意见，有一些活动让我很紧张，我真的不想参加。"

被试 S20′："我们在与中国人交流的时候遇到很多语言障碍，但是学习汉语是为了和中国人交流，这个是让我感到焦虑的主要原因。希望老师可以了解我们的需求，除了书上的内容，可以教我们一些生活中的表达方式。"

第三节 高级阶段汉语学习者口语焦虑的影响因素

这一部分我们将基于上文对口语课堂焦虑问卷以及个人访谈内容的分析结果，从日常交际、教学活动、口语测试、教学内容、负面评价以及自我认知，共六个方面对高级阶段汉语学习者口语焦虑情绪的影响因素进行探讨。

（一）因日常交际因素导致的口语焦虑

日常交际上的多样化需求在高级阶段的学习者身上更为明显，当口语表达能力不能支持其表述自我观点或日常生活中的实际需求时就会产生此类焦虑。本次调查结果中，与中国人的交流成为最容易引起被试焦虑的交际情境。由于教师对学生的了解而更容易理解学生所表达的内容，但与中国人交流时，特别是与陌生人交流时，一旦出现交际障碍，就会使汉语学习者对自己的口语水平产生怀疑，导致产生交际焦虑。

（二）因教学活动导致的口语焦虑

汉语学习者对教学模式的喜好直接影响其在口语课堂中的心理状态，从而影响其口语表达的积极性和学习效果。相对于个人任务，汉语学习者更加喜欢小组任务。这与学习者的性格特点相关，教师在教学过程中需要注重学习者的个人意愿，对于高焦虑的学习者应适当避免要求其参与容易产生焦虑情绪的活动。例如个人汇报、回答问题、表演对话等任务模式会使其成为班级的焦点，过多的关注会使高焦虑的学习者产生较高的心理压力，从而影响课堂口语表达甚至出现回避行为。

（三）因口语测试导致的口语焦虑

口语测试同样是高级阶段汉语学习者出现口语焦虑情绪的主要情境之一。相对于初、中级阶段学习者，高级阶段的汉语学习者更加重视自己的口语表达水平，认为口语表达能力是衡量自己汉语水平的重要指标。此次参与实验的被试均存在较高的考试焦虑。特别是在考试过程中，遇到不熟悉的题型或意识到已表述内容出现错误时，会由于过度紧张和焦虑，影响后续考试中的口语表达内容。这就造成了学生在口语考试中的表现往往无法代表其真实口语水平。

（四）因教学内容导致的口语焦虑

高级阶段的口语教师往往会忽视对学习者口语技能的培养，默认学生拥有良好的交际能力，在教学过程中，把更多的关注点放在提升学习者的观点表述能力上，教学中涉及的内容更多是探讨社会现象、中国传统文化等，这些教学内容与学习者的生活中所涉及的实际用语距离较远，很难顺利地表达出自己真正想传达的意思，此时也会产生焦虑。其实高级阶段相对于初级阶段的学生，有着更多样化的需求，如果教师没有即时关注到学生的问题，处于这个阶段的学习者口语表达能力往往会停滞不前。掌握一门第二语言是一个复杂而困难的过程，而且高级阶段的口语能力很难在短时间内得到提升，这一事实常常会使许多学习者对练习口语持有消极状态。

（五）因负面评价导致的口语焦虑

在调查过程中我们发现，高级阶段的汉语学习者非常在意他人对自身口语水平的评价，特别是教师在其口语表达时的表情以及对表达内容的评价，都会直接对学习者的心理情绪产生较大的影响，甚至会影响到学习者的语言自信以及课堂开口率。而教师的鼓励和微笑都会缓解学习者的焦虑感。但如果不从认知的角度对学习者进行指导，降低其对他人评价的在意程度，这种对他人负面评价的重视不仅会使学习者对口语表达产生焦虑感，也会由于过度关注听者的反应，影响自我监控能力，从而对口语表达内容及流利程度造成影响。

（六）因自我认知导致的口语焦虑

对于自身口语表达能力的自我评价，代表着学习者的自信程度，而自信心对学习者的口语焦虑程度起到重要的作用。在高级阶段的学习者虽然具有较高的汉语水平，但是考试失败、课程难度大、交际障碍等问题依旧会带来负面的影响，使其对自己的语言水平形成负面的评价。这也就导致了学习者自身的主观语言水平较低，进而在课堂和口语交际环境中更容易产生焦虑情绪。研究表明，高焦虑的学习者更容易低估自己的语言能力，而低焦虑的学习者则往往高估自己的语言能力（MacIntyre & Gardner, 1991）[1]。另外，高焦虑的学习者通常有完美主义倾向，对自己有过高的甚至是不切实际的评价标准，而当实际口语表现与自我要求不相符，就会影响其语言自信，出现焦虑情绪。对自己的口语水平评价与预期值差距过大的学习者，更容易出现严重的焦虑现象，夸大自己表达出现错误的严重性，对语言交际产生抵触心理。

第四节　本章小结

本章通过问卷调查的方式测量了 20 名高级阶段汉语学习者口语

---

[1] MacIntyre, P. D., & Gardner, R. C., "Investigating Language Class Anxiety Using the Focused Essay Technique", *The Modern Language Journal*, Vol. 75, No. 3, 1991, pp. 296 – 304.

课堂的焦虑情况。通过统计，将被试划分为高焦虑组 5 人，中焦虑组 10 人，低焦虑组 5 人。并在此基础上与被试的基本信息进行对比，探讨性别、年龄和国籍对口语课堂焦虑度的影响。在此基础上，设计访谈提纲，对被试分别进行个人访谈，分析了口语课堂焦虑情绪的影响因素。本章主要结论有：

1. 年龄较小的汉语学习者更容易在情绪上受到影响，出现口语课堂焦虑的情况。

2. 本次实验被试中，蒙古国和韩国的学习者明显具有较高的口语课堂焦虑状况，而来自非洲和俄罗斯的学生则焦虑水平较低，这主要是由于不同国家的文化差异造成的，来自亚洲的学生更容易出现汉语课堂焦虑的状况。

3. 本次实验被试中，女性学习者的课堂焦虑值明显高于男性。

4. 本次实验被试主要的焦虑来源是口语交际以及对自己口语表达能力的不自信。特别是"与中国人交往"的交际焦虑排到了各类型焦虑平均分的第一位。

5. 本次实验被试的课堂焦虑情绪主要集中在口语输出阶段，并非源自口语课堂或教学方式。研究证实，舒适的课堂环境并不能根本解决学习者在口语交际过程中所遇到的心理障碍，我们必须将关注点集中到口语表达的特定情境中，了解表达过程中学习者的心理状态，找到口语表达和交际焦虑的根本原因。

6. 通过对访谈内容的总结，我们发现，（1）教师的态度和表情会直接影响学生在口语表达过程中的心理状态和焦虑程度；（2）内向型的学习者更容易产生课堂焦虑，不希望主动参与课堂活动；（3）在汉语学习的初级阶段，被试的焦虑情绪遍布在口语的输入、加工和输出阶段，而高级阶段被试的焦虑则大多在口语的输出阶段；（4）相较于机械型操练，高级阶段留学生更喜欢小组互动类的活动，普遍希望可以通过口语课堂了解跨文化知识，达到与中国人流利沟通的最终目的；（5）焦虑情绪与口语表达之间是交互影响的，焦虑的情绪会对口语表达造成影响，而口语表达得不尽如人意也会加重焦虑程度，从而对口语表达造成更大的影响；（6）对准确度和流利度的重视程度，以及对自己口语水平的期望值都会影响口语课堂的焦虑程度；（7）大多数被试并不知道如何调整对于口语表达的抵触和紧张情绪。研究证实，高级阶段汉语学习者在口语学习过程中均存在焦虑情绪，过高的焦虑值会对语言学习造成较大的影响。

在第七章中，我们将结合实验一与实验二的研究结果，探讨口语课堂焦虑与口语流利度之间的相关性。

第 七 章

课堂焦虑与口语流利度的相关性

在上一章中，笔者对高级阶段汉语学习者口语课堂焦虑现象进行了考察与分析，研究结果证实，参与实验的高级阶段汉语学习者课堂焦虑情绪主要集中在口语输出阶段，而非源自口语课堂或教学方式。因此，研究高级阶段留学生口语课堂情绪与口语流利度的相关性，不仅为探索汉语学习者口语表达的深层机制开辟了新的思路，也对寻找降低学习者口语课堂焦虑的干预策略和提升学习者口语流利度的实用方法具有重要意义。

本章将实验一与实验二的研究结果相结合，尝试对汉语学习者口语课堂焦虑与口语流利度的相关性做出解释。

第一节　口语课堂焦虑与口语流利度测评分数的相关性

一　实验数据处理

在本章的研究中，笔者根据第六章所使用的新编码方式，按照口语课堂焦虑程度由高到低的顺序，对第五章所获得的口语流利度客观化评分进行重新编码，具体见表7—1、表7—2和表7—3。

表7—1　　　　　被试口语流利度原始分数（重新编码）

被试编号	RAW01	RAW02	RAW03	RAW04	RAW05	RAW06	RAW07
S1'	2.768	3.996	0.608	-0.973	6.869	-0.120	-0.163
S2'	2.930	3.800	0.700	-0.798	7.786	-0.134	-0.180
S3'	2.123	3.498	0.529	-1.064	4.800	-0.093	-0.118
S4'	2.205	3.356	0.604	-0.955	5.317	-0.082	-0.153
S5'	2.490	4.001	0.546	-1.111	6.087	-0.060	-0.105
S6'	2.203	4.313	0.463	-1.158	4.750	-0.037	-0.072
S7'	1.983	3.033	0.635	-1.159	6.287	-0.110	-0.183
S8'	2.282	3.455	0.597	-1.010	5.716	-0.082	-0.126
S9'	2.906	4.017	0.657	-0.812	6.872	-0.107	-0.155
S10'	2.496	3.614	0.634	-1.126	7.680	-0.051	-0.108
S11'	3.432	3.812	0.681	-0.817	8.775	-0.127	-0.160
S12'	2.950	4.190	0.613	-0.865	6.600	-0.098	-0.160
S13'	2.666	3.811	0.674	-1.036	8.480	-0.066	-0.124
S14'	2.460	3.916	0.521	-1.089	5.594	-0.076	-0.151
S15'	2.889	4.236	0.645	-0.819	6.665	-0.092	-0.183
S16'	2.684	3.979	0.604	-0.952	6.449	-0.048	-0.071
S17'	3.439	4.167	0.703	-0.920	10.644	-0.044	-0.126
S18'	3.143	4.023	0.654	-0.768	6.981	-0.044	-0.084
S19'	2.626	4.225	0.570	-0.913	5.570	-0.102	-0.184
S20'	3.211	4.289	0.727	-0.740	8.707	-0.055	-0.109

表7—2　　　　　被试口语流利度导出分数（重新编码）

被试编号	TS01	TS02	TS03	TS04	TS05	TS06	TS07
S1'	52.62	54.75	47.73	47.94	50.38	30.56	38.77
S2'	58.36	46.23	68.09	67.24	59.58	23.43	31.88
S3'	29.74	33.12	30.30	37.89	29.60	44.29	57.14
S4'	32.67	26.94	46.83	49.92	34.79	49.75	43.00
S5'	42.74	54.99	33.92	32.74	42.52	60.58	62.65
S6'	32.58	68.53	15.51	27.47	29.10	72.53	76.03
S7'	24.78	12.90	53.63	27.44	44.54	35.72	30.84

续表

被试编号	TS01	TS02	TS03	TS04	TS05	TS06	TS07
S8′	35.39	31.22	45.22	43.81	38.80	49.57	53.79
S9′	57.52	55.66	58.55	65.72	50.40	37.00	42.00
S10′	42.96	38.14	53.57	31.10	58.52	65.06	61.49
S11′	76.16	46.75	63.85	65.17	69.51	27.28	40.20
S12′	59.06	63.21	48.91	59.81	47.68	41.78	39.96
S13′	48.99	46.73	62.43	40.94	66.55	57.76	54.83
S14′	41.69	51.26	28.44	35.10	37.58	52.89	43.82
S15′	56.89	65.20	55.96	64.93	48.33	44.85	30.85
S16′	49.64	54.01	46.83	50.28	46.16	66.56	76.57
S17′	76.40	62.20	68.79	53.79	88.29	68.72	54.01
S18′	65.91	55.92	58.01	70.56	51.50	68.84	71.13
S19′	47.57	64.73	39.26	54.58	37.34	39.62	30.17
S20′	68.33	67.49	74.16	73.62	68.83	63.15	60.91

表7—3　　被试口语流利度两类指标及总分导出分数（重新编码）

被试编号	TST	TSP	TS
S1′	253.41	69.33	322.74
S2′	299.51	55.31	354.82
S3′	160.65	101.43	262.08
S4′	191.15	92.75	283.90
S5′	206.92	123.23	330.15
S6′	173.20	148.55	321.75
S7′	163.29	66.56	229.85
S8′	194.44	103.37	297.80
S9′	287.85	79.00	366.85
S10′	224.29	126.55	350.83
S11′	321.44	67.48	388.92
S12′	278.66	81.74	360.40
S13′	265.64	112.59	378.23
S14′	194.07	96.71	290.77

续表

被试编号	TST	TSP	TS
S15′	291.31	75.71	367.02
S16′	246.91	143.13	390.04
S17′	349.47	122.73	472.20
S18′	301.90	139.97	441.87
S19′	243.47	69.79	313.27
S20′	352.44	124.06	476.50

二 口语课堂焦虑度与口语流利度测评分数的相关性分析

在获得20名被试的流利度量化测评分数后,我们将其与第三章所获得的高级阶段汉语学习者口语课堂焦虑值进行相关性分析(数据结果见表7—4)。通过分析流利度测评各维度以及总分与被试焦虑度的相关性可知,被试流利度总分与焦虑度呈显著负相关($p = -0.660$),也就是说被试的焦虑程度越高,其口语流利度越低。从总体上可以明显看出,口语课堂焦虑情绪会对汉语学习者口语流利度造成较大的影响。具体来看,时间性指标与焦虑度呈显著负相关($p = -0.565$);表达性指标与焦虑度呈负相关,但在统计学意义上不显著。在第六章的研究过程中,我们按照平均分±标准差的方式将实验被试分为高焦虑组5人、中焦虑组10人以及低焦虑组5人。通过表7—3我们可以计算出,高焦虑组的5名被试,时间性指标平均分为222.33分,表达性指标平均分为88.41分,流利度总分平均分为310.74分;中焦虑组的10名被试,时间性指标平均分为239.42分,表达性指标平均分为95.83分,流利度总分平均分为335.24分;低焦虑组的5名被试,时间性指标平均分为298.84分,表达性指标平均分为119.94分,流利度总分平均分为418.78分。虽然表达性指标与焦虑度的负相关在统计学意义上不显著,但是根据各组被试在表达性指标上的得分来看,仍然可以看出:低焦虑组 > 中焦虑组 > 高焦虑组。而不显著的原因将在后文中结合回顾性访谈记录进行解释。

表7—4　两类流利度指标及总分与口语课堂焦虑度的相关性

	TST	TSP	TS
p 值	-0.565**	-0.310	-0.660**

注：** 在 0.01 置信水平（单尾），相关性显著。

表7—5　7项流利度指标及总分与口语课堂焦虑度的相关性

	TS1	TS2	TS3	TS4	TS5	TS6	TS7
p 值	-0.535**	-0.484*	-0.377	-0.438*	-0.426*	-0.425*	-0.170

注：** 在 0.01 置信水平（单尾），相关性显著。
　　* 在 0.05 置信水平（单尾），相关性显著。

根据表7—5我们可以看出7项流利度指标得分均与焦虑度呈负相关。接下来，我们将分别对各项流利度量化测评指标与口语课堂焦虑度的相关性进行探讨。

（一）语速与口语课堂焦虑度的相关性

根据表7—5我们可以看出，被试的语速指标得分与口语课堂焦虑度在0.01置信水平上呈显著负相关（p = -0.535），由于语速是正向指标，也就可以理解为被试口语课堂焦虑度越低，在口语表达过程中语速越快。根据表7—1的原始数据我们可以计算出，高焦虑组5名被试的平均语速为每秒2.50个音节，中焦虑组10名被试的平均语速为每秒2.63个音节，低焦虑组5名被试的平均语速为每秒3.02个音节。各组表达语速由快到慢的排序（低焦虑组＞中焦虑组＞高焦虑组）也证实了，课堂焦虑情绪较高的被试在口语表达过程中，语速低于课堂焦虑情绪较低的被试。

（二）发音速度与口语课堂焦虑度的相关性

根据表7—5我们可以看出，被试的发音速度指标得分与口语课堂焦虑在0.05置信水平上呈显著负相关（p = -0.484），由于发音速度是正向指标，也就可以理解为，被试口语课堂焦虑度越低，在口语表达过程中发音速度越快。根据表 7—1 的原始数据我们可以计算出，高焦虑组 5 名被试的平均发音速度为每秒 3.73 个音节，中焦虑组 10 名被试的平均发音速度为每秒 3.84 个音节，低焦虑组 5 名被试的平均发音速度为每秒 4.14 个字节。可以看出，课堂焦虑情绪低的被试，在口语表达过程中，发音速度明显远高于高焦虑组和中焦虑组。这也可以理解为，高焦虑组的被试比低焦虑组的被试在口语表达过程中出现了更多非流利拖腔现象，导致发音速度变慢。

（三）有效发音时间比与口语课堂焦虑度的相关性

根据表 7—5 我们可以看出，被试的有效发音时间比指标得分与口语课堂焦虑呈负相关（p = −0.377），但是在统计学意义上不显著。口语非流利停顿现象可以分为无声停顿、单独填充停顿、连续填充停顿以及无声停顿和填充停顿连用这 4 种情况。根据对被试的回顾性访谈我们得知，由于词汇提取困难或概念形成障碍等原因的出现，常常使被试无法顺利进行口语表达，但是长时间的无声停顿会给被试带来较大的心理压力，从而提升口语表达的焦虑值，因此有些被试会选择使用单独填充停顿或无声停顿和填充停顿连用的方式维持语流，降低情绪压力。而有效发音比这个指标，主要考察的就是被试无声停顿的情况。但是有些被试在紧张的情况下习惯在停顿过程中填充"呃，那个，然后"等无意义的音节，也有另一些被试在紧张时会出现长时间不发声的情况，个体差异较大。比如，从表 7—2 我们可以看出，被试 S6 在这一项的得分只有 15 分，远低于这一项指标得分的平均值 50 分，根据非流利标记统计结果发现，S6 在本次口语测试中所出现的无声停顿出现频次为百音节 16.64 次，接近 20 名被试出现无声停顿频次平均值 8.83 的一倍，当口语表达出现问题时就会出现长时间的无声停顿，如"我先想说是，…（1.26）不应该，如果老师…（2.02）是怎么的老师…（1.28），会影响学生们。…（1.51）比如说…（0.87）老师比较严格，…（1.9）不应该会影响…（0.91）学生们。"而被试 S19 虽然口语课堂焦虑值很低，但是这一项的得分只有 38.26 分，无声停顿出现频次为百音节 12.17 次，同样也出现了大量的无声停顿现象。这特殊情况也就解释了为什么有效发音时间比的得分与口语课堂焦虑度呈负相关，但是在统计学上不显著的问题。不过，根据表 7—2 的导出分数我们可以计算出，高焦虑组的 5 名被试有效发音比指标得分平均值为 45.37 分，中焦虑组的 10 名被试有效发音比指标得分平均值为 48.61 分，低焦虑组的 5 名被试有效发音比指标得分平均值为 57.41 分，从整体趋势上看，我们还是可以看出口语课堂焦虑值更高的被试，无声停顿出现的时间更长。

（四）平均停顿长与口语课堂焦虑度的相关性

根据表 7—5 可以看出，被试的平均停顿长指标得分与口语课堂焦虑度在 0.05 置信水平上呈显著负相关（$p = -0.438$），由于平均停顿长是负向指标，也就可以理解为被试口语课堂焦虑度越高，在口语表达过程中的停顿时长越长。根据表 7—1 的原始数据可以计算出，高焦虑组 5 名被试的平均停顿时长为 0.98 秒，中焦虑组 10 名被试的平均停顿时长为 0.89 秒，低焦虑组 5 名被试的平均停顿时长为 0.88 秒。指标平均停顿长，考察的是包括无声停顿、单独填充停顿、连续填充停顿以及无声停顿和填充停顿连用这 4 种情况的总停顿时长。从中可以看出，中焦虑组和低焦虑组的平均停顿时长之间只差 0.01 秒，区别不大，但是高焦虑组的平均停顿长明显高于其他两组。因此，从中可以认为，高课堂焦虑值的被试口语表达过程中具有停顿的总时长约长的特点。

（五）平均语流长与口语课堂焦虑度的相关性

根据表 7—5 我们可以看出，被试的平均停顿长指标得分与口语课堂焦虑度在 0.05 置信水平上呈显著负相关（$p = -0.426$），由于平均语流长为正向指标，也就可以理解为被试的口语课堂焦虑度越低，在口语表达过程中的语流长度越长。根据表 7—1 的原始数据我们可以计算出，高焦虑组 5 名被试的平均语流长为 6.95 个音节，中焦虑组 10 名被试的平均语流长为 7.25 个音节，低焦虑组 5 名被试的平均语流长为 7.98 个音节。对此可以理解为,口语课堂焦虑度越低的被试,在口语表达过程中出现的导致中断语流的停顿次数越少,口语表达的语流长度更长。相反,口语课堂焦虑度越高的被试,在口语表达过程中出现停顿现象的频率更高,表达内容听起来断断续续,非常不连贯。

(六) 修正及重复现象的出现频率与口语课堂焦虑度的相关性

根据表 7—5 我们可以看出,被试的修正及重复现象的出现频率指标得分与口语课堂焦虑度在 0.05 置信水平上呈显著负相关 ($p = -0.425$),由于修正及重复现象的出现频率为负向指标,也就可以理解为被试的口语课堂焦虑度越高,在口语表达过程中越容易出现修正和重复现象。根据表 7—1 的原始数据可以计算出,高焦虑组 5 名被试出现修正及重复现象的平均频次为百音节 9.86 次,中焦虑组 10 名被试出现修正及重复现象的平均频次为百音节 7.65 次,低焦虑组 5 名被试出现修正及重复现象的平均频次为百音节 6.32 次。低焦虑组中,被试 S19 出现修正及重复现象的平均频次为百音节 14.6 次,出现频率为 20 人中最高,远超过平均值 7.87,这是由于 S19 虽然焦虑值排名第 2,但是流利度总分排名为 15,是本组数据中的一个特殊值,如果去掉这个特殊值,其他 4 名低焦虑组被试出现修正及重复现象的频次为百音节 4.25 次。可以明显看出,口语课堂焦虑值高的被试,修正及重复现象的出现频率远高于焦虑值低的被试。第三章对被试的访谈研究者得知,在口语表达过程中,焦虑心理对口语表达内容造成的一个明显的影响就是口语表达"磕磕巴巴",会不断重复已表达的内容,或由于概念形成障碍或言语计划障碍出现大量修正现象。这一部分的数据分析也证实了这一观点。

(七) 剔除音节数与总音节数之比与口语课堂焦虑度的相关性

根据表 7—5 我们可以看出,被试的剔除音节数与总音节数之比指标得分与口语课堂焦虑呈负相关（p = -0.170），但是在统计学意义上不显著。剔除音节数与总音节数之比为负向指标，也就可以直接为，被试口语课堂焦虑度越高，在口语表达过程中剔除音节数越多。根据第三章中对口语表达焦虑度产生原因的调查中，我们发现，一部分被试在极度焦虑时会忘记自己要说什么，也就是焦虑情绪影响了被试概念合成机制的正常运作，导致语言表述混乱，使用大量重复现象拖延时间并缓解焦虑情绪，同时产生大量的修正现象不断修改已表达的内容。由于被试在口语表达过程中，同一次自我修正现象或重复现象可能只替换掉一个音节，也可能替换掉 10 个音节；同理，被试也可能由于表达过程中遇到了较大的阻碍，在同一句话中进行多次修正，虽然修正次数较多，但是剔除音节数较少；或是只进行了一次修正行为，却剔除掉了大量音节。由于这一项上的被试个体差异较大，剔除音节数多只能表明被试对表达内容改动较大，但不具有规律性。根据表 7—2 的原始数据我们可以计算出，高焦虑组 5 名被试剔除音节数与总音节数之比指标平均分为 47.13 分，中焦虑组 10 名被试剔除音节数与总音节数之比指标平均分为 51.04 分，低焦虑组 5 名被试剔除音节数与总音节数之比指标平均分为 50.80 分，如果去掉特殊值 S19，另外 4 名低焦虑组被试的平均分为 59.68 分。从总体趋势上还是可以看出，虽然规律不明显，但是相较于低焦虑的被试，高焦虑组的被试在口语表达过程中对自己的表达内容做出过更大范围的修改。

第二节 口语课堂焦虑与口语非流利现象的相关性分析

在上一节中，本课题研究者通过对比高级阶段汉语学习者口语流利度得分和口语课堂焦虑度的相关性，证实了口语课堂焦虑的确会对汉语学习者口语流利度造成巨大影响，高焦虑群体的口语表达流利程度明显低于低焦虑群体。那么我们也可以理解为在口语表达过程中，高焦虑群体出现口语非流利现象的频次明显高于低焦虑群体。在这一节中，我们将根据实验一对被试口语非流利现象的统计结果，以及实验二对被试口语课堂焦虑的调查结果，探讨口语非流利现象出现频率与口语课堂焦虑的相关性。

一 总体分析

对实验一测试语料中的非流利标记进行统计与分类后，通过计算获得20名被试口语非流利现象百音节出现的频次（见表7—6），并将其与第五章所获得的高级阶段汉语学习者口语课堂焦虑值进行皮尔逊相关统计分析（见表7—7），其中语流中断现象出现次数过少，因此不参与对比。在此基础上，对高焦虑组、中焦虑组、低焦虑组以及总体被试口语非流利现象出现频次的平均值进行计算（见表7—8）。

表7—6　　　　　　被试口语非流利现象出现频次统计

被试编号	停顿	重复	拖腔	自我修正	非流利总数
S1′	14.42	4.35	4.49	4.22	23.27
S2′	13.68	5.34	2.25	4.42	21.27
S3′	21.77	2.82	7.53	4.17	32.12
S4′	19.27	3.67	5.81	2.60	28.90
S5′	15.27	2.07	4.66	2.59	21.99
S6′	22.71	2.22	3.05	0.83	27.98
S7′	18.27	6.20	6.44	2.45	30.91
S8′	18.79	2.48	3.43	3.90	24.70
S9′	14.65	5.41	1.57	2.65	21.63
S10′	13.89	0.87	4.34	3.30	19.10
S11′	13.52	4.64	5.53	2.91	23.69
S12′	15.78	3.03	5.05	3.91	24.12
S13′	12.52	3.13	4.09	2.41	19.86
S14′	18.02	2.27	6.45	2.86	26.74

续表

被试编号	停顿	重复	拖腔	自我修正	非流利总数
S15′	19.29	3.26	4.01	3.73	26.75
S16′	15.74	2.96	4.22	1.03	22.92
S17′	11.20	1.53	2.99	2.37	15.73
S18′	16.53	0.96	1.38	2.34	18.87
S19′	18.31	3.61	2.89	3.86	24.82
S20′	11.83	2.32	4.99	2.44	19.14

表7—7　　非流利现象出现频次与口语课堂焦虑度的相关性

	停顿	重复	拖腔	自我修正	非流利总数
p值	0.339	0.38*	0.303	0.29	0.5*

注：* 在0.05置信水平（单尾），相关性显著。

表7—8　　3组被试非流利现象出现频次统计

	停顿	重复	拖腔	自我修正	非流利总数
高焦虑组	16.47	3.82	4.63	3.70	24.95
中焦虑组	16.38	3.69	4.70	2.97	24.82
低焦虑组	14.22	2.22	3.32	2.39	21.91
总体	15.85	3.34	4.69	2.99	24.11

通过分析非流利标记出现频次与被试口语课堂焦虑度的相关性（见表7—7）可知，被试非流利标记出现频次与被试口语课堂焦虑度在0.05置信水平上呈显著正相关（p=0.5），也就是说被试的焦虑程度越高，在口语表达过程中出现的非流利标记越多，从整体上来看，这样的结果同样可以证实口语课堂焦虑情绪使汉语学习者在口语表达过程中出现更多的非流利现象，造成口语表达的不流利。具体来看，经过皮尔逊相关统计分析（见表7—7），研究者发现，非流利重复现象的出现频次与口语课堂焦虑度在0.05置信水平上呈显著正相关（p=0.38），非流利停顿现象（p=0.339）、拖腔现象

（p=0.303）以及自我修正现象（p=0.29）的出现频次与口语课堂焦虑度呈正相关，但在统计学意义上不显著。不过从表7—8我们可以看出，高焦虑组、中焦虑组以及低焦虑组被试在本次口语测试中，非流利停顿、重复以及自我修正现象百音节出现的频率由高到低排序均为：高焦虑组＞中焦虑组＞低焦虑组，拖腔现象百音节出现的频率由高到低排序均为：中焦虑组＞高焦虑组＞低焦虑组。根据表7—8得知，高焦虑组拖腔出现频率为百音节4.63次，中焦虑组拖腔现象出现频率为百音节4.70次，两组相差不大，均远高于低焦虑群体的3.32次。这可能是由于中低焦虑群体在表达过程中，由于焦虑的情绪自我监控系统负担更大，对自己表达内容的迟疑更多，提取词汇速度更慢，当遇到轻微汉语生成障碍，又不想出现停顿现象时，会选择使用拖腔来维持语流，用于缓解语言压力，而低焦虑组则因为在表达过程中，较少出现迟疑现象，决断力更强，因此出现拖腔现象更少。虽然有3项数据的正相关在统计学意义上不显著，但是从大体趋势上研究者仍然认为，口语课堂焦虑度越高，口语表达过程中出现各类型非流利现象的频次越高。也就是说相对于低焦虑群体，高焦虑群体在口语表达过程中各类型非流利现象出现的频率都更高。

二 各类型非流利停顿现象与口语课堂焦虑度的相关性

据统计，非流利停顿现象是本次口语测评语料中出现频次最高的非流利现象，占所有非流利现象的59.4%。在流利度的测评过程中，有3项指标是从时间角度对口语表达过程中的停顿现象进行考察的，都可以说明，非流利停顿现象对于口语流利度造成巨大影响的。在前文对于焦虑情绪与非流利现象出现原因之间关系分析过程中，我们也发现，有些被试会通过填充无意义音节的方式，避免过程的无声停顿，降低心理压力。因此为了更深入的分析，我们也对20名被试四类非流利停顿现象的百音节出现频次（见表7—9）进行了统计，并将其与第三章所获得的高级阶段留学生口语课堂焦虑值进行皮尔逊相关统计分析（见表7—10），探究口语课堂焦虑度与非流利现象出现频次之间的相关性。同时，也对高焦虑组、中焦虑组以及低焦虑组被试在口语表达过程中各类型非流利停顿现象的出现频次进行了统计（见表7—11）。

表7—9　　　　　　　被试各类型非流利停顿现象出现频次

被试编号	无声停顿	单独填充停顿	填充停顿连用	无声与填充停顿连用
S1′	6.12	1.63	0.14	6.53
S2′	8.01	1.42	0.33	3.92
S3′	11.16	1.75	0.13	8.74
S4′	11.31	0.46	0.00	7.49
S5′	7.50	1.16	0.13	6.47
S6′	13.57	0.28	0.00	8.86
S7′	16.64	0.00	0.00	1.63
S8′	12.53	2.13	0.00	4.14
S9′	8.95	2.06	0.20	4.23
S10′	6.94	0.35	0.17	6.42
S11′	1.23	5.87	1.90	4.53
S12′	6.19	2.65	0.13	6.82
S13′	10.35	0.12	0.00	2.05
S14′	7.25	0.95	0.07	9.74
S15′	11.28	0.47	0.09	3.26
S16′	7.53	2.05	0.11	6.04
S17′	3.20	2.78	0.28	4.94
S18′	5.65	4.13	0.69	5.79
S19′	12.17	1.69	0.00	4.46
S20′	8.93	1.16	0.00	1.74

表7—10　　非流利现象出现频次与口语课堂焦虑度的相关性

	无声	单独填充	填充+填充	无声+填充	总体
p 值	0.219	−0.251	−0.055	0.343	0.339*

注：* 在 0.05 置信水平（单尾），相关性显著。

表7—11　　3 组被试非流利停顿现象出现频次分类统计

	无声	单独填充	填充+填充	无声+填充	总体
高焦虑组	8.67	1.32	0.17	6.31	16.46
中焦虑组	8.78	1.89	0.4	4.93	16.38
低焦虑组	6.99	2.37	0.21	4.61	14.22

通过对不同焦虑度群体口语表达中的非流利停顿现象进行分析，我们发现虽然从整体上看，本次口语测试中非流利停顿现象出现频次与口语课堂焦虑度呈正相关，非流利停顿出现频次由高到低排序也是高焦虑组＞中焦虑组＞低焦虑组，我们可以认为，口语课堂焦虑程度越高，在口语表达过程中出现非流利停顿的频次越高。但是当对不同类型非流利现象出现频次与口语课堂焦虑度的相关性进行分析时，研究者发现，非流利无声停顿现象、非流利无声以及填充停顿连用现象的百音节出现频次与口语课堂焦虑度呈正相关，而单独填充现象以及填充停顿连用现象的百音节出现频次与口语课堂焦虑度呈负相关，但是在统计学意义上不显著。通过对不同焦虑群体在本次口语测试中各类型非流利停顿现象的百音节出现频次进行统计（见表7—11），研究者也发现不同焦虑程度的被试在口语表达过程中，各类型停顿出现频次的平均值排序是不同的。其中，无声停顿：中焦虑组＞高焦虑组＞低焦虑组；单独填充停顿：低焦虑组＞高焦虑组＞中焦虑组；填充停顿连用：中焦虑组＞低焦虑组＞高焦虑组；无声与填充停顿连用：高焦虑组＞中焦虑组＞低焦虑组。在上一节的研究过程中，通过表7—1 的原始数据我们计算出，高焦虑组 5 名被试的平均停顿时长为 0.98 秒，中焦虑组 10 名被试的平均

停顿时长为 0.89 秒，低焦虑组 5 名被试的平均停顿时长为 0.88 秒。低焦虑群体的平均时间程度，明显高于另外两组，虽高低焦虑组平均时长低于中焦虑组，但是差别不大。因此，关于各类型停顿出现频次的平均值排序是不同的，笔者认为这是由于不同焦虑水平被试在口语表达过程中出现停顿的时长区间不同造成的，且具有规律性。

根据第三章中从停顿时长角度的分类方式，对三组被试非流利停顿现象不同时长出现的频次进行了统计（见表 7—12 和表 7—13）。

表 7—12　　3 组被试非流利停顿现象不同时长出现频次统计

	<0.3 秒	0.3—0.6 秒	0.6—1.2 秒	1.2—1.8 秒	>1.8 秒
高焦虑组	0.37	5.65	5.14	2.36	2.27
中焦虑组	0.53	5.91	5.38	2.17	1.93
低焦虑组	0.68	5.28	5.22	1.88	1.12

从表 7—12 我们可以看出，各组被试非流利停顿现象在不同区间内出现频次的排序由高到低为，<0.3 秒：低焦虑组>中焦虑组>高焦虑组；0.3—0.6 秒：中焦虑组>高焦虑组>低焦虑组；0.6—1.2 秒：中焦虑组>低焦虑组>高焦虑组；1.2—1.8 秒和>1.8 秒：高焦虑组>中焦虑组>低焦虑组。在这里我们发现，随着口语课堂焦虑值的升高，被试在口语表达过程中，出现的非流利停顿的时长也在增加。低焦虑组的被试在口语表达过程中，出现时长小于 0.3 秒的停顿最多，中焦虑组在口语表达过程中出现时长在 0.6—1.2 秒的停顿最多，而高焦虑组在口语表达过程中出现时长在 1.2 秒以上较长时间停顿最多。

根据第三章中对不同时长区间非流利停顿功能的分析，我们得知：0.3—0.6 秒内的停顿主要用于呼吸以及较轻的词汇提取障碍或语音编码障碍；0.6—1.2 秒内的停顿主要用于较轻言语计划及汉语生成障碍；1.2—1.8 秒内的停顿主要用于较重但可以解决的汉语生成障碍；1.8 秒及以上的停顿主要用于交际过程中话轮转换间的言语计划障碍，以及表达过程中的严重汉语生成障碍，在过长的非流利停顿后，表达者往往采取重构修正的方式对话题进行改述。因此，由于高焦虑的被试出现在 1.2 秒以上的停顿频次最高，我们可以认为，高焦虑群体更容易在口语表达过程中遇到较为严重的语言生成障碍。

根据表 7—13 从整体上我们可以看出，高级阶段汉语学习者在口语测试中出现频次最高的是无声停顿现象百音节 8.30 次，其次无声与填充连用现象百音节 5.15 次，单独填充停顿和填充停顿连用现象出现次数较少，分别为百音节 1.89 次和百音节 0.30 次。从不同停顿时长区间内的停顿现象分布状态看，停顿出现排列由高到低分别为 0.3—0.6 秒，0.6—1.2 秒，1.2—1.8 秒，1.8 秒及以上以及未达到 0.3 秒，其中最高出现频次的两个时长区间内，停顿现象的出现频次差距较小，远高于其他区间。从总体上看，出现无声停顿最多的为中焦虑组，其次是中焦虑组，两组数据接近，均明显高于低焦虑组，具体来看：

表 7—13　3 组被试非流利停顿现象不同时长出现频次分类统计

类型	组别	<0.3 秒	0.3—0.6 秒	0.6—1.2 秒	1.2—1.8 秒	1.8<	总体
无声	高焦虑组	0.00	4.94	2.82	0.54	0.37	8.67
	中焦虑组	0.00	4.48	2.92	0.83	0.49	8.78
	低焦虑组	0.00	3.93	2.43	0.57	0.19	6.99
	总体	0.00	4.44	2.77	0.70	0.38	8.30
单独填充	高焦虑组	0.37	0.61	0.32	0.02	0.00	1.32
	中焦虑组	0.53	1.15	0.19	0.02	0.00	1.89
	低焦虑组	0.68	1.12	0.49	0.04	0.00	2.37
	总体	0.53	1.03	0.29	0.03	0.00	1.89
无声+填充	高焦虑组	0.00	0.10	2.55	1.78	1.89	6.31
	中焦虑组	0.00	0.22	2.00	1.26	1.44	4.98
	低焦虑组	0.00	0.19	2.18	1.25	0.95	4.61
	总体	0.00	0.19	2.16	1.37	1.41	5.15

续表

类型	组别	<0.3 秒	0.3—0.6 秒	0.6—1.2 秒	1.2—1.8 秒	1.8<	总体
填充+填充	高焦虑组	0.00	0.00	0.12	0.02	0.02	0.17
	中焦虑组	0.00	0.06	0.26	0.07	0.01	0.40
	低焦虑组	0.00	0.04	0.13	0.02	0.02	0.21
	总体	0.00	0.04	0.20	0.05	0.02	0.30
总体		0.53	5.70	5.28	2.14	1.81	15.85

1. 无声停顿现象的时长主要分布在 0.3—0.6 秒和 0.6—1.2 秒的时长区间内，随着停顿时长的增加，无声停顿现象出现的频次逐渐递减。我们发现高焦虑组被试在口语表达过程中出现 0.3—0.6 秒时长的无声停顿现频率最高，其次是中焦虑组和低焦虑组。但是在 0.6 秒以上的其他 3 个时间区间内，除了在 1.2—1.8 秒区间内低焦虑组和高焦虑组无声停顿现象出现频次接近以外，从整体上看，出现频次由高到低排序均为：中焦虑组 > 高焦虑组 > 低焦虑组。结合无声与填充停顿连用现象的数据，我们会发现，高焦虑组的被试很少出现 0.3—0.6 秒时长的无声与填充停顿连用现象，而其出现 0.6 秒以上无声与填充停顿连用现象的频次均远高于中焦虑组和低焦虑组。出现这个情况的原因是被试在口语表达过程中，遇到较大的言语计划及生成障碍时，需要较长时间的停顿来整理或思考表达内容，但是高焦虑组的被试由于普遍焦虑值较高，因此长时间的无声停顿对于他们来说会产生更强的焦虑情绪，在这个停顿过程中加入填充停顿可以有效缓解心理压力，并起到提示听者、使话轮维持下去的作用。对于高焦虑组的被试来说，虽然口语表达过程中相较于其他两组出现了更多的停顿现象，但是在口语表达过程中 0.3—0.6 秒的无声停顿，在心理上是可以承受的，超过 0.6 秒无声停顿会使高焦虑群体产生焦虑情绪，所以在 0.6 秒以上的停顿里，他们通常会加入填充标记，用于缓解焦虑情绪。而低焦虑群体则由于心理状态良

好，言语产生机制运行顺畅，较少出现长停顿。这也就找到了为什么被试口语非流利无声停顿现象与口语课堂焦虑度正相关但不显著的原因。因为虽然低焦虑组的被试明显无声停顿的出现频次远低于另外两组，但是在中焦虑出现0.6秒以上无声停顿的频次略高于高焦虑组。

2. 在表7—13中我们可以发现未达到0.3秒的停顿现象只有单独停顿，这是因为单独填充停顿主要由音节和词汇组成，通常发音时间较短，在本次口语测试的语料中共发现了99个时长未达到0.3秒，但是填充标记的停顿现象，因此在分析时将其记为未满0.3秒的停顿，但是在量化测评过程中并未记录其时长。由于单独填充停顿常常需要填充音节与拖腔现象连用才能达到0.5秒以上的填充效果，因此很难出现超过1.2秒的单独填充停顿，在统计中并未发现大于1.8秒的单独填充停顿现象。一般只有语速较快的被试更容易出现单独填充停顿，主要起到轻微延缓时间以及缓解压力的作用。因此可以看到除了0.3—0.6秒单独填充停顿的出现频次中焦虑组略高于低焦虑组以外，其他每个时长区间中，低焦虑组被试出现单独填充停顿的频次都高于其他两组。同时，我们也发现，高焦虑组的被试很少出现单独填充现象，只有0.6—1.2秒增加了拖腔的单独填充停顿出现频次（百音节0.32次）略高于中焦虑组，这是因为单独填充停顿的出现时长较短，而高焦虑的被试通常需要更长的时间解决语言障碍。这也就解释了为什么单独填充停顿出现频次与口语课堂焦虑度负相关的现象，研究证实，口语课堂焦虑程度越高，单独填充停顿的出现频率越低。相较于高焦虑群体，低焦虑群体由于在表达过程中较少受到情绪干扰，语速更快，自动化提取能力更强。

3. 通过表7—13，我们可以看出无声与填充停顿连用的情况时长大多在0.6秒以上，在1.2—1.8秒和1.8秒及以上时长区间内出现频次为4种类型中最高。由于前文已解释低焦虑组的被试在0.3—0.6秒区间更容易出现无声停顿现象，而在其他3个时长区间里，高焦虑组的被试出现无声和停顿连用的现象频次最高。根据前文研究，研究者认为在无声停顿中，添加填充标记主要起到缓解心理压力和延缓口语表达时间的作用。之所以无声与填充停顿连用的现象在较长的停顿时间内频繁出现，是由于被试在口语表达过程中，遇到较大的言语计划及生成障碍时，需要较长时间的停顿来整理或思考表达内容，在这个停顿过程中加入填充停顿可以有效缓解表达者的心理压力，并起到提示听者、使话轮维持下去的作用。相对于高焦虑组的被试，低焦虑组的被试更少受到情绪的干扰，自动化提取能力更强，处理障碍时间更快，更少出现严重的汉语生成障碍，因此在表 7—13 中我们可以看到低焦虑组的无声与填充停顿连用现象的时长主要集中在 0.6—1.2 秒，到了 1.8 秒及以上的区间内，低焦虑无声与填充停顿连用现象的出现频率明显低于其他两组。通过分析可以证实，口语课堂焦虑程度越高，无声与填充停顿连用的现象出现频率越高。

4. 填充停顿连用现象相对于其他几类停顿现象，出现频次最少。主要时长区间为 0.6—1.2 秒，原因主要是一部分被试认为在口语表达过程中出现无声停顿会使他们非常焦虑；而另一部分语速较快的被试，他们往往认为语速快是口语水平优秀的体现，特别是在有压力的情况下，语速会变得更快，而高焦虑的被试通常不存在这方面困扰。而单独填充停顿无法满足填充过长停顿时间的需求，为了急于加快语速，被试选择用填充与填充停顿连用的方法维持口语表达的不间断。根据表 7—13 我们可以明显看到，填充停顿连用的情况主要出现在 0.3—1.8 秒时长区间内，相对于其他两组被试，中焦虑组的被试出现填充停顿连用现象的频率更高，主要出现在 0.3—0.6 秒时长区间内。这主要是由于中焦虑组的被试相对于高焦虑组需要更长的时间进行言语计划和汉语生成，一个填充停顿的标记并不能满足他们的需求。

三　个案分析

通过对被试非流利现象统计与分析研究者发现，当出现语言障碍的焦虑情绪时，被试对于非流利现象的使用习惯是具有个人风格的，个体差异较大。比如：

1. 被试 S6 虽然在本次口语测试中总非流利现象出现频次为百音节 28.97 次，由高到低排名第 4，流利度量化测评分数由高到低排名第 16，且口语课堂焦虑水平较高，排名第 6。然而其表达过程中出现非流利修正现象的频次只有百音节 0.83 次，是所有被试中最低的，非流利停顿现象的出现频次却是所有被试中最高的，出现频次为百音节 22.71 次，远高于平均值 16.27。与此同时，被试 S16 在本次测试中的非流利重复（2.22）、拖腔（3.05）也均低于平均值。据统计，被试 S6 在本次口语测试中，出现无声停顿的频次为百音节 13.57 次，在所有被试中排名第 2；无声与填充停顿连用情况出现频次为百音节 8.83 次，在所有被试中排名第 2；单独填充停顿出现频次为百音节 0.28 次，在所有被试中排名第 17，且没有出现填充停顿连用的情况。通过对比分析，我们可以看出被试 S6 在口语表达过程中，主要出现的非流利现象为停顿现象，且多为之间较长的停顿，在表达过程中，被试 S6 很少出现外显型自我监控行为。结合回顾式访谈我们得知，被试 S6 在口语表达过程中时常出现焦虑情绪，特别是当遇到较为严重的言语计划障碍或汉语生成障碍时，紧张的情绪会让她浑身僵硬，影响她的发音能力和思考速度。在紧张的情况下，她不会先尝试表达，然后对不合适的地方进行修正，而都是通过内隐型自我监控行为，仔细确认要表达的内容后，再进行口语表达，这就导致了其口语表达过程中出现了大量的长停顿。这种较为极端的表达习惯导致被试 S6 在口语流利度的量化测评中，虽然流利表达性指标得分 148.55 分，在 20 名被试中排名第 1，但是因为浪费了太多时间在汉语生成阶段，导致时间性指标得分 173.20，排名倒数第 2，使得其口语流利度的量化测评总分排名受到了严重影响。

2. 被试 S11 的情况则与被试 S6 完全相反，虽然其口语流利度量化测评分数（388.92）排名第 5，时间性指标得分（321.44）排名第 3，但是由于在口语表达过程中大量非流利填充停顿、重复、拖腔现象的出现，导致其口语流利度得分（67.48）仅排在第 17 名，虽然语速很快，但是表达内容不通顺，在交流过程中给听者带来了不舒适的听觉感受。根据表 5—1 我们可以看出，被试 S11 在本次口语测试中，出现非流利重复现象的频率为百音节 4.64 次，在所有被试中排名第 4；出现非流利拖腔现象的频率为百音节 5.53 次，在所有被试中排名第 5；出现非流利自我修正现象的频率为百音节 2.91 次，在所有被试中排名第 9；且由于紧张和对准确率的过度追求，导致被试 S11 在口语表达过程中通过非流利重复和修正现象剔除了大量的音节，根据表 7—2 我们可以看出被试 S11 在剔除音节数与总音节数之比指标上的得分排名第 14。通过表 7—1，我们可以看出被试 S11 的语速为每秒 3.432 个音节，在所有被试排名第 2，且从数据上看，与第 1 名差距很小，只差 0.007。通过上文中的数据我们可以看出，由于过快的语速，使得被试 S11 在口语表达过程中没有足够的时间去进行言语计划、生成汉语以及内隐型监控，导致其在口语表达过程中需要更多的修正去弥补由于思考时间不足造成的后果。通过对 S11 的回顾式访谈，研究者得知被试 S11 认为，在表达过程中语速快和表达内容正确是口语能力强的表现。同时，被试 S11 也表示，在口语表达过程中，会特别担心自己出现无声停顿或表达内容错误，因此在口语表达过程中会尽量减少停顿和注意表达内容语法、词汇、句型的准确度，这也是他由于过度监控行为，导致剔除音节数过多的原因。同时，在与笔者一起观看口语测试录像之前，被试 S11 从没有意识到自己因为过度在意语速和准确度，导致自己的表述中出现了很多无用的成分。准确地说，虽然被试 S11 为了提升语速，在口语表达过程中会尽量减少停顿，但是实际上减少的是无声停顿。通过表 7—9 我们可以看到，被试 S11 在本次口语测试中出现无声停顿的频率为百音节 1.23 次，是所有被试中最低的，远低于平均值 8.28。而其单独填充停顿出现频次为百音节 5.87 次，在所有被试中排名第 1，远高于平均值 1.88。填充停顿连用现象也在所有被试中排名第 1，出现频次为百音节 1.90 次，远高于平均值 0.30。对于无声停顿和维持语流不中断的焦虑,对其表达内容造成了负面影响。

3. 根据表 7—6,可以看到本次口语测评中出现非流利修正现象频率最高的,分别为被试 S2、S1 和 S3,是口语课堂焦虑度高焦虑组的前三名。通过对三名被试进行回顾性访谈,三名被试均表示,这种类似口语考试的测试方式会使其感到紧张,在这种紧张的情绪下会常常忘记想说的话,或不知道应该说什么。这种焦虑情绪使他们产生了言语计划障碍以及较为严重的汉语生成障碍。导致他们在口语表达过程中需要不断地修改、重铸甚至概述自己的表达内容,这使得他们在口语表达过程中出现了大量的非流利修正现象,并由于较大的改动剔除掉过多的音节。而除了修正现象以外,这三名被试在内隐型监控阶段,用于拖延时间,缓解压力的表达习惯是不一样的。比如说 S3 在口语表达过程中,非流利拖腔现象的出现频率为百音节 7.53 次,在所有被试中排名第 1,而非流利停顿现象出现频次为百音节 21.77 次,在所有被试中排名第 2,仅次于被试 S6。通过表 7—9 我们可以看到被试 S3 无声与填充停顿连用的出现频次为百音节 8.74,在所有被试中排名第 3。不管是大量的拖腔现象还是无声与填充停顿连用现象都可以看出来,被试 S3 在口语表达过程中遇到了较大的障碍,需要尽量延缓时间,因为无法接受无声停顿所带来的心理压力,因此尽量通过延长发音时间和增加填充标记的方式缓解焦虑情绪。但是与被试 S3 不同的是,S6 虽然花了很多时间在内隐型监控上,但是达到了降低修正频率的目的,而 S3 出现的大量的停顿与拖腔现象则是由于过于紧张导致"概念生成机制"和"形式合成机制"无法正常的运作而造成的,因此虽然浪费了大量的时间,仍然无法表达出自己想要的内容,而产生了过多的修正行为。而被试 S2 则是由于在紧张的状态下会感到身体僵硬,从而导致发音机制无法正常运作,因此在表达过程中"磕磕巴巴",出现了大量的非流利重复现象(百音节 5.34 次),在所有被试中排名第 1。除了因为紧张和拖延时间会产生非流利重复现象以外,通过重复,也可以对前文表述进行检验,确认无误后继续表达。S2 由于紧张和担心说错，一直在检查自己表达的内容是否正确，在表达过程中，S2 经常出现生词提取障碍，当不知道使用哪个词更合适时，就会不断的修改，或是将可能对的都说出来。在本次口语测试中，被试 S2 出现非流利自我修正的频次为百音节 4.42 次，在所有被试中排名第 1。这种由焦虑导致的过度监控状态，不仅导致被试在表达过程中除了出现大量的重复现象，也出现了大量的自我修正现象。

通过对被试的访谈研究者也发现，很多高级阶段的汉语学习者对自身的口语水平并不了解，也没有认真了解过自己在口语表达过程中的表述习惯，很多具有个人风格的口语非流利现象，在参与本研究之前，被试从未发现过和了解过，甚至自我感觉良好，在出现大量非流利标记的情况下认为自己语速快就是口语流利度高的体现；而也有一部分被试由于过于焦虑和对自己口语水平的不确定，使口语表达过程中出现大量的重复或修正现象，造成了口语表达的不流利。而且研究者还发现，大多数参与实验的被试，对"流利口语"的标准是存在认知偏差的，他们认为语速快，不停顿，用词和语法正确就是口语能力好的表现。这种认知偏差也使得他们在口语表达过程中因为达不到所谓的"流利"而感到焦虑，也因为追求这种所谓的"流利"而养成了许多不良的表达习惯。因此在高级阶段的教学工作中，除了完成规定内的教学工作以外，老师也应该引导学生转变对于口语流利的错误认知，并了解自身口语表达的实际状态和表述习惯，才能真正降低学生的焦虑心理，从而从自身出发寻找提升口语流利度的方法。

第三节　本章小结

本章将实验一和实验二调查结果相结合，探讨高级阶段汉语学习者口语课堂焦虑与口语流利度的相关性。本章的主要结论有：

1. 对口语课堂焦虑度与口语流利度得分进行相关性分析，研究结果证实，汉语课堂焦虑度与口语流利度总分呈显著负相关，即被试的焦虑程度越高，其口语流利度越低。从总体上可以明显看出，汉语课堂焦虑情绪会对汉语学习者口语流利度造成较大的影响。从具体上看，7项流利度指标得分均与焦虑度呈负相关，其中有5项呈显著负相关，2项不显著。

2. 对口语课堂焦虑度与口语非流利现象出现频率的相关性进行分析，研究表明，被试非流利标记出现频次与被试口语课堂焦虑度呈显著正相关，即从整体上看，被试的焦虑程度越高，在口语表达过程中出现的非流利标记越多。在此基础上，探讨了各类型非流利停顿现象与口语课堂焦虑度的相关性。研究发现，虽然停顿现象的出现频次与口语课堂焦虑呈正相关，但是高焦虑组、中焦虑组和低焦虑组被试口语表达过程中各类型非流利停顿出现频次的排序则是不同的。研究证实，这是由于不同被试在口语表达过程中出现停顿的时长区间不同所导致的，且具有规律性。

3. 通过对被试非流利现象统计与分析我们发现，当出现语言障碍与焦虑情绪时，被试对于非流利现象的使用习惯是具有个人风格的，个体差异较大。而在回顾性访谈中，也发现，参与研究的被试对自身口语水平和表述习惯并不了解，对"流利口语"的标准存在认知偏差，这也是被试在口语表达过程中产生焦虑情绪的一部分原因。

第八章

特定情境焦虑对口语流利度的影响

特定情境焦虑指的是特质焦虑在某些特定的具体情境下所激发的焦虑，是个体在特定的情境下或是在较长时间内持续出现的一种焦虑情绪。特定情境焦虑将焦虑情绪的研究聚焦在明确的、特定的、各自相对独立的情境中，具有更加集中、更加明确的特点。Ando（1990）在研究焦虑对二语教学的影响时，认为引入特定情境焦虑的视角有助于我们将研究聚焦在更具体的教学活动中，如课堂发言、活动、小组讨论、考试等。研究证实，将第二语言学习焦虑认定为特定情境焦虑更能有效地得出一致的研究结果。

近年来，在汉语二语习得研究领域中，开始有学者关注特定情境焦虑对汉语学习者口语流利度的影响（张莉，2001；康蓓，2013；欧阳祎婧，2015；秦莉杰，2016），目前已有研究主要通过问卷调查与口语测试相结合的方式，证实课堂学习焦虑对汉语学习者口语流利度存在负面影响，但是测试语料的采集情境并非来自口语课堂，无法准确代表汉语学习者在口语课堂中的实际表现，且所考察的特定情境仅限于汉语课堂，并未涉及更加细致的口语表达情境。因此，本章以高级阶段汉语学习者口语课堂和考试情境下的真实语料为基础，对汉语学习者口语流利度进行量化测评，并结合汉语课堂焦虑情况调查结果以及回顾性访谈记录，对比分析不同情境下口语流利度与课堂焦虑的相关性，探究特定情境焦虑对高级阶段汉语学习者口语流利度的影响。

第一节　研究设计

一　研究目的

实验三的研究旨在探明特定情境焦虑对高级阶段汉语学习者口语流利度的具体影响，主要为了回答以下几个问题。

1. 在讲台、座位以及口语期末考试这三种表达情境中，汉语学习者针对熟悉话题表达自己的观点时，口语流利度是否存在明显区别？与课堂焦虑程度是否存在关联？

2. 纵向对比汉语学习者在三种表达情境中，对于熟悉话题的口语流利度得分与口语课堂焦虑度是否具有相关性？

3. 汉语学习者在特定情境中口语表达的焦虑程度自我排序与口语流利度量化测评得分排序是否存在一致性？特定情境焦虑是否会对汉语学习者口语流利度造成影响？

4. 特定情境焦虑对于汉语学习者口语表达的流利程度起到促进作用还是阻碍作用？高焦虑群体与低焦虑群体在不同特定情境中的口语流利度得分排序是否存在规律？

二　研究工具

1. 口语测试题目：在高级阶段口语课堂所讨论的话题中，选择被试熟悉的话题建立口语表达任务题库（如：相对于独生子女政策，你觉得全面开放二孩政策有什么利和弊？你认为年龄相差多少会产生"代沟"？为什么会产生代沟？你认为朋友之间要不要保持一定的距离？为什么？等等）。

2. 口语流利度量化测评指标（见表5—1）。

3. 使用摄像机对被试进行视频样本采集，其次，使用 Cool Edit Pro 2.1 等软件对非流利标记进行提取与统计，随后使用 SPSS 23.0

对数据进行具体分析。

三 研究程序

1. 语料录制与处理。被试在3种情境中分别从20个熟悉话题题库中抽选一个题目进行回答，同时进行语料录制。每次完成表达任务前，被试有10分钟准备时间，为了减少对口语流利度的影响，本次实验未规定任务时长，全部观点表达任务的语料收集在一星期内完成。将语料进行转写后，使用 Cool Edit Pro 2.1 等软件对0.3秒及以上的停顿、重复以及修正现象进行提取与统计。

2. 回顾性访谈。在完成所有表达情境中的口语任务后，对被试进行回顾性访谈，探讨其在完成表达任务过程中的心理感受，并对3种特定情境下口语表达过程中的焦虑程度进行排序。

3. 口语流利度量化测评。测量方法同第五章。由于研究范畴的不同，用于横向对比的流利度量化分数与纵向对比不通用。因此每组特定情境任务将获得两组数据。

4. 相关性分析：（1）在获得特定情境中口语流利度纵向对比得分后，结合第六章汉语口语课堂焦虑情况的测量结果进行相关性分析，纵向对比特定情境口语流利度与口语课堂焦虑度的关系；（2）在获得特定情境中口语流利度横向对比得分后，结合回顾性访谈内容，对比特定情境下口语表达焦虑程度自我排序与口语流利度之间的关系。

5. 结合纵向和横向对比分析结果，探讨特定情境焦虑对汉语学习者口语流利度所造成的影响。

第二节 实验数据统计

一 特定情境口语流利度测量结果

首先，通过观点表达任务对20名被试在讲台、座位、期末考试情境下进行口语测评，共获得总样本时长为 87.75 分钟，通过转写语料获得总字节数 14573 个；其次，使用 Cool Edit Pro 2.1 等软件对 0.3 秒及以上的停顿、重复以及修正现象进行提取与统计；最后，根据第五章所选取的 7 项流利度量化测量指标（见表 5—1），对收集来的语料进行统计与分析。其中，正向指标计正分，负向指标计负分，得到原始分数后，转为 T 分数后再进行加总，得出被试 3 种特定情境下的口语流利度分数（横向对比）见表 8—1、座位情境下的口语流利度分数（纵向对比）见表 8—2、讲台情境下的口语流利度分数（纵向对比）见表 8—3、期末考试情境下的口语流利度分数（纵向对比）见表 8—4。

表 8—1　　3 种特定情境下被试口语流利度情况（横向对比）

情境 测量 指标	座位			讲台			考试		
	时间 指标	表达 指标	总分	时间 指标	表达 指标	总分	时间 指标	表达 指标	总分
S1′	288.16	102.30	390.46	278.95	128.78	407.73	182.89	68.98	251.87
S2′	231.10	121.31	352.41	309.78	70.97	380.75	209.13	107.72	316.85
S3′	208.22	129.35	337.57	326.86	70.84	397.70	214.92	99.81	314.73
S4′	219.17	120.74	339.91	275.82	109.08	384.90	255.02	70.17	325.19
S5′	301.36	132.71	434.07	253.13	88.92	342.05	195.51	78.38	273.89
S6′	255.48	133.37	388.85	240.19	90.70	330.89	254.33	75.93	330.26
S7′	294.40	65.68	360.08	278.15	113.33	391.48	177.46	120.99	298.45
S8′	189.52	75.83	265.35	273.19	91.99	365.18	287.29	132.19	419.48
S9′	296.66	131.81	428.47	248.82	72.62	321.44	204.52	95.57	300.09
S10′	302.80	72.84	375.64	227.10	97.16	324.26	220.10	130.00	350.10
S11′	224.02	131.96	355.98	289.23	79.52	368.75	236.75	88.52	325.27
S12′	247.71	91.30	339.01	279.82	80.57	360.39	222.47	128.13	350.60
S13′	307.23	118.34	425.57	244.59	116.28	360.87	198.18	65.38	263.56
S14′	297.64	78.06	375.70	252.48	89.90	342.30	199.96	132.04	332.00
S15′	186.19	107.47	293.66	312.21	125.50	437.71	251.60	67.03	318.63
S16′	278.23	130.76	408.99	257.12	70.89	328.01	214.66	98.36	313.02

续表

情境	座位			讲台			考试		
测量指标	时间指标	表达指标	总分	时间指标	表达指标	总分	时间指标	表达指标	总分
S17′	243.15	96.13	339.28	309.14	72.26	381.40	197.71	131.61	329.32
S18′	196.02	75.74	271.76	244.78	94.16	338.94	309.20	130.09	439.29
S19′	171.48	89.88	261.36	278.51	128.00	406.51	300.02	82.12	382.14
S20′	214.85	109.04	323.89	274.42	123.85	398.27	260.73	67.10	327.83

表 8—2　座位情境下被试口语流利度情况（纵向对比）

测量指标	时间指标	表达指标	总分
S1′	306.62	125.77	432.39
S2′	263.10	45.54	308.63
S3′	162.96	82.50	245.46
S4′	188.36	104.83	293.18
S5′	198.99	125.95	324.94
S6′	208.78	134.50	343.28
S7′	198.16	39.71	237.88
S8′	151.17	95.44	246.61
S9′	307.25	150.34	457.59
S10′	286.75	99.75	386.50
S11′	330.28	77.10	407.38
S12′	273.70	85.11	358.81
S13′	230.61	109.39	340.00
S14′	162.14	77.15	239.29
S15′	254.56	94.89	349.45
S16′	297.32	135.80	433.12
S17′	368.44	106.08	474.52
S18′	267.83	95.21	363.04
S19′	248.75	78.96	327.71
S20′	295.02	132.99	428.00

第八章　特定情境焦虑对口语流利度的影响

表 8—3　　讲台情境下被试口语流利度情况（纵向对比）

测量指标	时间指标	表达指标	总分
S1′	397.95	110.22	508.16
S2′	423.71	98.75	522.47
S3′	293.42	87.53	380.95
S4′	338.67	90.36	429.03
S5′	272.82	107.85	380.66
S6′	303.68	106.62	410.31
S7′	262.01	100.84	362.84
S8′	293.67	106.18	399.85
S9′	344.02	89.96	433.99
S10′	282.12	70.87	352.99
S11′	409.76	79.50	489.26
S12′	367.10	98.21	465.30
S13′	294.47	111.23	405.70
S14′	319.56	114.80	434.36
S15′	465.57	118.51	584.08
S16′	359.81	98.96	458.77
S17′	497.72	110.47	608.19
S18′	370.05	102.65	472.69
S19′	255.59	63.19	318.79
S20′	445.25	129.83	575.09

表 8—4　　期末考试情境下被试口语流利度情况（纵向对比）

测量指标	时间指标	表达指标	总分
S1′	202.34	68.98	271.32
S2′	218.12	107.72	325.84
S3′	205.49	99.81	305.30
S4′	244.37	70.17	314.55
S5′	192.92	78.38	271.30
S6′	236.20	75.93	312.13
S7′	169.51	120.99	290.50

续表

测量指标	时间指标	表达指标	总分
S8′	267.16	132.19	399.34
S9′	216.82	95.57	312.38
S10′	221.76	130.00	351.76
S11′	258.65	88.52	347.17
S12′	241.19	128.13	369.32
S13′	193.84	65.38	259.22
S14′	206.29	132.04	338.34
S15′	273.01	67.03	340.04
S16′	230.39	98.36	328.74
S17′	241.34	131.61	372.95
S18′	313.41	130.09	443.50
S19′	291.81	82.12	373.93
S20′	273.55	67.10	340.65

二 口语课堂焦虑与特定情境口语流利度相关性

在获得20名被试在3种特定情境下用于纵向对比的口语流利度量化测评分数后（见表8—2、表8—3和表8—4），我们将其与第六章所获得的高级阶段汉语学习者口语课堂焦虑值进行相关性分析后得出以下结果（见表8—9）。

表8—5   3种特定情境下被试焦虑值与口语流利度相关性情况

	时间指标	表达指标	总分
座位	$p = -0.433^*$	$p = -0.131$	$p = -0.406^*$
讲台	$p = -0.282$	$p = -0.070$	$p = -0.266$
期末考试	$p = -0.611^{**}$	$p = -0.121$	$p = -0.564^{**}$

注：** 在0.01置信水平（单尾），相关性显著。

* 在0.05置信水平（单尾），相关性显著。

第三节　实验结果分析

通过表8—5我们可以看到，不同情境中被试的口语课堂焦虑度对口语流利度的影响是不同的。从口语流利度量化测评总分与口语课堂焦虑度的相关性上看，被试座位情境中的口语流利度得分与口语课堂焦虑值在0.05级别置信程度上呈显著负相关，p = -0.406*；期末考试情境中的口语流利度得分与口语课堂焦虑值在0.01级别置信程度上呈显著负相关，p = -0.564**；讲台情境中的口语流利度得分与口语课堂焦虑值也呈负相关，p = -0.266，但在统计学意义上不显著。从时间性指标得分与口语课堂焦虑度的相关性上看，被试座位情境中的时间性指标得分与口语课堂焦虑值在0.05级别置信程度上呈显著负相关，p = -0.433*；期末考试情境中的时间性指标得分与口语课堂焦虑值在0.01级别置信程度上呈显著负相关，p = -0.611**；讲台情境中的时间性指标得分与口语课堂焦虑值也呈负相关，p = -0.282，但在统计学意义上不显著。而从表达性指标得分与口语课堂焦虑度的相关性上看，3种特定情境中的表达性指标得分与口语课堂焦虑值均呈负相关关系，但在统计学意义上不显著。

根据观点表达任务结束后对被试所进行的回顾性访谈记录，我们得知，本次参加实验的被试有17名认为在3种特定情境的表达过程中焦虑程度排序为：期末考试 > 讲台 > 座位（以下简称"排序一"）；只有3名被试认为：讲台 > 期末考试 > 座位（以下简称"排序二"），分别为S8、S18和S19。也就是说，全部被试认为在座位上发言是3种情境中最轻松的，大多数被试认为最焦虑的是参加期末考试。根据数据分析，从总体上可以明显看出，汉语课堂焦虑情绪会对汉语学习者口语流利度造成较大的影响，而结合被试的回顾性访谈记录，研究者也找到了在讲台发言这一情境中，被试口语流利度得分与口语课堂焦虑度相关性不显著的原因，以及3种情境下表达性指标得分与口语课堂焦虑度相关性不显著的原因，在后文中我们将对这两种情况发生的原因进行详细解释。根据前人研究所得结论，以及表8—5中对于相关性的分析，我们假设在本次实验中，被试的流利度得分排序应该是：座位＞讲台＞期末考试。

在访谈过程中，被试S7表示"第一紧张的是期末考试，其实我很认真的复习，在讲台和座位录像的时候，我们都在练习，但是我不知道为什么考试的时候我非常紧张，我不记得我要说的内容，我的手一直发抖，我觉得我这次的成绩一定很不好。第二是讲台，讲台我也很紧张，不喜欢所有人看着我，但是这个不是考试，没有成绩，所以没关系。最后是座位，这个我不紧张"。从表8—1我们可以看到被试S7在座位情境中的流利度得分为360.08分，讲台得分为391.48分，而期末考试只有298.45分，流利度得分可以证实考试期间严重的焦虑情绪的确对她的口语流利度造成了较大的影响，然而这个结果也与我们的推测不符，虽然被试S7明确表示讲台情境的焦虑是高于座位，但是讲台情境中的流利度得分最高。被试S19表示"我都不是很紧张，如果一定要排名，讲台第一，期末考试第二，座位完全不紧张。我不明白为什么有些同学特别紧张，我们的同学和老师都很熟悉，所以我不紧张，如果是刚来到中国的时候，我会紧张"。然而从表8—1我们可以看到被试S19在座位情境中的流利度得分仅为261.36分，讲台得分为406.51分，期末考试得分为382.14分，虽然被试S19表明自己在座位情境的表达过程中没有焦虑情绪，其座位情境中的流利度得分却与讲台和期末考试相差巨大。

事实上，根据所得到的流利度总成绩平均分得知，本次实验口语表达流利程度最高的特定情境是讲台，368.48分；其次是座位，353.39分，最后是期末考试，328.13分。时间性指标得分平均值排序为：讲台＞座位＞期末考试，表达性指标的得分平均值排序为：座位＞期末考试＞讲台。选择"排序一"的17名被试中，有14名期末考试总成绩最低，有10名讲台总成绩最高，还有2名座位总成绩最低，这与我们的假设是不相符的。

结合20名被试在口语表达过程中的心理感受，研究者得知，有18名被试认为，在讲台发言的过程中，由于希望尽快结束表达任务回到座位，会加快表达速度。有20名被试认为在期末考试的过程中会更加害怕出错；有11名被试认为在座位坐着回答问题时不紧张，所以在表达过程中会更加注意所表述语言点是否正确。结合时间性指标和表达性指标的平均得分也可以印证这些观点：

1. 由于在讲台表述的过程中，大多数被试希望尽早结束表达内容，提升表达速度，减少停顿，因此我们可以看到在讲台情境中的时间性指标得分最高；但这一行为也降低了口语表达过程中的自我监控程度，由于没有足够的时间计划表达内容，导致出现了更多非流利修正和重复现象，所以在讲台情境中的表达性指标得分最低。

如：被试S3表示"我很不喜欢站在前面，站在讲台上看着同学和老师说话，我会发抖，我的手不知道可以放在什么地方，我只想快点说完回到座位上"。从表8—1我们可以看到被试S3在座位情境中的流利度总分为337.57分，其中时间性指标得分为208.22分，表达性指标得分为129.35分；在讲台情境中的流利度总分为397.70分，其中时间性指标得分为326.86分，表达性指标得分为70.84分；在期末考试情境中的流利度总分为314.73分，其中时间性指标得分为214.92分，表达性指标得分为99.81分。我们发现虽然从总分上看，被试S3在讲台情境中的流利度最高，但是其时间性指标得分为3种情境下最高，表达性指标得分确是3种情境下最低。

从表8—6我们可以看出，由于在讲台上过于紧张的情绪以及为了实现尽快回到座位的目的，被试S3在讲台情境中5项量化指标的得分均远高于座位和期末考试情境中的得分，她以最快速度完成了口语表达任务。但这种行为以及语言输出阶段的焦虑情绪就导致了被试 S3 在口语表达过程中的概念形成机制、形式合成机制、发音机制以及自我监控机制没有足够的时间运行，出现了大量非流利修正和重复现象，并由于频繁修正，剔除了大量音节，导致其在讲台情境中的两项表达性指标得分都远低于其他两种情境，造成了虽然整体流利度得分较高，但表达性指标得分极低的状况，而这种语速很快，重复很多以及不停修正的表达方式，也给听者造成了不好的听觉感受，这也提醒了我们不管出于何种目的，盲目追求高流利度是不合适的，选择适当语速进行表达，同时尽量保持语句的通顺才是口语学习的最终目的。

表 8—6　　被试 S3 在 3 种特定情境中的流利度量化指标得分

分类	量化指标	讲台	座位	期末考试
时间性指标	（1）语速	67.25	42.68	40.06
	（2）发音速度	61.87	54.98	33.14
	（3）有效发音时间比	65.18	35.19	49.63
	（4）平均停顿长	67.25	40.05	42.69
	（5）平均语流长	65.30	35.31	49.39
表达性指标	（6）修正及重复现象的出现频率	37.36	66.57	46.07
	（7）剔除音节数与总音节数之比	33.48	62.77	53.74

由于在期末考试的过程中，焦虑程度过高，害怕出错等心态，导致被试在期末考试过程中更容易出现过度监控的行为，这种行为导致时间性指标得分降低，不过焦虑度相对较低的被试，也因为用了更长的时间计划言语表达内容，从而降低了重复和修正出现的频率，提升了表达性指标上的得分。根据对表 8—1 的分析可以看出：

（1）高焦虑组的 5 名被试中，有 4 名被试（S1、S2、S4 和 S5）由于在期末考试过程中焦虑值过高，导致时间性指标得分是 3 种情境中最低的，但是过度的监控行为并没有带来表达性指标得分的提升，反而因为害怕出错出现过度重复和修正行为，导致这 4 名被试的表达性指标得分均为 3 种情境中最低，造成了期末考试在 3 种情境中流利度得分最低的后果。

（2）中焦虑组的 10 名被试中，有 6 名被试（S7、S9、S10、S12、S13、S14）由于紧张，害怕出错，因此在期末考试情境中的时间性指标得分是 3 种情境中最低的，这些被试用了更长的时间对自己的表达内容进行自我监控，使得其中的 4 名被试（S7、S10、S12、S14）在期末考试情境中的表达性指标得分是 3 种情境中最高的，最终，被试 S7 在期末考试中的流利度得分为 3 种情境中最高的，被试 S10、S12 和 S14 在期末考试中的流利度得分在 3 种情境中排名第二。同时，被试 S8 在期末考试中的时间指标得分在 3 种情境得分中排名第二，但表达性指标得分排名第一，使得其期末考试的流利度得分在 3 种情境中排名第一。被试 S9 在期末考试中的时间指标得分在 3 种情境中得分排在最后，但表达性指标得分排名第二，最后流利度得分排名第二。

（3）高焦虑组的 10 名被试中，有 2 名被试，分别为被试 S16 和被试 S17 在期末考试中的时间指标得分在 3 种情境中最低，其中被试 S16 表达性指标得分排名第二，使得期末考试流利度总分最低，而 S17 表达性指标得分最高，但最终期末考试流利度总分最低。在回顾性访谈中，被试 S16 表示"我在期末考试中有点紧张，但不是非常紧张，由于希望得到好的成绩，所以用了很长时间去想自己说的内容是否正确"。被试 S17 也表示"我没有很紧张，但是我希望得到好的成绩，所以希望自己回答的内容都是对的，好像用了很长时间回答问题"。被试 S17 的表现是典型的由于追求高准确率造成的过度监控行为，由于思考时间过长，使得时间性指标得分过低，造成了虽然语句通顺但是流利度得分在 3 种情境中最低的状况。被试 S16 和 S17 的例子也向我们反映了在口语考试中虽然不紧张，但追求完美的心态也可能起到副作用，影响自己的口语表现。而被试 S18、S19、S20 则由于心态放松，在考试中发挥出正常水平，3 个人在期末考试情境中的流利度得分均在 3 种情境中排名第二。

通过对表 8—1 的详细分析，我们可以看出，相对于高焦虑组和低焦虑组，中焦虑组的被试更容易因为适当的焦虑情绪而在期末考试中正常或超长发挥，最后获得良好的考试成绩。而过于焦虑或过于放松，都可能对二语学习者的口语表现造成负面影响。

2. 低焦虑分组中的 S18、S19、S20 在座位发言过程中流利度得分排序最低，S17 虽然期末考试得分最低，但是与座位处相差不大。回顾性访谈内容证实大多数被试在座位上完成表述任务时，由于情绪较为放松，会使用更多的时间计划言语表达内容，虽然表达性指标得分有所提升，但是大量非流利停顿、拖腔等现象的出现，反而使口语表达的流利程度低于期待值。这也就解释了为什么 20 名被试均认为座位情境是焦虑值最低的情境，但是其中有 7 名被试在座位情境中口语流利度得分在 3 种情境中排名第二，还有 6 名得分最低，只有 7 名被试（S5、S6、S9、S10、S13、S14、S16），在最放松的情境中口语流利度得分最高的情况。

如：被试 S8 表示："我觉得在讲台上说话让我非常紧张，所以讲台是第一。我在讲台上的时候会一直看下面的同学和老师的表情，害怕他们出现不好的表情，我的身体，特别是我的手在我说话的时候一直在动，会忘记自己要说的话，在讲台上测试的时候我很想快点结束。但是期末考试的时候是我和老师说话，和口语老师说话我不会觉得考试特别吓人，但是还是有点紧张。在座位上我不紧张，因为旁边有我的同学。"在实验二口语课堂焦虑情况的访谈中，被试 S8 也表示："我觉得我的汉语不是很好，说话的时候常常出现错误，在讲话的时候常常会想两个词用哪个会更合适。"从表 8—2 可以看到被试 S8 在座位情境中的流利度总分为 265.35 分，其中时间性指标得分为 189.52 分，表达性指标得分为 75.83 分；在讲台情境中的流利度总分为 365.18 分，其中时间性指标得分为 273.19 分，表达性指标得分为 91.99 分；在期末考试情境中的流利度总分为 419.48 分，其中时间性指标得分为 287.29 分，表达性指标得分为 99.81 分。虽然被试 S8 自己对 3 种情境中的焦虑度排序为：讲台 > 期末考试＞座位，但是其在座位情境中的流利度得分最低，其次是期末考试，最后是座位。

表 8—7　被试 S8 在 3 种特定情境中的流利度量化指标得分

分类	量化指标	讲台	座位	期末考试
时间性指标	（1）语速	55.90	32.95	61.15
	（2）发音速度	35.03	49.94	65.03
	（3）有效发音时间比	60.69	32.85	56.45
	（4）平均停顿长	54.27	33.33	62.40
	（5）平均语流长	67.29	40.46	42.25
表达性指标	（6）修正及重复现象的出现频率	41.74	40.95	67.31
	（7）剔除音节数与总音节数之比	50.25	34.88	64.87

由于被试对自己口语表达能力并不满意，追求完美的想法和刻意放松的状态，使得被试 S8 在座位情境完成任务时占用了过多的时间追求表达内容的准确度，导致有 4 项时间性指标得分均为 3 种情境中最低（见表 8—7），而这种过度监控的现象也导致出现了过多的重复和修正现象，反复的修改剔除了过多的音节，因此表达性指标的两项得分也均为 3 种情境中最低。而在被试认为最紧张的讲台情境中，由于被试情绪紧张，希望尽快结束口语表达任务，使得在讲台情境中的时间性指标均有所提升，但过度紧张影响了其言语产生机制的正常运作，说话"磕磕巴巴"的重复现象频出，影响了表达性指标的得分，如"…那…（1.97）我＝这么＝（0.45）认为的，…（0.88）是因为＝…（0.36）如果，你＝…（0.59）只能…（0.81）［只能］…（2.07）靠⊥依靠自己就＝会＝得到…（0.7）成功。…（1.29）之［之］后就会那个（0.56）自己努力学习，努力…呃＝…（1.45）做任何的事情＝。…（2.01）就什么都…（1.11）顺利了"。最后反而在焦虑值排名第二的期末考试中，被试

虽然仍希望提升自己的考试准确率，但适当的焦虑情绪使得被试 S8 没有足够的时间过度监控自己的口语表达内容，提升了自己的决断力，减少了无效的重复和焦虑现象，使得期末考试在 5 项时间性指标得分中的 4 项指标获得了 3 种情境中的最高分，并且两项表达性指标得分远高于其他两种情景中的得分。从这里我们也可以看出，放松、不焦虑的情绪，并不一定会提升学习者的口语表现，适当的焦虑情绪对于提升口语表达能力是有必要的。

3. 处于高焦虑分组的被试 S1、S2、S3、S4 均认为在期末考试过程中焦虑度最高，其次是讲台，最后是座位，但是在 3 种情境下口语流利度排序均为：讲台＞座位＞期末考试，可以看出来口语课堂焦虑值较高的被试，当处于焦虑程度过高的情景中时，会严重影响其口语流利度，而适当的压力对其口语流利度则有明显的促进作用。

如：被试 S1 表示："我觉得我的口语能力是我听说读写里最不好的，所以我很害怕不能通过考试，因为我们是奖学金预科生，成绩对我们来说很重要。所以我非常紧张口语考试，在考试的时候我需要用力呼吸，让自己放松下来，因为很紧张我觉得我会'磕磕巴巴'，不停出错，我从小考试就这样，但是这让我更紧张，我每次的成绩考试成绩都没有在上课的时候成绩好，我也不知道怎么办，所以我最紧张的是考试。第二是讲台，我不喜欢很多人看我说话，也不喜欢在前面一个人说话，这让我觉得有点紧张。在座位上我不怎么紧张，和我的同学坐在一起不紧张，如果站着我会紧张。"从表 8—1 可以看到被试 S1 在座位情境中的流利度总分为 390.46 分，其中时间性指标得分为 288.16 分，表达性指标得分为 102.30 分；在讲台情境中的流利度总分为 407.73 分，其中时间性指标得分为 278.95 分，表达性指标得分为 128.78 分；在期末考试情境中的流利度总分为 251.87 分，其中时间性指标得分为 182.89 分，表达性指标得分为 68.98 分。

表 8—8　　被试 S1 在 3 种特定情境中的流利度量化指标得分

分类	量化指标	讲台	座位	期末考试
时间性指标	（1）语速	58.23	59.09	32.69
	（2）发音速度	56.83	60.37	32.80
	（3）有效发音时间比	60.79	56.34	32.87
	（4）平均停顿长	36.56	66.18	47.26
	（5）平均语流长	66.54	46.18	37.28
表达性指标	（6）修正及重复现象的出现频率	64.98	50.04	34.98
	（7）剔除音节数与总音节数之比	63.74	52.27	33.99

结合表 8—8 我们可以看出被试 S1 在讲台情境和座位情境中的流利度得分相差不大，讲台情境略高于座位，但是期末考试情境中的流利度得分则远低于另两种情境，过度的紧张情绪使得 S1 在期末考试情境中口语表现严重失常，语速、发音速度和有效发音时间比上的得分接近其他两种情境中得分的一半，且由于一紧张就会"磕磕巴巴"的习惯导致在表达过程中出现了大量非流利重复和修正现象，过度的修正和调整自己的语言导致剔除了大量音节，造成随便表达音节很多，但有效表达内容很少的后果。被试 S1 的案例证实了当学习者处于极高焦虑的环境中进行口语表达时，会对学习者的口语表达流利程度造成严重影响，导致口语流利度严重失常，从而影响口语测试成绩。

综合上述分析证实，特定情境下的口语焦虑会对流利度的表达性指标得分造成较大的影响，根据被试在不同情景中的心理状态，这种影响可能是正面的也可能是负面的，这种影响在不同情景中个体差异较大，这也是在数据分析中 3 种情境下被试表达性指标得分与口语课堂焦虑度负相关不显著的原因，比如紧张所带来的语速加快，使被试在口语过程中来不及思考而造成的重复或修正现象，或是过度放松所带来的过度监控行为都会对表达性指标得分造成负面影响；而被试在适当的焦虑情绪中，为了追求口语表达的准确度，用了更长的时间计划言语表达内容,从而降低了重复和修正出现的频率,提升了表达性指标上的得分。不过总的来说,通过本章的研究我们认为特定情境焦虑对汉语学习者口语流利度并不全是负面影响,适当的特定情境焦虑对口语流利度具有促进作用,而高度焦虑或过度放松,都可能对口语流利度产生负面影响。

第四节　本章小结

本章将实验二和实验三研究结果相结合,对比分析了不同特定情境下高级阶段汉语学习者口语流利度与焦虑情绪的相关性。

1. 通过相关性分析发现,(1) 从口语流利度量化测评总分与口语课堂焦虑度的相关性上看,被试座位情境和期末考试情境中的口语流利度得分与口语课堂焦虑值呈显著负相关,讲台情境中,口语流利度得分与口语课堂焦虑值呈负相关但不显著;(2) 从时间性指标得分与口语课堂焦虑度的相关性上看,被试座位情境和考试情境中的时间性指标得分与口语课堂焦虑值呈显著负相关,讲台情境中的时间性指标得分与口语课堂焦虑值呈负相关但不显著;(3) 从表达性指标得分与口语课堂焦虑度的相关性上看,3 种特定情境中的表达性指标得分与口语课堂焦虑值均呈负相关关系,但不显著。相关性分析结果表明,高级阶段汉语学习者不同情境下的焦虑值对口语流利度的影响是不同的。从整体数据分析上看,汉语课堂焦虑情绪会对汉语学习者口语流利度造成较大的负面影响。

2. 特定情境下的口语焦虑会对流利度的表达性指标得分造成较大的影响,根据被试在不同情景中的心理状态,这种影响可能是正面的也可能是负面的,这种影响在不同情景中个体差异较大,这也是在数据分析中 3 种情境下被试表达性指标得分与口语课堂焦虑度呈不显著负相关的原因。

3. 虽然从纵向对比上看,口语课堂焦虑情绪会对汉语学习者口语流利度造成较大的负面影响，但是从3种特定情境下个人口语流利度得分的横向对比来看，特定情境焦虑对汉语学习者口语流利度并不全是负面影响，适当的特定情境焦虑对高级阶段汉语学习者口语流利度具有促进作用，而高度焦虑或过度放松，都可能对口语流利度产生负面影响。

结　　语

下面将对本书的主要内容和主要成果进行总结，提出对汉语作为第二语言教学现状的思考，并从学校、教师以及学生三个维度提出针对汉语学习者口语表达情境焦虑的干预策略，探讨降低口语表达焦虑的调节方法，为如何营造可以有效提升口语实用能力的课堂环境提供参考性意见。

一　结论

流利度是衡量第二语言口语表达能力最重要的指标之一。本书主要以 Levelt 言语产生理论模型、自我监控理论以及 Tobias "三阶段模型"为基础，从口语非流利现象、流利度的量化测评以及语言焦虑和口语流利度的相关性三个方面，对高级阶段汉语学习者口语流利度进行了深入细致的考察。本书的主要内容和结论包括以下三个方面。

（一）加深了对汉语学习者口语非流利现象的认识

本书从言语产生和自我监控的角度，设置口语测评实验，探究口语非流利现象产生的原因，用以证明自我监控策略对汉语学习者口语流利度的影响以及语言焦虑与言语产生机制之间的交互关系。并结合前人的研究成果，提出更加适用于汉语作为第二语言研究的非流利分类体系，即内隐型监控行为导致的口语非流利现象（停顿、重复、拖腔以及语流中断）以及外显型监控行为导致的口语非流利现象（自我修正）。通过对口语测试语料进行研究发现：

1. 自我监控行为是导致汉语学习者口语非流利的主要原因，可以直接影响口语流利度。焦虑情绪作为一个非常重要的影响因素穿梭在口语表达过程中的每个阶段，影响各机制的正常运作，从而导致被试口语表达过程中出现非流利的状况，影响被试的口语流利度。同时非流利现象的出现也会对被试口语表达过程中的心理状态造成影响，并且这种口语表达过程中的焦虑情绪是可以持续和叠加的。部分情境下对口语表达的焦虑度具有缓解作用。

2. 不恰当的停顿是影响汉语学习者口语流利度最主要的因素，不同时长的非流利停顿具有不同的功能，不同表现形式的停顿在停顿的时长分布上有一定的规律。各类型非流利填充标记的产生原因与功能各不相同，其中出现频率最高的是"无意义的音节填充"。非流利填充标记的主要功能是延缓口语表达时间，缓解表达过程中的时间压力及心理压力，提示听者，维持话轮。

3. 对于非流利停顿的分布位置的研究证实，句子交界处的停顿现象出现频率最高，汉语学习者在此处需要更多的时间去形成新的言语计划以及生成汉语表达形式，所以更容易出现时长较长的停顿现象。

4. 关于非流利重复的研究中，出现频率最高的是词汇重复现象。从功能的角度的研究证实，实验被试用于延缓口语表达时长的重复现象出现频率最高，其次是对上下文起到连接作用的重复。语料中共出现的3种多次非流利重复连续出现的现象：（1）针对同一障碍对句中相同言语成分进行多次重复的现象；（2）针对同一障碍对句中不同言语成分进行多次重复的现象；（3）针对同一障碍对句中不同言语成分进行叠加重复的现象。

5. 关于非流利拖腔的研究中，有约68.50%的非流利拖腔现象是与停顿现象连续出现的。其中，出现在非流利标记后的拖腔是表达者为了防止语流暂停而使用的一种策略；单独出现的拖腔现象与时长较短的填充停顿功能相似，出现在停顿标记前的拖腔主要是由于拖腔可以延续的时间较短，无法满足表达者汉语计划或生成的需求，从而产生停顿现象。而当表达者出现无法替换的词汇提取障碍时，则会出现语流中断现象。

6. 关于自我修正的研究中，出现频次最高的修正类型为恰当修正，其次是错误修正，最后是重构修正。在小项中排名前三的非流利自我修正现象是：恰当插入修正、重构修正以及错误词汇修正。内隐型自我监控行为导致的非流利现象，即非流利停顿、非流利重复和非流利拖腔现象具有启动外显型自我修正的功能。

7. 从口语流利度的角度看，口语测试中3种任务的难度由高到低为：看图描述＞回答问题＞讨论问题。相对于讨论问题，看图描述和回答问题对汉语学习者来说心理压力更大。

（二）确定了合适的口语流利度量化指标

在这一部分中，本书在非流利现象研究的基础上，结合前人成果，从时间性指标（（1）语速、（2）发音速度、（3）有效发音时长比、（4）平均停顿长、（5）平均语流长）和表达性指标（（6）修正及重复现象的出现频率、（7）提出音节数与总音节数之比）两个方面，选取共7项指标对汉语学习者口语流利度进行量化测评。信度和效标效度检验证实，本次实验所选取的7项口语流利度测量指标可以作为口语流利度客观化评分的评分依据。

（三）论证了高级阶段汉语学习者语言焦虑与口语流利度的相关性

在这一部分中，本书对高级阶段汉语学习者口语课堂焦虑现象进行调查，探究高级阶段汉语学习者口语课堂焦虑的具体特点和影响因素。结合流利度的研究结果，对比分析口语课堂焦虑与口语流利度之间的相关性。设置特定情境，对高级阶段汉语学习者在口语课堂和考试语境下的真实语料进行流利度量化测评，结合调查问卷以及回顾性访谈记录，对比分析不同情境下口语流利度与焦虑情绪的相关性，探究特定情境焦虑对汉语学习者口语流利度的影响。研究发现：

参与本次实验的高级阶段汉语学习者因为汉语水平较高，在课堂学习中未出现极高焦虑的个体，但均存在着较高的焦虑水平。从国别上看，不同国家的文化差异对口语课堂的焦虑度造成影响，来自亚洲的学习者更容易出现汉语课堂焦虑状况。从性别上看，女性的口语课堂焦虑值明显高于男性。被试真正焦虑的问题都集中在口语表达阶段，主要的焦虑来源是口语交际压力以及对口语表达能力的不自信。虽然被试汉语水平较高，但与中国人的交际过程中依然存在较大的心理压力。

访谈结果表明，教师的态度和表情、课堂活动安排、学习者的自我认知、自我要求以及对负面评价的恐惧等都会对汉语学习者的口语课堂焦虑程度造成影响，但大多数汉语学习者不知道如何调整对于口语表达的抵触和紧张情绪。而焦虑情绪与口语表现之间是交互影响的，焦虑的情绪会对口语表现造成影响，而口语表现得不如意也会加重焦虑程度，从而对口语表达造成更大的影响。舒适的课堂环境并不能根本解决学习者在口语表达以及口语交际中所遇到的心理障碍，我们必须将关注点集中到口语表达的特定情境中，了解表达过程中学习者的心理状态，找到口语表达和交际焦虑的根本原因。

高级阶段汉语学习者课堂焦虑程度与非流利标记出现频次呈显著正相关，即被试的焦虑程度越高，在口语表达过程中出现的非流利标记越多。但在具体研究中，研究者发现出现语言障碍与焦虑情绪时，汉语学习者对于非流利现象的使用习惯是具有个人风格的，个体差异较大。高级阶段汉语学习者课堂焦虑程度与口语流利度总分呈显著负相关，即被试的焦虑程度越高，其口语流利度越低。从总体上可以明显看出，汉语课堂焦虑情绪会对汉语学习者口语流利度造成较大影响。

当研究者深入到具体的情境中对高级阶段汉语学习者口语流利度进行调查时发现，从整体数据分析上看，汉语课堂焦虑情绪会对汉语学习者口语流利度造成较大的负面影响。但从3种情境下个人口语流利度得分的横向对比来看，特定情境焦虑汉语学习者的口语流利度并不全是负面影响，适当的特定情境焦虑对学习者口语流利度具有促进作用，而高度焦虑或过度放松，都可能对口语流利度产生负面影响。

二 局限性

第一，由于实验过程中，被试的情绪、身体状况、时间推移、现场的环境（例如噪声、天气情况等）与语料采集方法（录像、录音等）等因素都会影响汉语学习者口语流利度。由于本研究采取对被试一对一进行口语测评的方式，被试是在不同时间段进行口语测评的，因此在实验背景的一致性方面存在局限性，可能会对实验数据造成影响。

第二，由于本书所涉及的实验要求实验参与者具有相同教育背景以及汉语水平，因此造成样本容量略小的状况，可能会对本次口语流利度测评指标信度、效度检验结果的一致性造成影响。

第三，对于被试焦虑情绪的考察方法较为单一，未涉及被试的特质焦虑，也因为疫情等原因无法采用电子仪器测量被试的状态焦虑值。

三 对于汉语作为第二语言教学的思考

（一）对口语课堂教学的思考

就目前汉语二语口语课堂的教学方式来说，大多数口语教师更关注于汉语二语学习者口语表达内容的准确度与复杂度，经常忽略口语流利度方面的训练。流利度的口语会影响到其口语表达的信息传递功能，过高的填充停顿现象、重复现象或是自我修正现象的产生，会使其表达信息支离破碎，对听者在言语理解的过程中造成较大负担，而过长时间的频繁停顿，也会在无形中要求听者在口语交际中为了获取信息而长时间集中注意力，造成听者在口语交际中产生疲惫与焦虑的状况。长此以往，会直接影响到学习者在日常交际过程中的自信心以及开口率，越没有信心，口语流利度越差，从而形成恶性循环。口语教师如何帮助学生提高口语产出的流利度，建立言语产出的信心与交际欲望，是一件需要得到关注的事情。

　　口语表达的准确性与复杂性往往与学习者的知识储备有关，是通过努力学习就可以提高的，但是就流利度而言，其影响因素往往是在知识储备的基础上，由学习者的心理状态决定的。因此，口语教师在日常教学中，应该多关注学习者的心理状态，找出其产生口语非流利现象的心理原因，并帮助其进行调整。根据本次实验中对学习者的访谈，笔者得知，口语教师的亲和度和耐心会直接对学习者在课堂中的口语流利度造成影响，较为严厉或没有耐心的教师，会造成课堂环境压抑，气氛紧张的现象，导致学习者口语表达过程中心理负担过重，从而在表达过程中出现大量非流利现象。

　　根据对3种任务类型下汉语二语学习者非流利产出现象的对比研究我们得知，不同的任务类型对于学习者口语能力考察方向是不同的，汉语教师在课堂教学的过程中，应该布置口语训练任务，有目的性的提升学习者的口语表达能力。

（二）对汉语学习者口语学习的思考

　　部分汉语学习者的思想中一直认为"语速快就等于口语表达能力好"，这样错误的观念造成他们在口语产出过程中，汉语程序性知识以及陈述性知识的储备并不足以支持其口语表达的速度，从而造成大量非流利现象的出现，反而影响了其口语流利度。毕竟口语的功能是为了传达信息，在听者听感舒服、不疲惫的前提下，进行准确的信息传达，才应该是口语能力强的表现。因此，对于这部分学习者来说，最重要的是放平心态，调整到与其汉语知识储备相匹配的语速，进行口语表达。

　　对于另一部分学习者而言，口语表达过程中缺乏信心以及过度监控现象是出现非流利现象的主要原因。在口语表达的过程中，经常由于没有信心而进行自我否定，从而造成大量非流利现象的出现，导致其更加没有信心。终止这种恶性循环，认清自己的汉语能力到底是怎样的程度，在表达的过程中不要优柔寡断，是这部分学习者的首要任务。

不过对于任何一位语言学习者来说，增加开口率，坚持口语训练才是维持和提高其口语产出能力的前提。通过对本次实验参与者的后期回访了解到，脱离口语训练会直接导致口语流利度水平下降。汉语学习者在脱离口语课堂学习后，如果不能继续进行口语训练来维持口语流利度，即便是在汉语语境下，口语流利度仍会明显下降。因此，口语的流利度需要学习者投入更多的精力去维持。

（三）对汉语教师培养的思考

汉语教师在对学习者进行口语测评时，很难像其他考试一样依据评分标准，准确评价学习者的学习成绩。成手教师往往凭借多年教学经验以及个人情感作为评分依据，而新手教师在口语测评过程中，常常因为无法掌握口语测评规则而胡乱评分，导致其评分无法代表学习者的真实口语水平。因此，如何提高对于新手教师在各项指标上的综合评价能力，如何提高其对区分各阶段学习者口语表达能力的判断力，仍然是在汉语教师培养过程中需要进行思考的问题。

四 对于汉语作为第二语言教学的建议

（一）对学校及教学机构的建议

本书通过实验证实，汉语学习者普遍存在语言表达情境焦虑，并且这种焦虑会严重影响学生的口语考试成绩以及口语表达能力。学习者来到中国学习汉语的过程中，面对文化冲突所带来的影响，可能会出现伤心、孤独、失眠、逃避交流、丧失信心、缺乏安全感等一系列心理问题，除了特定情境焦虑以外，很容易出现个性焦虑。而目前我国对于学习者的心理疏导问题一直未受到足够的重视，缺乏针对汉语学习者的心理辅导课程。学校在关注汉语学习者学习成绩以及生活条件的同时，也应更多关注学生的心理健康问题。Ellis 和 MacLaren（1998）所提出的理性情绪行为疗法（BEBT）认为信念是直接决定个体情绪以及行为的影响因素，僵化、非理性的信念是影响个体心理的主要原因，而灵活、理性的信念则是获得健康心理的基础。而汉语学习者学习汉语的特定情境焦虑从认知角度讲的主要原因是汉语学习动机不明、对汉语学习期望值过高或过低、对学校或汉语教师有抵触心理或是自信心不足。面对此类情况，学校或教学机构应该开设学习者心理辅导课程，利用团体心理辅导的模式增强汉语学习者的理性信念，并配合心理咨询或心理治疗干预的方式，消减文化冲击所带来的负面影响，帮助学生明确学习动机和自身需求，增强学习者的自我认知，改善人际交往情况，让汉语学习者学会如何控制和改善自己的焦虑情绪，从而提升口语表达水平。

（二）对教师的建议

汉语教师应根据汉语学习者的个体差异，增加与学生的交流，关注学生产生焦虑情绪的原因，选择合适的调节方法，帮助学生有效的降低焦虑。对于汉语口语课堂来说：

1. 口语教师应在学期初通过焦虑量表、基本信息调查表和口语表达测试，了解汉语学习者的基本状况和情绪状态，并将测试结果告知学生，让学生对自己的口语表达状态以及情绪状况有充分的认知。

2. 口语教师应制定明确的教学计划和目标，并根据学生的个体差异，辅助学生制定明确的短期目标和长期目标。焦虑出现的原因常常是对自身认知不足以及对外界事物缺乏掌控感，了解自身状况以及设定明确目标，可以有效降低学生的焦虑感。

3. 口语教师在开课初期，应注意营造具有亲和力的自身形象以及和谐有趣的、以学生为中心的课堂氛围，为学生提供可预测的课堂学习环境，让学生在口语课堂中感觉放松和自信，与学生建立相互信任和尊重的关系。并在学期中后期，注意通过设置不同压力程度的口语表达任务，改善学生学习倦怠以及过度放松的情绪状态，通过调整适当的焦虑情境，刺激学生提升口语表达的流利程度。

4. Oxford（1999）指出，应鼓励学生在舒适和无威胁的情境中进行语言学习。选择合适的纠错方式对减少语言焦虑至关重要。对高焦虑的学习者来说，强调、放大或纠正学生的错误是一种公开羞辱方式，会严重损害他们的自尊，并引发巨大的焦虑。在汉语学习者表达的过程中，口语教师应将关注点放在学生所表达的观点和正确的部分，选择令人舒适的语气和恰当的时机进行适当纠错。应注意调整自己的纠错程度以及形式，不要打断学生的表达，并以重铸式修正的正向反馈代替直接纠错。在注重自身纠错方法的同时，需辅助学生建立正确的认知，明确口语表达的最终目的是传达信息，因此表达内容比发音、用词和形式更加重要，减少学生在口语表达过程中的过度自我监控行为。同时，可以在学期中后期，在学生互相了解和信任后，尝试鼓励学生就他们的口语表现互相提供建设性意见，并对他们的语言成绩提供积极的评价。

5. Gregerse 和 MacIntyre（2013）指出，建立友好和关爱的学习环境，强调人与人之间的互动关系，在降低课堂焦虑方面具有重要作用。他们认为，消除竞争力、比较心理以及拥有"榜样或可以互助的对话伙伴"等方面是帮助学生克服语言焦虑的关键。口语教师在教学过程中，应根据学生的理解程度调整课堂教学进度，关注由于文化背景所导致的个体差异，在设置任务的过程中尊重学生的个体感受，面对焦虑程度较高的学生，应多使用任务式教学和小组汇报的模式代替个人陈述，通过合作的方式减少学生之间的竞争力，多鼓励学生，从而降低学生的焦虑感。

6. 面对考试焦虑的问题，口语教师应辅助学生制订合适的复习计划，在充分准备和了解自身状况的情况下，增加学生的自信心，帮助学生建立正确的自我认知，以减少由于焦虑所导致的考试发挥失常等问题。

（三）对学生的建议

对于汉语学习者来说，应积极配合学校和教师，采取合适的措施降低自身焦虑感。

1. 敢于了解和面对自身的口语表达水平以及焦虑状态，明确自己的学习动机，设置可实现的学习目标，在主观意识上，有目的有规划地调整自身心理状态，从而提升自己的口语表达水平。

2. 积极参加各项活动，减少母语使用频率，为自己创造交流和认识中国朋友的机会。

3. 对于不熟悉的知识点和口语话题，应多与口语教师沟通，反复操练，不要过度在意表达内容的准确度和复杂度，减少口语表达过程中的过度自我监控行为。

4. 尝试接纳自身的不足，明确学习的过程比成绩更加重要，正确看待口语表达水平、考试成绩与自身期待值之间的差距，以积极的心态处理外界的负面评价，从而降低焦虑感。

5. 养成记录在不同情境中情绪变化的习惯，正确看待和解决焦虑，有效提升自己的口语表达能力。

参考文献

一 中文专著

鲍贵：《二语习得研究中的常用统计方法》，外语教学与研究出版社2011年版。

黄伯荣、廖序东：《现代汉语（增订四版）》，高等教育出版社2007年版。

李晓琪：《对外汉语口语教学研究》，商务印书馆2006年版。

刘润清：《外语教学中的科研方法》，外语教学与研究出版社1999年版。

刘珣：《对外汉语教育学引论》，北京语言大学出版社2000年版。

吕叔湘：《现代汉语八百词（增订本）》，商务印书馆1999年版。

邱皓政：《量化研究与统计分析——SPSS中文视窗版数据分析范例解析》，重庆大学出版社2009年版。

Weir, C. J.：《语言测试与效度验证：基于证据的研究方法》，外语教学与研究出版社2010年版。

二 中文期刊及论文

曹雅婷、陈桦：《〈二语口语流利度：从理论到实践〉评介》，《现代外语》2022年第2期。

陈浩：《第二语言口语非流利产出的重复现象研究》，《解放军外国语学院学报》2013年第1期。

陈劭：《英语学生课堂焦虑感与口语水平的关系》，《国外外语教学》

1997 年第 1 期。

陈立平:《基于语料库的大学生英语口语自我修正研究》,《外语教学》2017 年第 2 期。

陈默:《认同对汉语二语学习者口语复杂度、准确度和流利度的影响》,《语言教学与研究》2020 年第 1 期。

陈默:《汉语作为第二语言自然口语产出的复杂度、准确度和流利度研究》,《语言教学与研究》2015 年第 3 期。

陈默:《美国留学生汉语口语产出的流利性研究》,《语言教学与研究》2012 年第 2 期。

戴朝晖:《中国大学生汉英口译非流利现象研究》,《上海翻译》2011 年第 1 期。

翟艳:《口语流利性主观标准的客观化研究》,《语言教学与研究》2011 年第 5 期。

高健民:《二语口语流利度研究的文献计量及可视化分析》,《哈尔滨学院学报》2021 年第 1 期。

高姜、樊宇:《基于语料库的中美大学生口语叙述中停顿现象比较研究》,《解放军外国语学院学报》2011 年第 4 期。

高宪礼:《课堂环境下英语学习焦虑感与口语流利性关系》,《沈阳大学学报》2008 年第 1 期。

高莹、王宇:《第二语言口语流利性研究述评》,《河北理工大学学报(社会科学版)》2010 年第 6 期。

郭修敏:《汉语作为第二语言的口语流利性的量化测评》,硕士学位论文,北京语言大学,2005 年。

郭修敏:《汉语作为第二语言的口语流利性量化测评》,《湘潭师范学院学报(社会科学版)》2007 年第 4 期。

洪秀凤:《留学生汉语口语产出分流利填充语研究——以安徽大学留学生为例》,硕士学位论文,安徽大学,2015 年。

侯冰洁:《言语交际过程中的自我监控问题研究》,博士学位论文,吉林大学,2017 年。

胡伟杰、王建勤：《第二语言口语认知流利性对口语能力的预测作用》，《世界汉语教学》2017年第1期。

胡伟杰：《基于认知加工的第二语言口语流利性测量》，《外语教学与研究（外国语文双月刊）》2018年第2期。

胡月宝等：《基于促进学习评量的口语测评工具研究——以新加坡中学口语评论对话体流利准确度编程系统开发为例》，《国际汉语教学研究》2020年第1期。

贾亚妮：《韩国留学生汉语口语焦虑感调查研究》，硕士学位论文，西北师范大学，2015年。

蒋长刚、戴劲：《英语专业学生口语流利性的多维度和测量研究》，《西安外国语大学学报》2019年第2期。

金晶：《汉语二语学习者口语非流利现象成因分析及教学对策》，《汉字文化》2022年第6期。

金韵玲：《韩国汉语作为第二语言学习者叹词类填充话语标记使用调查》，硕士学位论文，南京师范大学，2020年。

康蓓：《语言焦虑中的内在因素对口语流利性的影响》，硕士学位论文，上海师范大学，2013年。

孔文、方洁：《第二语言口语流利性的研究现状与展望》，《中国考试》2019年第8期。

廖海燕、刘春燕：《英语专业学生的口语非流利填充策略研究》，《解放军外国语学院学报》2013年第6期。

刘峰：《留学生汉语口语自我修正研究》，《华文教学与研究》2014年第1期。

刘佳音：《汉语二语学习者课堂自启自修型会话修正研究》，《东北师大学报（哲学社会科学版）》2016年第3期。

刘瑜、吴辛夷：《汉语二语学习者口语产出的流利度研究》，《华文教学与研究》2016年第4期。

刘瑜：《汉语作为第二语言口语非流利现象的成因探讨》，《语言教学与研究》2019年第3期。

卢加伟：《中国英语学习者二语会话中语用非流利的实证研究》，硕士学位论文，南京大学，2014年。

卢加伟：《第二语言口语非流利产出研究述评》，《洛阳师范学院学报》2015年第4期。

马冬梅、刘健刚：《英语专业研究生口语非流利重复特征研究》，《现代外语》2013年第4期。

马冬梅：《中国二语学习者口语非流利停顿心理机制探讨》，《东南大学学报（哲学社会科学版）》2013年第6期。

马冬梅：《口语产出非流利分类体系研究》，《外语与外语教学》2012年第4期。

马庆、柴省三：《中高级韩国汉语学习者口语能力评价研究》，《汉语学习》2022年第3期。

孟凡韶：《4/3/2教学技巧与提高英语口语流利性的实证研究》，《解放军外国语学院学报》2009年第4期。

缪海燕、刘春燕：《英语专业学生的口语非流利填充策略研究》，《解放军外国语学院学报》2013年第6期。

缪海燕：《第二语言口语产出非流利的停顿研究》，《解放军外国语学院学报》2009年第4期。

欧阳祎婧：《留学生汉语学习焦虑、口语学习策略与口语流利性的关系研究》，硕士学位论文，南京师范大学，2015年。

秦晨：《大学生外语焦虑状况的调查与分析》，《河海大学学报》2006年第3期。

秦莉杰：《外国学生汉语学习焦虑及其口语流利性的关系研究》，硕士学位论文，南京大学，2016年。

施静静：《中级阶段外国学生汉语口语的非流利现象研究》，硕士学位论文，南京师范大学，2014年。

孙海丽：《对外汉语初级阶段口语教学浅析》，《齐齐哈尔大学学报（哲学社会科学版）》2005年第5期。

汤桂珍：《留学生汉语口语自我修正策略实证调查研究》，《国际汉语学报》2013 年第 2 期。

汤瑞：《高中英语口语焦虑对口语输出水平影响的研究》，硕士学位论文，江苏大学，2018 年。

王康才：《外语焦虑量表（FLCAS）在大学生中的测试报告》，《心理科学》2003 年第 2 期。

王希竹、彭爽：《汉语二语学习者口语产出非流利分类体系探析》，《延边大学学报（社会科学版）》2017 年第 5 期。

王希竹、金晓艳：《汉语二语学习者口语非流利填充型停顿研究》，《东北师大学报（哲学社会科学版）》2020 年第 2 期。

王希竹、金晓艳：《韩国留学生口语产出非流利停顿现象研究》，《东疆学刊》2021 年第 3 期。

王银泉、万玉书：《外语学习焦虑及其对外语学习的影响——国外相关研究概述》，《外语教学与研究》2001 年第 2 期。

吴继峰、赵晓娜：《初中级汉语水平二语者口语产出质量评估研究》，《语言文字应用》2020 年第 1 期。

吴继红：《工作记忆容量对二语学习者口语产出的影响》，《安康学院学报》2019 年第 4 期。

吴庆玲：《蒙古国学生汉语口语表达焦虑探析》，硕士学位论文，山东大学，2012 年。

习晓明：《填充词及用法》，《教学研究（外语学报）》1988 年第 3 期。

肖玢：《第二语言口语非流利产出研究述评》，《海外英语》2012 年第 22 期。

杨军：《口语非流利产出研究评述》，《外语教学与研究》2004 年第 4 期。

杨萌、穆凤英：《影响英语学习者口语流利性的停顿研究述评》，《临沂大学学报》2011 年第 6 期。

于国栋：《话语修正策略的顺应性解释》，《山西大学学报（哲学社会科学版）》2011 年第 6 期。

张春花、陈默:《韩语母语者汉语口语流利度研究》,《汉语应用语言学研究》2016年第1期。

张莉、王飙:《留学生汉语焦虑感与成绩相关分析及教学对策》,《语言教学与研究》2002年第1期。

张萌、周丹丹:《时间压力下任务重复对二语口语产出的影响》,《现代外语》2022年第4期。

张素涵:《输出任务类型与英语水平对英语学习者口语产出流利度的影响》,《上饶师范学院学报》2021年第1期。

张文忠:《第二语言口语流利性发展的理论模式》,《现代外语》1999年第2期。

张文忠:《国外第二语言口语流利性研究现状》,《外语教学与研究》1999年第2期。

张文忠:《第二语言口语流利性发展的定性研究》,《现代外语》2000年第3期。

张文忠、吴旭东:《第二语言口语流利性发展定量研究》,《现代外语》2001年第4期。

周俊英、周国宁:《基于语料库的中国学习者英语口语非词汇填充研究》,《北京教育学院学报》2010年第3期。

三 外文文献

Alpert, R. & Haber, R. N. , "Anxiety in Academic Achievement Situations", *The Journal of Abnormal and Social Psychology*, Vol. 61, No. 2, 1960.

Arevart, S. & Nation, P. , "Fluency Improvement in a Second Language", *RELC Journal*, No. 1, 1991.

Baker-Smemoe, W. , Dewey, D. P. , Bown, J. , & Martinsen, R. A. , "Variables Affecting L2 Gains During Study Abroad", *Foreign Language Annals*, No. 47, 2014.

Bell, L. , Eklund, R. & Gustafson, J. , A Comparison of Disfluency Distribution in a Unimodal and a Multimodal Speech Interface, *Proc, of ICSLP*2000, 2002.

Bialystok, E., "A Theoretical Model of Second Language Learning", *Language Learning*, Vol. 28, No. 1, 1978.

Brown, H. D., "Affective Variables in Second Language Acquisition", *Language Learning*, Vol. 23, No. 2.

Cenoz, J., "Pauses and Communication Strategies in Second Language Speech", *College Students*, 1998.

Chastain, K., "Affective and Ability Factors in Second Language Acquisition", *Language Learning*, No. 25, 1975.

Clark, H. H. & Wasow, T., "Repeating Words in Spontaneous Speech", *Cognitive Psychology*, Vol, 37, No. 3, 1998.

Culler, R. & Holahan, C., "Test Anxiety and Academic Performance: The Effects of Study – Related Behaviors", *Journal of Educational Psychology*, No. 72, 1980.

Daly, J., "Understanding Communication Apprehension: An Introduction for Language Educators", in E. K. Horwitz, & D. J. Young, eds. *Language Anxiety: From Theory and Research to Classroom Implications*, Englewood Cliffs, NJ: Prentice Hall, 1991.

Danks, J. H., "Producing Ideas and Sentences", in S. Rosenberg, ed., *Sentence Production: Development in Research and Theory*, 1977.

De Bot, K., "A Bilingual Production Model: Levelt's 'Speaking' Model Adapted", *Applied Linguistics*, No. 13, 1992.

Eklund, R., Disfluency in Swedish Human – human and Human – machine Travel Booking Dialogues, Unpublished Doctoral Dissertation Linköping: Linköping University, 2004.

Eysenck, M. W. Anxiety, "Learning, and Memory: A Reconceptualization", *Journal of Research in Personality*, Vol. 13, No. 4, 1979.

Faerch, C., Haastrup, K., & Phillipson, R., "Learner Language and Language Learning", *Modern Language Journal*, Vol. 69, No. 1, 1984.

Foster, P. & Skehan, P., "The Influence of Planning and Task Type on Second Language Performance", *Studies in Second Language Acquisition*, Vol. 18, No. 3, 1996.

Fromkin, V. A., "Grammatical Aspects of Speech Errors", in F. Newmeyer, eds. *Linguistics: The Cambridge Survey*. Vol. 2, Cambridge: Cambridge University Press, 1988.

Ginter, A., Dimova S. & Yang, R., "Conceptual and Empirical Relationships Between Temporal Measures of Fluency and Oral English Proficiency with Implications for Automated Scoring", *Language Testing*, No. 27, 2010.

Grosjean, F. & Dechamp, A., "Analyse des Variables Temporelles du Français Spontané", *Phonetica*, No. 26, 1972.

Hieke, A., "A Content – Processing View of Hesitation Phenomena", *Language and Speech*, No. 2, 1981.

Hieke, A. E., Kowal, S. & Connel, D. C. O., "The Trouble With 'Articulator' Pauses", *Language and Speech*, No. 3, 1983.

Horwitz, E. K., Horwitz, M. B. H., Cope, J., "Foreign Language Classroom Anxiety", *Modern Language Journal*, Vol. 70, No. 2, 1986.

Iwashita, N., Brown, A., McNamara, T. & O' Hagan, S., "Assessed Levels of Second Language Speaking Proficiency: How Distinct?", *Applied Linguistics*, No. 29, 2008.

James, D. M., "Another Look at, Say, Some Grammatical Constraints on, Oh, Interjections and Hesitations", Paper Delivered to the 9th Regional Meeting of the Chicago Linguistic Society, *Chicago Linguistic Society*, 1973.

Kim, S. Y., Affective Experiences of Korean College Students in Different Instructional Contexts: Anxiety and Motivation in Reading and Conversation Courses, Ph. D. The University of Texas at Austin, 1998.

Kleinmann, H. H. , "Avoidance Behavior in Adult Second Language Acquisition", *Language Learning*, No. 27, 1977.

Kormos, J. "The Effect of Speaker Variables on the Self - Correction Behavior of L2 Learners", *System*, No. 27, 1999.

Krashen, S. , "A Response to McLaughlin, 'The Monitor Model: Some Methodological Considerations'", *Language Learning*, Vol. 29, No. 1, 1979.

Lennon, P. , "Investigation Fluency in EFL: A Quantitative Approach", *Language Learning*, No. 40, 1990.

Lennon, P. , "The Lexical Element in Spoken Second Language Fluency", in Heidi Riggenbach, ed. , *Perspectives on Fluency*, Michigan: University of Michigan Press.

Levelt, J. W. , "Monitoring and Self - repair in Speech", *Cognition*, No. 14, 1983.

Lickley, R. J. , Detecting Disfluency in Spontaneous Speech, Ph. D. , Thesis, The University of Edinburgh, 1994.

MacIntyre, P. D. & Gardner, R. C. , "The Subtle Effects of Language Anxiety on Cognitive Processing in Second Language", *Language Learning*, No. 44, 1993.

MacIntyre, P. D. , & Gardner, R. C. , "Investigating Language Class Anxiety Using the Focused Essay Technique", *The Modern Language Journal*, Vol. 75, No. 3, 1991.

MacIntyre, P. D. , "Language anxiety: A Review of the Research for Language Teachers", *Affect in Foreign Language and Second Language Learning: A Practical Guide to Creating a Low - anxiety Classroom Atmosphere*, No. 24, 1999.

MacIntyre, P. D. , Noels, K. A. , & Clément, R. , "Biases in Self - Ratings of Second Language Proficiency: The Role of Language Anxiety", *Language Learning*, Vol. 47, No. 2, 1997.

Maclay, H. & Osgoog, C. E., "Hesitation Phenomena in Spontaneous English Speech", *Word*, No. 15, 1959.

Mak, B., "An Exploration of Speaking – in – Class Anxiety With Chinese ESL Learners", *System*, No. 39, 2011.

Mccroskey J. C., Beatty M. J., Kearney P. et al., "The Content Validity of the PRCA – 24 as a Measure of Communication Apprehension Across Communication Contexts", *Communication Quarterly*, Vol. 33, No. 3, 1985.

Mehnert, U., "The Effects of Different Lengths of Time for Planning on Second Language Performance", *Studies in Second Language Acquisition*, Vol. 20, No. 1, 1998.

Meisel, J. M., "A Note on Second Language Speech Production", *Psycholinguistic Models of Production*, eds. H. D. Declare & M. Raupach. New Jersey: Ablex, 1987.

Möhle, D., "A Comparison of the Second Language Speech of Different Native Speakers", In H. W. Dechert, D. Möhle & M. Raupach, eds. *Second Language Productions*, FRG: Narr, 1984.

Naiman, N., "The Good Second Language Learner", *TESL Talk*, Vol. 6, No. 1, 1975.

Neilson, M. D. & Neilson, P. D., "Speech Motor Control and Stuttering: A Computational Model of Adaptive Sensory Motor Processing", *Speech Communication*, No. 6, 2006.

Oxford, R. L., & Ehrman, M., "Second Language Research on Individual Differences", *Annual Review of Applied Linguistics*, No. 13, 1992.

Phillips, E. M., "The Effects of Language Anxiety on Students' Oral Test Performance and Attitudes", *The Modern Language Journal*, Vol. 76, No. 1, 1992.

Postma, A. & Kolk, H., "The Covert Repair Hypothesis: Pre – articulatory Repair Processes in Normal and Stuttered Disfluencies", *Journal of*

Speech and Hearing Research, No. 36, 1993.

Price, M. L., "The Subjective Experience of Foreign Language Anxiety: Interviews with Highly Anxious Students", *Language Anxiety: From Theory and Research to Classroom Implications*, 1991.

Raupach, M., "Temporal Variables in First and Second Language Speech Production", in H. D. Dechert, M. Raupach, eds., *In Temporal Variables in Speech*, New York: Mouton, 1980.

Riggenbach, H., "Towards an Understanding of Fluency: A Microanalysis of Nonnative Speaker Conversation", *Discourse Analysis*, No. 4, 1991.

Rodriguez, M., "Foreign Language Classroom Anxiety and Students' Success in EFL Classes", *Revista Venezolana de Linguistica Aplicada*, No. 1, 1995.

Rubin, J., "What the 'Good Language Learner' Can Teach Us", *TESOL Quarterly*, 1975.

Sajavaara, K., "Second Language Speech Production: Factors Affecting Fluency", *Psycholinguistic Model of Production*, eds., H. D. Derchert & M. Raupach, New Jersey: Ablex, 1987.

Samimy, K. K., & Tabuse, M., "Affective Variables and A Less Commonly Taught Language: A Study in Beginning Japanese Classes", *Language Learning*, No. 42, 1992.

Schegloff, E. A., "Overlapping Talk and the Organization of Turn–Taking for Conversation", *Language in Society*, No. 29, 2000.

Schlenker, B. R. & Leary, M. R., "Social Anxiety and Self–Presentation: A Conceptualization Model", *Psychological Bulletin*, Vol. 93, No. 3, 1982.

Schmidt, K., "Psychological Mechanisms Underlying Second Language Fluency", *Studies in Second Language Acquisition*, No. 3, 1992.

Scovel, T., "Why Languages Do Not Shape Cognition: Psycho and Neurolinguistic Evidence", *Jalt Journal*, Vol. 13, No. 1, 1991.

Shriberg, E. , Preliminaries to A Theory of Speech Disfluencies, Ph. D. , Thesis, University of California, Berkeley, 1994.

Snyder, M. , "Self – Monitoring of Expressive Behavior", *Journal of Personality and Social Psychology*, Vol. 30, No. 4, 1974.

Starkweather. C. W & Gottwald, S. R. , "The Demands Capacities Model II: Clinical Applications", *Journal of Fluency Disorders*, Vol. 15, No. 3, 1990.

Tavakoli, P. & Uchihara, T. , "To What Extent are Multiword Sequences Associated with Oral Fluency?", *Language Learning*, Vol. 70, No. 2, 2020.

Tavakoli, P. , Nakatsuhara, F. and Hunter, A. , "Aspects of Fluency Across Assessed Levels of Speaking Proficiency", *The Modern Language Journal*, Vol. 104, No. 1, 2020.

Thompson, A. S. & Lee, J. , "The Impact of Experience Abroad and Language Proficiency on Language Learning Anxiety", *TESOL Quarterly*, Vol. 48, No. 2, 2014.

Tobias, S. , "A Model for Research on the Effect of Anxiety on Instruction", in J. Sieber, H. F. O' Neil, Jr. & S. Tobias, eds. Anxiety, *Learning and Instruction Hillsdale*, NJ: Lawrence Erlbaum, 1977.

Tobias, S. , "Anxiety and Cognitive Processing of Instruction", in R. Schwarzer, ed. , *Self – related Cognitions in Anxiety and Motivation*, Hillsdale, NJ: Lawrence Erlbaum, 1986.

Tobias, S. "Anxiety and Cognitive Processing of Instruction", *Anxiety & Cognitive Processing of Instruction*, 1983.

Towell, R. , Hawkins, R. & Bazergui, N. , "The Development of Fluency in Advanced Learners of French", *Applied Linguistics*, No. 1, 1996.

Tseng, S. C. "Taxonomy of Spontaneous Speech Phenomena in Mandarin Conversation", paper delivered to ISCA & IEEE Workshop on SSPR, Tokyo Institute of Technology, Tokyo, Japan, April 13 – 16, 2003.

Van Hest, E., "Self-Repair as a Measure of Language Proficiency", *Paper Delivered to the 18th Annual Language Testing Colloquium*, Tampere, Finland, April, 1996.

Watson, D. & Friend, R., "Measurement of Social-Evaluative Anxiety", *Journal of Consulting and Clinical Psychology*, No. 43, 1986.

Williams, K., "Anxiety and Formal Second/Foreign Language Learning", *RELC Journal*, Vol. 22, No. 2, 1991.

Woodrow, L., "Anxiety and Speaking English as a Second Language", *RELC Journal*, Vol. 37, No. 3, 2006.

Young, D. J., *Affect in Foreign Language and Second Language Learning: A Practical Guide to Creating a Low-Anxiety Classroom Atmosphere*. McGraw-Hill College, 1998.

Young, D. J., "An Investigation of Students' Perspectives on Anxiety and Speaking", *Foreign Language Annals*, Vol. 23, No. 6, 1990.

Ando M., *Distinctive Language Anxiety Factors among College Students: Toward the Further Development of Measures and Theories*, State University of New York at Buffalo, 1999.

Arnold, J., *Affect in Language Learning*, Beijing: Foreign Language Teaching and Research Press, 2000.

Biber, D., Johansson, S., Leech, G. et al., *Longman Grammar of Spoken and Written English*, Person Education ESL, 1999.

Brumfit, C. B., *Communicative Methodology in Language Teaching: The Roles of Fluency and Accuracy*, Cambridge: Cambridge University Press, 1984.

Ellis, R., *The Study of Second Language Acquisition*, Shanghai Foreign Language Education Press, 1994.

Fillmore, C., "*On fluency*", in C Fillmore, D. Kempler & W. Wang, eds. *Individual Differences in Language Ability and Language Behavior*, New York: Academic Press, 1979.

Flavell, J. H. & Wellman, H. M., "Metamemory", in Kail R, Hagen J, eds., *Perspectives on the Development of Memory and Cognition*, Hillsdale, 1977.

Flavell, J. H., "Metacognitive Aspects of Problem Solving", in L. Resnich, ed., *The Nature of Intelligence*, Hillsdale, NJ: Lawrence Erlbaum Associates, 1976.

Fox Tree, J. E., *Comprehension after Speech Disfluencies*, Ph. D., Dissertation, Stanford University, 1993.

Goldman Eisler, F., *Psycholinguistics: Experiments in Spontaneous Speech*, New York: Academic Press, 1968.

Horwitz, E. K. & Young D. J., *Language Anxiety: From Theory and Research to Classroom Implications*, Prentice Hall, 1991.

Jonston, W., et al., *The Onset of Stuttering*, Minneapolis: The University of Minnesota Press, 1959.

Krashen, S., *Principles and Practice in Second Language Acquisition 2*, Oxford, England: Pergamon Press, 1982.

Leeson, R., *Fluency and Language Teaching*, London: Longman Group Limited, 1975.

Levelt, W. J. M., *Speaking: From Intention to Articulation*, Cambridge: MIT Press, 1989.

Ortega, L., *Understanding Second Language Acquisition*, London: Hodder Education, 2009.

Segalowitz, N., *Cognitive Bases of Second Language Fluency*, New York, NY: Routledge, 2010.

Spielberger, C. D., *Anxiety As an Emotional State*, Elsevier Inc, 1972.

Spielberger, C. D., *Manual for the State - trait Anxiety Inventory (Form Y)*, Palo Alto, California: Consulting Psychologists Press, 1983.

索　引

B

表达性指标　20，120—123，127，129—131，134，136，139，140，167，183，195—204，208

C

测评指标　19，37，168，189，210

出现频次　3，4，12，35，37，48，49，53，55—58，60—62，64—68，71，73—75，80—86，88，90—94，96—100，104—107，111，113，114，116—118，130，137，138，169，170，173—185，187，208，209

词汇重复　47，85，86，91，100，207

错误修正　47，48，87，103—105，113，117，208

D

单独填充停顿　47，53—55，57，58，62，95，100，112，113，169，170，176，177，179，181—184

短语重复　47，85—87，100

F

发音机制　5，38—41，43—45，84，101，185，198

非结构多种成分重复　47

非流利填充标记　58，60—65，68，71，80，82，83，90，91，93—96，99，112，120，207

非流利停顿　3，14，26，34，40，43，46—49，51—57，59，60，66，73—85，88，89，91—97，99，100，103，

112—117，120，121，137，139，140，169，174—179，183，185，187，200，207，208

非流利拖腔　14，47—49，57，92—97，99，100，112，114，117，121，137，169，184，185，207，208

非流利现象　1—4，11，12，14，15，22—25，31，33—53，59，71，84，85，92—94，97，99—101，103，104，109，111—114，117—120，135，139，156，173—177，182，183，186，187，206—209，211

非流利语流中断　14，47—49，97—100

非流利重复　14，24，40，41，47—49，84—90，92，99，100，102，112，115，117，120，122，135，139，174，183—185，203，207，208

分布特征　3，12，26，35，37，73，80，82，83，97

分类体系　34—36，46，47，49，50，102—104，117，120，206

G

概念形成机制　4—6，11，39，63，198

个案分析　135，182

功能　3，8，12，14，23，26，29，34，35，37，43，45，52，54，60，62，66，68，71，73，74，79，82，84，85，87，89，93，94，99，100，107，112—115，117，120，121，178，207，208，210，211

H

汉语生成　38，39，41—43，45，55，57，81—84，88—91，95，97—100，111，113—115，140，175，178，179，182，183，185

互动关系　3，11，12，214

话题讨论　12，35，36，41，80—84，87，91，92，95—97，99，100，114，116—118

回答问题　12，35，36，69，80—84，91，92，96，97，100，116—118，149，152—154，158，160，197，199，208

回顾性访谈　12，13，36，38，39，168，169，185，187，188，190，195，199，200，208

J

监察　7，11，38，39，41，42，44，49，70，98，102，103

焦虑情绪　3，4，10—13，26—31，35，36，39—46，49，50，142，143，145，147，151—164，167—169，172，174，175，180，183，185，187，188，195—197，200，202—204，207—210，213

句子重复　47，85—87

K

看图描述　12，35，36，44，80—84，86，89，92，96，97，99，100，113，116—118，208

课堂焦虑　4，11，12，27，29，31，32，142—152，158，159，162—164，167—170，172—174，181—183，186—190，194，200，208，209，214

口语流利度　2—4，11—13，16—19，21，23，24，31—33，35，37—39，46，48—50，52，54，72，101，113，119—128，131，134—141，146，163—167，172，175，183，184，186—196，200，202—212

L

量化测评　4，11—13，18，19，21，32，35，37，119，120，122，124，127，131，135，136，138，140，141，167，168，181，183，188—190，194，195，204，206，208

N

内部言语　5，6，8，38，51
内隐型监控行为　24，38，46，47，50，51，99，103，206

Q

恰当修正　47，48，103—105，107，117，208

S

"三阶段"模型　3，9，10

时间性指标　18—20，119—121，123，127，129—132，134，136，138，140，167，183，195—204，208

T

特定情境焦虑　3，4，11，13，28，29，142，188—190，204，205，208—210，212，213

填充现象连用停顿　47

W

外部言语　8

外显型监控行为　24，38，46—48，50，101，206

无声停顿　13，19—21，23，34，40，42，45，47，53—60，63，64，73，88—90，93，95，96，98，112—115，120，121，140，169，170，175—177，179—185

无声与填充现象连用停顿　47

X

形式合成机制　5，11，37，39，40，59，66，69，78，79，185，198

Y

言语产生机制　3，12，35，36，39，46，49，181，201，206

言语产生模型　4，5，10，33，34，37

言语计划　8，17，23—25，31，37—45，51，52，55，57，68，80，81，83，84，87—90，92，93，95，100，111—115，138—140，171，178，180，182—185，207

研究设计　11，35，143，189

语素重复　47，85，86，89，91，100

语言焦虑　3，9，27—33，142，152，206，208，213，214

Z

重构修正　45，47，48，55，77，97，98，103—105，111，115，117，179，208

自我监控　3，4，6—10，12，24，33—35，37—40，43，44，46—49，51，76，88，

90，96，101—103，105，106，112，117，121，161，175，183，197—199，206—208，214，215

自我监控理论　3，6—8，10，33，34，37，38，51，206

自我修正　1，2，14，18，20，21，23—26，44，47—50，85，89，97，101—107，110—118，120，122，135，172—175，184，186，206，208，210

后　　记

　　本书作为国家社科基金后期资助暨优秀博士论文项目（21FYB051）"第二语言学习者口语产出流利度研究"的结项成果，是在我博士论文《汉语作为第二语言学习者口语产出流利度研究》和博士后出站报告《语言焦虑与来华留学生口语表达流利度的相关性研究》的基础上修改、扩充而成。

　　首先要特别感谢我的博士生导师彭爽教授，感谢您在我毫无头绪的时候，一步步引导我寻找感兴趣的研究方向。感谢您事无巨细地为我考虑，总是在恰当的时间提醒我应该做些什么。感谢您这么多年来，在我无数次丧失信心的时候，始终相信我可以做到。您对工作与生活的态度看起来是那样的一丝不苟、谨慎细致，却又无限包容，思想开阔。您一直以身作则地教会我们对于研究、对于工作、对于生活应该有的认真态度，却从不束缚我们的思想。作为您的学生，被您指导，被您照顾，是我最大的幸运。

　　感谢我的硕士及博士后合作导师金晓艳教授，今年是成为您学生的第十一年。十一年的时间里，您见证了我的成长，陪我走过生活中的各种酸甜苦辣，与您之间的师生情胜似亲情。感谢您一直以来作为我最坚定的后盾给予我无限的信任与力量，感谢您总是一语点醒我的烦恼，感谢您使我觉得做研究哪怕辛苦却是一件有趣的事情。感谢您对我研究方向的启发，教会我在研究过程中要开拓思想，不要被无用的想法所困扰，这些都使我受益匪浅。

　　感谢柳英绿、吕明臣、胡晓研、吴长安、武振玉、岳辉、张建等先生，毕业论文匿名评审专家以及国家社科基金匿名评审专家给我的论文提出宝贵意见和建议。感谢陈鸿瑶教授在我遇到困惑，思想摇摆不定的时候，帮助我探讨研究设计，支持我选择了复杂但具有研究价值的实验方法，使我的研究思路豁然开朗。

感谢王百元书记、刘涛院长、沈薇薇副院长、樊颖老师、王宇老师等等东北师范大学国际汉学院的领导、老师与同事们。感谢他们在这八年里给予了我理解、体谅、鼓励与关怀，让我可以全身心投入到研究工作中，帮助我排除万难顺利完成书稿。感谢刘佳音老师和刘育雁老师在我焦虑和迷茫的时候，对我的安慰与支持。

感谢杨修明书记、马丽杰院长、单妮娜副院长、韩林耕副院长、高迪系主任、刘晓等长春大学国际教育学院的领导和同事们。感谢他们在入职的这几个月里给予了我无限的包容与信任、帮助与关心，让我可以迅速地适应新的工作环境，融入这个温暖的集体中。也感谢硕士生李佳亭细致认真地帮助我完成校稿工作。

我还要感谢我的先生尹昊一直以来的默默付出，与我共同承担照顾孩子的责任。感谢你成为我的精神支柱，一直照顾我、陪伴我、帮助我整理资料、帮助我计算数据、帮助我研究软件使用方法，陪着我成功熬过了精神压力最大的这些年。

感谢我的公公婆婆在我最忙碌的阶段给予了我最大的支持，帮助我分担照顾孩子的压力，解决了我生活的各种困难，让我可以安心做自己的事情。

感谢我的父母，感谢你们永远站在我的背后让我无所畏惧，感谢你们这些年为我考虑、为我所做的一切，是你们的努力与坚持才让我成为最好的自己。

最后，感谢中国社会科学出版社孔继萍编辑为本书顺利出版所付出的辛勤劳动。

王希竹
2023 年 5 月 16 日